GIACOMO LEOPARDI

* 29. Juni 1798 Recanati
† 14. Juni 1837 Neapel

Das Massaker der Illusionen

DIE
ANDERE BIBLIOTHEK
*Herausgegeben von Hans Magnus
Enzensberger*

GIACOMO LEOPARDI

DAS MASSAKER DER ILLUSIONEN

*Ausgewählt und kommentiert
von Mario Andrea Rigoni*

*Aus dem Italienischen
von Sigrid Vagt*

Eichborn Verlag
Frankfurt am Main
2002

ISBN 3-8218-4511-2
Copyright © Adelphi Edizioni S.P.A., Milano 1992
Copyright © für die deutsche Ausgabe:
Eichborn AG, Frankfurt am Main, 2002

DAS MASSAKER
DER ILLUSIONEN

Um große Taten zu vollbringen, die kaum anderem entspringen können als der Illusion, reicht es gewöhnlich nicht, die Phantasie zu täuschen, wie es bei der Einbildung eines Philosophen der Fall wäre oder bei den Illusionen unserer so tatenarmen Zeit, es bedarf vielmehr, wie bei den Alten, einer Täuschung der Vernunft. Ein treffliches Beispiel dafür ist, was gegenwärtig in Deutschland geschieht, wo jemand, wenn er sich für die Freiheit opfert (wie jener Sand, der Mörder Kotzebues), dies nicht tut, wie es den Anschein haben könnte, auf Grund der schlichten alten Illusion von Freiheit, Vaterlandsliebe und Tatengröße, sondern wegen der mystischen Flausen, von denen jene deutschen Studenten den Kopf voll und den Verstand umnebelt haben, wie aus den Zeitungen dieser Tage ersichtlich, wo auch ihre Briefe nachzulesen sind mit all ihren überspannten und albernen Ansichten, die aus der Freiheitsliebe eine neue Religion mit lauter neuen Mysterien machen. (26. März 1820, siehe auch die Mailänder Zeitungen von Anfang dieses Monats).[1]

Zibaldone 105/106

Jesus Christus hat als erster die Vorstellung eines ewigen Widersachers von Tugend, Unschuld, Heldentum und echter Empfindung, von jeder Einzigartigkeit in Denken, Leben und Handeln, kurz, die Vorstellung eines Widersachers der Natur konkretisiert,

Zibaldone 112

bezeichnet, festgelegt und mit dem Namen *Welt* umschrieben, was gleichbedeutend mit Gesellschaft ist; und damit rechnete er die Menschen als Menge zu den Hauptfeinden des einzelnen Menschen, denn es ist leider nur zu wahr, daß der einzelne von Natur aus gut und glücklich, die Menge jedoch (und der einzelne in ihr) böse und unglücklich ist. (Siehe p. *611, Absatz 1)²*.

Zibaldone
113-114

Für den, der mittels Waffengewalt oder durch Verträge eine neue Provinz besetzt, ist es weit vorteilhafter, zwei Parteien entstehen zu lassen und aufrechtzuerhalten, eine für, die andere gegen die neue Regierung, als eine Provinz zu haben, die völlig gehorsam und untergeben, aber gleichgültigen Sinnes ist. Denn da die erste gewöhnlich stärker ist als die zweite und diese deshalb keinen Schaden anrichten kann, lassen sich daraus zwei Vorteile schlagen. Zum einen werden die Einheimischen geschwächt und sind sehr viel weniger imstande, sich zusammenzuschließen, um irgend etwas zu unternehmen, als wenn sie alle gleichgültig wären, was soviel hieße wie alle stillschweigend unzufrieden. Zum anderen hat man eine Partei auf seiner Seite, die viel energischer und eifriger ist, als sie es wäre, gäbe es keine Gegenpartei. Und weil die Fürsten nicht erwarten dürfen, von ihren Untertanen um ihrer selbst willen oder aus Vernunftgründen geliebt und unterstützt zu werden, müssen sie dafür sorgen, daß dies aus Haß auf die anderen und aus Leidenschaft geschieht. Der Streit ruft nun einmal Gefühle hervor, die man andernfalls kaum empfände, und was man niemals aus bloßer Zuneigung täte, tut man aus Opposition gegen die anderen, so wie die besten Katholiken jene sind, die in häretischer

Umgebung leben, und es umgekehrt nie so unbeirrbare und glühende Anhänger des Papstes gab wie zur Zeit der Ghibellinen. Siehe Montesquieu, loc. cit., Kap. 6, p. 68.³ (5. Juni 1820). Auch von ihren Wohltaten können sich die Fürsten nicht so viel erhoffen wie von der parteiischen Gesinnung und dem Streit, bei dem derjenige, der ihn ausficht, die Sache zu seiner eigenen macht, wohingegen Dankbarkeit nur eine Pflicht gegenüber anderen ist. Und die Erfahrung aller Jahrhunderte zeigt ja, wieviel Dankbarkeit die Herrschenden und die Großen mit ihren Wohltaten ernten. Wenngleich die Menschen gelernt haben, ihre Launen und Leidenschaften zu lenken, so vermögen diese doch von Natur aus sehr viel mehr über sie als das bloße Gewinnstreben. (5. Juni 1820).

Soviel steht fest: Die Anarchie führt geradewegs zum Despotismus, und die Freiheit hängt von einer Harmonie der Parteien sowie von einer dauerhaften Autorität der Gesetze und der staatlichen Institutionen ab; Rom war nie so frei, im üblichen Sinn dieses Wortes, wie in den Zeiten, die unmittelbar der Tyrannei vorausgingen. Man denke nur an die Machenschaften des Clodius oder s. auch Montesquieu, loc. cit., p. 115, letzte Zeile und 116, 1. Zeile und Kap. 11.⁴ (6. Juni 1820). Das gleiche gilt für Frankreich mit seinem sprunghaften Übergang von einer ungestümen Freiheit zum Despotismus eines Bonaparte.⁵

Zibaldone 114

Die Kultur der Nationen beruht auf einer ausgewogenen Mischung von Natur und Vernunft, wobei der Natur der Hauptanteil zukommen muß. Betrach-

Zibaldone 114-115

ten wir alle Nationen des Altertums, die persische zur Zeit des Kyros, die griechische und die römische. Die Römer waren nie so philosophisch wie zu der Zeit, als sie der Barbarei zuneigten, also während der Tyrannenherrschaft.[6] Auch in den Jahren, die dieser voraufgingen, hatten die Römer unendliche Fortschritte in der für sie neuen Philosophie und Erkenntnis der Dinge gemacht. Daraus folgt als weiteres Korollarium, daß die Freiheit der Nationen weder durch die Philosophie noch durch die Vernunft gesichert wird – wie es auch heutzutage ein falscher Anspruch ist, zu meinen, diese müßten das Gemeinwesen erneuern –, sondern durch die Tugend, die Illusionen, die Begeisterung, kurz durch die Natur, von der wir himmelweit entfernt sind. Und ein Volk von Philosophen wäre das schwächste und feigherzigste der Welt.[7] Deshalb hängt unsere Erneuerung gewissermaßen von einer Ultraphilosophie ab, die uns, weil sie die Dinge im ganzen und von innen kennt, wieder der Natur annähert. Und dahin müßte die gewaltige Aufklärung dieser Zeit führen.[8] (7. Juni 1820).

Zibaldone 116

Die Überlegenheit der Natur gegenüber der Vernunft zeigt sich auch darin, daß man nie etwas mit Eifer tut, was man nur aus Vernunftgründen, aber nicht mit Leidenschaft tut, und selbst die christliche Religion, die doch der Leidenschaft scheinbar und ja auch tatsächlich sehr fernsteht, wurde, weil das Menschliche sich mit allem vermischt, immer nur dann mit echtem Interesse befolgt und verteidigt, wenn Parteilichkeit, Begeisterung usw. dazu trieb. Und auch heute sind die Frommen wie eine Gruppe oder Klasse, die sich für die Religion nur aus Parteilichkeit interessiert; daher ihre Bosheiten gegenüber den Unfrommen oder Ungläubigen, ihr Haß und ihr Hohn; alles menschlich und leidenschaftlich und weder göttlich noch vernünftig, noch wohlüberlegt oder mit kühlem Kopf gedacht. (7. Juni 1820).[9]

In den Republiken waren die Ursachen der Ereignisse annähernd deutlich; man veröffentlichte die Reden, die das Volk oder den Rat zu diesem oder jenem Beschluß bewogen hatten, die Botschaften wurden öffentlich vorgetragen usw., und da man schließlich alles vor den Augen der Menge machen mußte, waren Worte und Taten offenkundig, und angesichts der vielen gleich Mächtigen war jeder darauf bedacht, die Motive und Ziele des anderen herauszufinden, und alles wurde bekannt. Man denke z. B. an die Briefe Ciceros, die nahezu die gesamte Geschichte der damaligen Zeit enthalten. Doch heutzutage, da die Macht auf wenige beschränkt ist, sieht man die Ereignisse, kennt aber die Gründe nicht, und die Welt gleicht jenen Maschinen, die sich mit Hilfe verborgener Federn bewegen, oder jenen Statuen, die durch in ihnen verborgene Menschen zum Gehen gebracht werden. Und die Menschenwelt ist heute nicht anders als die Welt der Natur; man muß die Ereignisse untersuchen, wie man Naturerscheinungen untersucht, und sich die treibenden Kräfte vorstellen, indem man sich wie die Naturforscher blindlings vorantastet. Daraus kann man ersehen, wie wenig nützlich die Geschichte nunmehr ist. Siehe Montesquieu, loc. cit., K. 13, Ende.[10] Siehe p. *709*, Absatz 1.[11]

Zibaldone 120

Jene ἔρις[12], von der Hesiod sagt, sie sei eine Gabe der Götter, um Wohl und Wachstum der Menschen zu fördern[13], ist heute im Verhältnis zwischen den Nationen und auch zwischen den Individuen so gut wie verlorengegangen. Ehedem versuchten die Nationen die anderen zu besiegen, heute versuchen sie, ihnen zu gleichen, und nie sind sie stolzer, als wenn sie glauben, dies sei ihnen gelungen. Ebenso verhält es sich mit den Individuen. Zu welchem Ziel, zu welcher Größe, zu welchem Zuwachs kann dieser schöne Wettstreit denn führen?

Auch das Nachahmen ist eine natürliche Neigung, aber nützlich ist sie nur, wenn sie uns antreibt, den Großen und Besten nachzueifern. Doch wenn man allen zu gleichen sucht und gerade deshalb versäumt, den Großen und Besten zu gleichen, weil diese sich von den anderen unterscheiden? Was nützt es uns, frage ich, wenn wir erst alle gleich sind, ganz zu schweigen davon, was uns an Schönheit, an Mannigfaltigkeit auf der Welt dann noch bleiben wird. Was nützt es vor allem den Nationen (denn in den Beziehungen zwischen Nation und Nation ist das Böse naturgemäß größer als im Verhältnis zwischen Individuum und Individuum), was spornt sie noch zu großen Dingen an, welche Hoffnung auf Größe bleibt, wenn sie nur noch danach trachten, sich allen anderen anzugleichen? Ziel der antiken Staaten war dies nicht. Und man glaube nur ja nicht, daß ein Sichangleichen in den Sitten und Gebräuchen, ohne den Willen, sich in der Machtausübung, im Reichtum, in Handel und Gewerbe usw. ebenfalls anzugleichen, nicht auch auf diese Dinge eine außerordentliche Wirkung hat, weil es auf die Gesinnung der Nation im allgemeinen Einfluß nimmt.

Bald nachdem Rom in seinen Sitten und in der Literatur gleichsam zur griechischen Kolonie geworden war, fiel es auch in Knechtschaft wie die Griechen.[14]

Es ist doch sehr merkwürdig: Während die Nationen nach außen immer mehr zu einer einzigen Person werden und sich schon kein Mensch mehr vom andern unterscheidet, ist nun im Innern jeder Mensch eine eigene Nation, soll heißen, man hat mit niemandem mehr etwas gemein, schließt sich nicht mehr zusammen, hat kein Vaterland mehr, und der Egoismus beschränkt jeden ausschließlich auf den Kreis der eigenen Interessen, ohne Liebe noch Fürsorge für die anderen, ohne jede innere Verbindung noch Beziehung zu den übrigen Menschen. Anders freilich in der Antike: Während die Nationen nach außen aus sehr unterschiedlichen Individuen bestanden, waren sie im Wesentlichen und Wichtigen oder dort, wo die Einheit der Nation von Nutzen war, tatsächlich wie ein einziger Mensch, nämlich durch die Vaterlandsliebe, die Tugenden, die Illusionen usw., die alle Individuen in der gemeinsamen Sache als Glieder eines einzigen Körpers vereinte. Und in diesem Sinn kann man sagen, daß es heute so viele Nationen wie Individuen gibt, wiewohl sie sich alle darin gleichen, daß sie keine andere Liebe, kein anderes Idol haben als sich selbst.

Zibaldone 148-149

Und noch etwas ist an der modernen Philosophie sehr merkwürdig. Diese Dame hat die Vaterlandsliebe zur Illusion erklärt. Nach ihrem Willen sollte die ganze Welt ein einziges Vaterland sein und die Liebe

Zibaldone 149

eine Liebe zur gesamten Menschheit (wider die Natur, und daraus kann nichts Gutes entstehen, keine Größe usw.

Die Liebe nur zur eigenen Gruppe, nicht die Liebe zur Menschheit war stets der Grund zu großen Taten, ja sehr oft hat sogar das Vaterland als allzu großer Organismus auf engstirnige Kleingeister seine Wirkung verfehlt, und deshalb suchten sie sich andere Gruppierungen, wie Sekten, Orden, Städte, Provinzen usw.). Infolgedessen gibt es zwar in der Tat keine Vaterlandsliebe mehr, aber statt daß alle Menschen der Welt ein Vaterland anerkennten, haben sich alle Vaterländer in so viele Vaterländer aufgeteilt, wie es Individuen gibt, und die von der erlauchten Philosophie propagierte weltweite Vereinigung hat sich in eine Vereinzelung der Individuen verkehrt. (3. Juli 1820).

Zibaldone 160-161

Unterstellt man einmal, die Französische Revolution[15] sei durch die Philosophie vorbereitet worden, so wurde sie doch nicht von ihr durchgeführt, denn die Philosophie, insbesondere die moderne, vermag aus sich heraus gar nichts zu wirken. Und selbst wenn die Philosophie imstande wäre, eine Revolution durchzuführen, könnte sie deren Fortbestand nicht gewährleisten. Es ist wirklich erbärmlich anzusehen, wie die republikanischen Gesetzgeber in Frankreich glaubten, sie könnten die Revolution auf Dauer wahren und sichern und ihr gleichzeitig in ihrem Verlauf, ihrem Wesen und ihrem Ziel folgen, indem sie alles der reinen Vernunft unterwarfen und den Anspruch erhoben, zum ersten Mal das ganze Leben *ab orbe condito* zu geometrisieren. Was nicht nur auf jeden Fall beklagenswert wäre, sofern es gelänge, und deshalb ein törichter Wunsch, sondern was auch gar nicht gelingen kann, nicht einmal in diesen mathematischen Zeiten, denn es steht geradewegs im Widerspruch zur Natur des Menschen und der Welt. *Le Comité d'instruction publique reçut ordre de présenter un projet tendant à substituer un culte raisonnable au culte catholique!* (Lady Morgan, *France,* 1.8. ³ᴹᴱédit. française, Paris 1818. t. 2. p. 284, note de l'auteur.)¹⁶ Sie sahen nicht, daß die Herrschaft der reinen Vernunft die Herrschaft des Despotismus ist, und zwar aus tausenderlei Gründen, von denen hier nur einer kurz genannt sei. Die reine Vernunft vertreibt die Illusionen und zieht den Egoismus nach sich. Der illusionslose Egoismus zerstört die nationale Gesinnung, die Tugend usw. und teilt die Nation in Köpfe auf, das heißt in so viele Teile, wie es Individuen gibt. *Divide et impera.* Diese Aufteilung der Menge, zumal wenn sie auf solche Weise und aus solchem Grunde erfolgt, ist eher Zwillingsschwester als Mutter der Knechtschaft. Was sonst ist die wesentliche Ursache für die universelle, anhaltende Knechtschaft in der Gegenwart im Unterschied zur Antike? Man bedenke nur, was den Römern widerfuhr, als sich bei ihnen Philosophie und Egoismus anstelle des Patriotismus ausbreiteten. Dieser Egoismus war so stark, daß es ein Jammer ist, zu sehen, wie dumpf, gleichgültig, schildkrötenhaft und versteinert sich die Römer nach Cäsars Tod den öffentlichen Angelegenheiten gegenüber verhielten, als es doch das Natürlichste der Welt zu sein schien, daß die antiken Vorstellungen wieder in ihnen erwachen würden.¹⁷ Und predigt denn Cicero in seinen Philippika, deren Hauptzweck es war, Cäsars Tod einen Nutzen abzugewinnen, Vernunft und Philosophie oder nicht vielmehr die reinen Illusionen und die eitlen Nichtigkeiten, mittels deren die Größe Roms geschaffen und erhalten wurde? (8. Juli 1820). Siehe p. 357, Absatz 1.[18]

Zibaldone 162/163

Das Ziel der modernen Zivilisation sollte es sein, uns wieder zur Kultur der Antike hinzuführen, die durch die Barbarei der mittleren Zeiten[19] überschattet und ausgelöscht wurde. Denn je gründlicher wir die Kultur der Antike betrachten und mit der gegenwärtigen vergleichen, um so mehr müssen wir anerkennen, daß sie zwischen den beiden Extremen annähernd das richtige Gleichgewicht hielt, welches allein dem Menschen in der Gesellschaft ein gewisses Glück zu gewähren vermochte. Die Barbarei der niederen Zeiten war keine ursprüngliche Roheit, sondern Verderbnis des Guten und deshalb sehr schädlich und verhängnisvoll. Das Ziel der Zivilisation sollte es sein, das einstmals schöne Schwert vom Rost zu befreien und es ein wenig mehr zum Glänzen zu bringen. Doch wir haben es mit dem Blankwetzen und Polieren so weit getrieben, daß wir im Begriff sind, es zu zerbrechen. Auch hat, wohlgemerkt, die Zivilisation das Schlechte aus den niederen Zeiten[20], weil es als das ihnen Eigene moderner war, größtenteils bewahrt, jedoch alles beseitigt, was ihnen aus dem Altertum durch die größere zeitliche Nähe an Gutem noch geblieben war (während wir das Alte durch und durch zunichte gemacht haben), so zum Beispiel die Lebensweise und eine bestimmte Lebenskraft des Volkes und auch des Individuums, eine nationale Gesinnung, die körperliche Ertüchtigung, eine Ursprünglichkeit und Mannigfaltigkeit in Charakteren, Sitten und Gebräuchen usw. Die Zivilisation hat die

Tyrannis der niederen Zeiten gemildert, sie aber zugleich verewigt, wohingegen diese zuvor infolge ihrer Übertreibung wie auch aus den oben genannten Gründen nicht von Dauer war. Sie hat die Aufstände und Unruhen der Bürger zum Erliegen gebracht, statt sie in Schranken zu halten, wie es das Ziel der Alten war (Montesquieu sagt immer wieder, die Uneinigkeiten seien notwendig für den Erhalt der Gemeinwesen und um zu verhindern, daß die Machtverhältnisse aus dem Gleichgewicht gerieten usw., und in wohlgeordneten Gemeinwesen täten sie der Ordnung auch keinen Abbruch, denn diese entstehe aus der Harmonie, nicht aus der Reglosigkeit und Unbeweglichkeit der Parteien, auch nicht aus dem allzu großen und bedrückenden Übergewicht der einen gegenüber den anderen, und allgemein gelte die Regel, wo alles ruhig sei, gebe es keine Freiheit)[21], und damit hat die Zivilisation nicht die Ordnung gewährleistet, sondern die Fortdauer, Ruhe und Unwandelbarkeit der Unordnung und die Nichtigkeit des menschlichen Lebens. Kurz, die moderne Kultur hat uns in eine der Antike entgegengesetzte Lage gebracht, und es ist nicht einzusehen, wie zwei entgegengesetzte Dinge das gleiche sein können, nämlich beide Kultur. Dabei handelt es sich nicht um geringfügige Unterschiede, sondern um wesentliche Gegensätzlichkeiten: entweder hatten die Alten keine Kultur, oder wir haben keine. (10. Juli 1820).

Der erste Gründer von Städten und damit von Gesellschaft war nach der Bibel der erste Verstoßene, nämlich Kain[22], und dies nach dem Schuldigwerden, der Verzweiflung und der Verstoßung. Und man will

Zibaldone 191

gern glauben, daß das, was die menschliche Natur ver/
dorben und die meisten unserer Laster und Frevel hat
entstehen lassen, gewissermaßen Folge, Ergebnis und
Begleichung der Schuld gewesen ist. Und wie der erste
Verstoßene der erste Gründer der Gesellschaft war, so
war der erste, der sie entschieden bekämpfte und ver/
dammte, der Erlöser von der Schuld, nämlich Jesus
Christus, wie ich schon auf p. 112 ausgeführt habe.[23]

FRAGMENT ÜBER DIE SELBSTTÖTUNG.[24]

Was soll das Gerede, der Mensch habe sich ver/
ändert? Als könnte auch die Natur altern oder
überhaupt sich verändern usw. Dabei sind doch das
Glück, das die Natur uns bestimmt hat, und die Wege,
es zu erlangen, immer noch einzig und unveränderlich,
und was nützt es uns dann, daß wir sie verlassen haben?
Was beweisen all die freiwilligen Tode usw. anderes,
als daß die Menschen an diesem Leben verzweifelt und
seiner überdrüssig sind? Im Altertum töteten sich die
Menschen aus Heroismus, aus Begeisterung für Illusio/
nen, aus heftiger Leidenschaft usw., und ihr Tod war
glanzvoll. Doch heute, da Heroismus und Illusionen
verschwunden und die Leidenschaften so sehr ermattet
sind, was bedeutet es nun, wenn die Zahl der Selbst/
tötungen soviel höher ist, und nicht nur, wie einst,
unter Personen, die durch großes Unglück hervorragen
und große Einbildungskraft besitzen, sondern in jedem
Stand, so daß ein solcher Tod nicht einmal mehr glanz/
voll ist? Was bedeutet es, daß England stets mehr sol/
cher Todesfälle aufzuweisen hatte als andere Länder?
Es bedeutet, daß man in England mehr nachdenkt als
anderswo, und wo immer man nachdenkt, ohne Ein/

bildungskraft und Begeisterung, verabscheut man das Leben; es bedeutet, daß die Erkenntnis der Dinge den Wunsch zu sterben nach sich zieht usw. Und so erleben wir heute, wie mit gänzlich kaltem Sinn freiwillig in den Tod gegangen wird.[25] Wenn wir Angst und Hoffnung einmal außer Acht lassen, ist in der Tat kein schlechter Rechner, wer solchermaßen Bilanz aus einem belanglosen, leblosen Leben zieht, einem Leben voller Leid und sicherer, unausweichlicher Trostlosigkeit usw. usf.

Und doch ist Selbsttötung in der Natur etwas ganz Ungeheuerliches.

Wir können uns nichts mehr vormachen oder so tun, als ob. Die Philosophie hat uns so viel an Erkenntnis eingebracht, daß uns jenes Vergessen unser selbst, das einst leicht war, jetzt nicht mehr möglich ist. Entweder die Einbildungskraft blüht wieder auf, und die Illusionen gewinnen aufs neue Gehalt und Gestalt in einem regen, kraftvollen Leben, und das Leben erwacht wieder aus seiner Leblosigkeit, die Größe und die Schönheit der Dinge erscheinen wieder als wesentlich, und die Religion gewinnt neue Glaubwürdigkeit; oder diese Welt wird zu einem Verlies von Verzweifelten, wenn nicht zur Wüste. Ich weiß, das klingt nach Traum und Wahn, ich weiß aber auch, wer immer vor dreißig Jahren die gewaltige Umwälzung der Dinge und Ansichten vorhergesagt hätte, deren Zeugen und Teilhaber wir waren und immer noch sind, er hätte für seine Prophezeiung nur Hohn und Spott geerntet. Kurzum, ohne lebhafte Zerstreuungen und ohne die Illusionen, auf die die Natur unser Leben gegründet hat, läßt sich dieses Leben, dessen Unglück und Nichtigkeit wir erfahren haben, nicht länger fortführen.

Aber nach wie vor bestimmt nicht Philosophie, sondern mathematische Logik die Politik[26], als stünde es der Philosophie übel an, nachdem sie alles zerstört hat, etwas Neues aufzubauen (was doch heute, anders als in den Zeiten der Unwissenheit, ihr wahres Ziel sein muß), und als sollte sie den Menschen niemals wirklichen Nutzen bringen, denn bisher hat sie ihnen ja kaum genützt, sondern nur unermeßlich geschadet.

Ursprünglicher Zweck, den die Natur mit dem Wechsel der Dinge verfolgte: den Menschen zu zerstreuen, ihn bei keiner Sache lange verweilen zu lassen, auch nicht bei der Lust, die uns nach langem Begehren, wird es endlich erfüllt, wie Sand durch die Finger rinnt; und wie jene Juden sagten *haec est illa Noemis?*[27], so sagen wir unweigerlich, *das soll die große Lust sein?* Alle Absicht der Natur rund um das menschliche Leben dreht sich um das große Gesetz von Zerstreuung, Illusion und Vergessen. Je mehr dieses Gesetz außer Kraft gesetzt wird, desto mehr treibt die Welt in ihr Verderben.

Nur sehr wenige pflichten dem bei, daß die Verhältnisse in der Antike wirklich glücklicher waren als in der Neuzeit, und diese wenigen meinen, man solle nicht mehr daran denken, denn die Umstände hätten sich geändert. Doch die Natur hat sich nicht geändert, und ein anderes Glück gibt es nicht, und die moderne Philosophie hat keinerlei Recht, sich zu rühmen, wenn sie uns nicht zu unserem Glück zu verhelfen vermag. Ob antike Verhältnisse oder nicht antike, fest steht: Jene waren den Menschen gemäß, die jetzigen sind es nicht; damals war man selbst im Sterben noch lebendig, heute ist man im Leben schon tot; und es gibt keine anderen Mittel und Wege als die alten, damit wir das Leben wieder lieben und spüren.

Mißbrauch und Mißachtung des Gesetzes lassen sich durch kein Gesetz verhindern.

Das System Napoleons legte, kurz gesagt, das Vermögen der Untüchtigen und Untätigen in die Hände der Tüchtigen und Tätigen, und seine Regierung bewahrte gerade deshalb, bei allem Despotismus, eine innere Lebendigkeit, die sich in despotischen Regimen sonst nie und auch in Republiken nicht immer findet, denn ein begabter und arbeitswilliger Mann war sich so gut wie sicher, zu Verdienst und Ehren zu gelangen. Dazu trug (neben einer gewissen Klugheit und Gerechtigkeit bei der Auswahl der Begabungen und Personen) auch die unbegrenzte Anzahl von Posten bei, die es erlaubte, jedem tüchtigen und fleißigen Mann sein Auskommen zu geben und ihn auf Kosten der Untüchtigen und Faulen reich werden zu lassen. Das war insofern kein Fehler, als der unfähige und träge einzelne der Allgemeinheit weder als Begünstigter nützt, noch als Benachteiligter schadet. Und es hatte zur Folge, daß das Gros derjenigen, die auch unter jeder anderen Regierung untätig gewesen wären, sich über Napoleon beklagte, jene aber, die teils unter allen Umständen rege gewesen wären oder es teils dank des Wesens und Wirkens seiner Regierung waren, ihm Lob und Anerkennung zollten. (31. August 1820).[28]

Als ein großer Befürworter der absoluten Monarchie erklärte, *Die Verfassung Englands ist veraltet und nicht mehr zeitgemäß und bedürfe einer Modernisierung,* antwortete ihm einer der Anwesenden, *Die Tyrannei ist noch älter.* (7. September 1820).

Zibaldone 252

Einer Tyrannei, die sich auf absolute Barbarei, auf Aberglauben und völlige Dumpfheit der Untertanen stützt, nützt die Unwissenheit, während die Einführung von Bildung und Wissen entschieden nachteilig und gefährlich für sie ist. Deshalb verbot Mohammed aus gutem Grund das Studium. Einer Tyrannei über Völker, die schon bis zu einem gewissen Grad zivilisiert sind, nämlich bis zu jenem mittleren Maß, das wahre Vollkommenheit von Natur und Zivilisation bedeutet, sind Zunahme und Verbreitung des Wissens, der Künste und Gewerbe, des Luxus usw. nicht nur keineswegs abträglich, sondern höchst förderlich, ja sie sichern und festigen sogar die Tyrannei; denn die Untertanen verlassen jenen Zustand mäßiger Zivilisiertheit, welcher der Natur wie auch den Illusionen, dem Mut, der Ruhmes- und Vaterlandsliebe und jedem anderen Ansporn zu großen Taten noch freie Entfaltung läßt, und verfallen in Egoismus, Müßiggang und Untätigkeit, Verderbtheit, Lauheit, Verweichlichung usw. Die Natur allein ist Ursprung von Größe und Ungezügeltheit. Ganz im Gegensatz zur Vernunft. Die Tyrannei ist nicht eher sicher, als bis das Volk keiner großen Taten mehr fähig ist. Die Fähigkeit zu großen Taten aber entspringt nicht der Vernunft, sondern der Natur. Augustus, Ludwig XIV. und andere ihres Schlages haben, wie man sieht, diese Wahrheiten sehr wohl begriffen. (28. Sept. 1820).

Zibaldone 274-276

Zu p. *252*, Absatz 1.[29] Man vergleiche in diesem Zusammenhang p. *114*[30], den letzten Gedanken, und bedenke Catos heftigen Unmut über die Fortschritte der Bildung bei den Römern, die ein sehr lebendiges Beispiel dafür sind, daß, wie gesagt, sowohl das unterhaltsame als auch das ernsthafte philosophische Studium die Tyrannei in höchstem Maße fördert. S. auch Montesquieu, *Grandeur* usw., Kap. 10, Anfang.[31] Gewiß hat die tiefgründige Philosophie eines Seneca oder Lukan, Thrasea Paetus oder Herennius Senecio, Helvidius Priscus, Arulenus Rusticus oder Tacitus usw. die Tyrannei nicht verhindert, im Gegenteil; ohne Philosophen waren die Römer frei, doch als sie Philosophen in großer Zahl besaßen, noch dazu so tiefgründige wie jene und wie noch nie zuvor, wurden sie zu Sklaven. Und wie derartige Studien der Tyrannei nützen, obgleich sie scheinbar deren Feinde sind, so nützt umgekehrt die Tyrannei auch ihnen; 1. weil der Tyrann es mit Wohlwollen sieht und Sorge dafür trägt, daß das Volk sich amüsiert oder (wenn dies nicht zu verhindern ist) denkt, statt tätig zu sein; 2. weil die Untätigkeit den Untertan natürlicherweise zu einem Leben im Denken führt, da es an Gelegenheit zum Handeln fehlt; 3. weil der entkräftete und verweichlichte Mensch eher fähig und willens ist, zu denken oder sich mit der Annehmlichkeit gewählter Studien usw. die Zeit zu vertreiben, als zu handeln; 4. weil durch die Bedrückung und das Unglück, durch die Eintönigkeit und das *sombre* der Tyrannei die Reflexion und die Tiefe des Denkens, die Sensibilität und das melancholische Schreiben und eine nicht mehr lebendige und kraftvolle, sondern finstere, tiefgründige, philosophische usw. Beredsamkeit gefördert und angeregt werden; 5. weil der Mangel an lebhaften und großen Illusionen die heitere leichte glänzende, kurz, die natürliche Einbildungskraft, wie es die der Antike war, zerstört und die Betrachtung des Wahren, die Erkenntnis der Dinge, wie sie wirklich sind, das Nachdenken usw. mit sich bringt und auch der finsteren abstrakten metaphysischen Einbildungskraft Raum gibt, die eher der Wahrheit, der Philosophie, der Vernunft entspringt als der Natur und den vagen Vorstellungen, wie sie der ursprünglichen Einbildungskraft natürlicherweise eigen waren. So wie es bei den Völkern im Norden der Fall ist, zumal heutzutage, bei denen die geringe Lebendigkeit der Natur einem Vorstellungsvermögen Raum gibt, das sich auf das Denken, auf die Metaphysik und die Abstraktionen, auf die Philosophie und die Wissenschaften, auf die Erkenntnis der Dinge und die genauen Fakten usw. stützt. Ein Vorstellungsvermögen, das eher mit höherer Mathematik zu tun hat als mit Poesie. (14. Okt. 1820).

Zibaldone 299-302

Die Liebe zu den Fürsten kann keiner anderen Leidenschaft entspringen als der Parteilichkeit. Ehrgeiz, Habsucht usw. fallen in die Kategorie des Eigennutzes, beruhen auf dem kalten Kalkül des Egoismus und sind deshalb der Vernunft zuzuordnen, dem genauen Gegenteil des feurigen, unüberlegten und blinden Impetus der Leidenschaft. Und wer sich aus Ehrgeiz und Habsucht für den Fürsten aufopfert oder andere eigene Vorteile im Auge hat, opfert sich in Wirklichkeit nicht für den Fürsten auf, sondern für sich selbst, und das nur, solange er es für sich selbst von Nutzen glaubt, andernfalls gibt er die Sache auf. Die Parteilichkeit hingegen führt dazu, sich stürmisch, ganz ohne Vorbehalt oder Bedingung, Vorsicht oder Berechnung der eigenen Partei zuliebe aufzuopfern; und so ist die Leidenschaft erstens stärker als Vernunft und Eigennutz und führt dazu, daß man viel größeren Hindernissen und Gefahren trotzt; zweitens hängt sie ihr Mäntelchen nicht nach dem Wind wie der Eigennutz, der heute diese, morgen jene Sache verteidigt, je nachdem, was sich am besten auszahlt. Da die Untertanen ihren Fürsten also aus keiner anderen Leidenschaft als der genannten gewogen sein können und der Eigennutz nicht so stark und schon gar nicht so beständig, die Vernunft zudem völlig untätig ist (denn wir sehen ja alle Tage, daß jene Untertanen, die ihre Regierung aus bloßer Überzeugung lieben oder unterstützen, ebenso wie jene, die sie in gleicher Weise hassen, der unbeweglichste und passivste Teil des Volkes sind), müssen die Fürsten folglich die Parteilichkeit schüren. Und da diese nicht aktiv, ja gar nicht existent ist, wenn es keine Gegenpartei gibt, kann man, so paradox es auch scheinen mag, behaupten, daß es dem Fürsten nützt, eine Gegenpartei zu seiner eigenen zuzulassen, wenn es denn eine solche, ihm wohlgesinnte, gibt und sie stärker ist, was naturgemäß ja der Fall zu sein pflegt. So hielten es die Römer und waren damit bekanntlich sehr erfolgreich.[32] Und die Royalisten in Frankreich, die royalistischen Städte wie auch die Provinzen, wären nicht so glühende Anhänger des Königs, hätten sie nicht diesen Geist der Parteilichkeit und gäbe es nicht eine beachtliche Gegenpartei, die freilich nicht stärker ist, denn wenn sie es wäre, lägen die Dinge anders. Die alte und neuere Geschichte wie auch die Gegenwart können eine Vielzahl von weiteren Beispielen und ähnlichen Beweisen liefern. Was ich auf p. *113*[33] über die Eroberer gesagt habe, läßt sich also auf alle Herrscher und Regierungen ausweiten. (27. Okt. 1820). Vornehmlich auf die monarchistischen, oligarchischen, aristokratischen usw., denn in den Republiken ist die Lage ein wenig anders, und die Parteien sind dort aus anderen Gründen nützlich, was jedoch nicht heißt, daß dies nicht auch auf sie anwendbar sei. Siehe p. *1242*.³⁴

Zibaldone 309‒312

Die ausgesprochene Vorliebe dieses Jahrhunderts für die Gegenstände der Politik ist schlicht und einfach eine unmittelbare und natürliche Folge der Verbreitung der Aufklärung und der Ausmerzung der Vorurteile. Denn wenn man einerseits nicht mehr mit dem Kopf anderer denkt und die Meinungen nicht mehr von der Tradition abhängen, andererseits das Wissen nicht mehr nur Eigentum einiger weniger ist, die nicht den allgemeinen Geschmack prägen könnten, dann richten sich die Überlegungen zwangsläufig auf die Dinge, die uns näher, stärker und allgemeiner betreffen. Der voreingenommene und gedankenlose Mensch folgt der Gewohnheit, läßt den Dingen ihren Lauf, und weil sie ihren Lauf nehmen, wie sie es immer getan haben, kommt er nicht darauf, daß sie besser laufen könnten. Der unvoreingenomme Mensch aber, der ja ans Denken gewöhnt ist, wie sollte er die Politik, da sie doch ständig mit seinem Leben in Verbindung steht, nicht zum Hauptgegenstand seiner Überlegungen und folglich seiner Neigungen machen? In den vergangenen Jahrhunderten, wie in dem Ludwigs XIV., hegten selbst fähige Männer, da sie weder unvoreingenommen noch überwiegend nachdenklich waren, von der Politik die überkommene Vorstellung, sie sei gut, so wie sie sei, und das Nachdenken darüber obliege dem, der die Regierungsgeschäfte führe. Später fehlte es zwar nicht an unvoreingenommenen Männern, doch war ihre Zahl gering; sie machten sich Gedanken und sprachen über

Politik, aber ihre Neigung konnte nicht allgemein verbreitet sein. Hinzu kommt, daß die Literaten und Gebildeten zumeist in einer gewissen Weltferne lebten; deshalb betraf die Politik den Gebildeten nicht so unmittelbar, stand ihm nicht so deutlich vor Augen und hatte keinen so engen Bezug zu seinem Leben wie heute, wo alle Welt gebildet und das Wissen allen Ständen zugänglich ist. Zudem ist die Moral, obwohl sie an sich größere Bedeutung und engeren Bezug zu jedermann hat als die Politik, trotz allem, wenn man es recht bedenkt, eine rein spekulative Wissenschaft, sofern sie von der Politik getrennt ist; Lebendigkeit, Wirksamkeit und Anwendung der Moral sind vom Charakter der gesellschaftlichen Institutionen und der Staatsführung abhängig; die Moral ist eine tote Wissenschaft, wenn die Politik nicht mit ihr zusammenwirkt und sie nicht im Staate walten läßt. Erzählt einem schlecht regierten Volk von Moral, so viel ihr wollt: Moral ist ein Wort, Politik ein Faktum; das häusliche Leben, die private Gesellschaft, alle menschlichen Angelegenheiten werden in ihrer Form durch die allgemeine Verfassung eines Volkes bestimmt. Man beachte den Unterschied in der praktischen Moral bei den Alten und bei den so anders regierten Völkern in der Neuzeit.[35] (9. Nov. 1820). Überdies ist der gewöhnliche Mensch heutzutage zwar aufgeklärt und nachdenklich, aber nicht tiefgründig, und obgleich die Politik vielleicht tiefergehende Aufklärung erfordert als die Moral, bietet sie trotz alledem dem äußeren Anschein und oberflächlichen Eindruck nach dem gemeinen Verstand ein leichteres Betätigungsfeld, und allgemein leistet die Politik eher Träumen, Chimären und Kindereien Vorschub. Schließlich zieht der gewöhnliche Mensch das Glänzende und Große dem Soliden und Nützlichen vor, weil dieses gewissermaßen beschränkter und weniger edel ist, denn die Moral ist Sache des Individuums, die Politik hingegen Sache des Staates und der Welt. Auch schmeichelt es dem Stolz der Menschen, über die öffentlichen Belange zu reden und zu diskutieren und die Regierenden einer steten Prüfung und Kritik zu unterziehen usw., und selbst der gemeine Mensch glaubt sich des Regierens fähig und würdig, wenn er darüber spricht, wie regiert wird.

Zibaldone 314-315

Zu p. 252.³⁶ Beweis und lebendiges Beispiel in der Gegenwart für das, was ich sage, ist Spanien. In Spanien, das barbarisch ist, aber nicht im Sinne ursprünglicher Barbarei, sondern verdorben durch Aberglauben, durch das Herabsinken aus einem viel blühenderen, zivilisierteren, kultivierteren und mächtigeren Zustand, durch die Überreste der maurischen Sitten usw., in Spanien, sage ich, stützte die Unwissenheit die Tyrannei. Beim ersten Aufblitzen einer gewissen Philosophie im Zusammenhang mit der Invasion und dem Aufenthalt der Franzosen und der Umwälzung der Welt mußte diese deshalb stürzen.³⁷ Die Unwissenheit ist wie der Frost, der die Samen schlummern läßt und am Keimen hindert, sie aber, anders als die Zivilisation, nicht abtötet; und kaum ist der Winter vorbei, treiben die Samen im Frühling aus. So geschah es in Spanien, wo das Volk, fast wieder jungfräulich geworden, das Beben der Begeisterung gespürt und dies auch schon im letzten Krieg gezeigt hat. Und deshalb erlebte man dort im Gegensatz zu anderen Nationen, wie der Verfasser des *Manuscrit venu de S.te Hélène*³⁸ feststellt, daß nur diejenigen eine revolutionäre Gesinnung an den Tag legten, die auf Grund ihres Standes gebildeter waren, Priester, Mönche, Adlige, all jene, die in der Revolution allenfalls etwas zu verlieren hatten: Denn die Erstarrung der Nation hatte ihren Grund nicht in einem Übermaß, sondern in einem Mangel an Zivilisation; und die wenigen Gebildeten waren wahrscheinlich nicht übermäßig gebildet wie andernorts, sondern nur gerade soviel wie nötig und ausreichend, und mehr nicht. Wenn Spanien erst richtig zivilisiert ist, wird es wieder in die Tyrannei zurückfallen, die dann nicht mehr durch die Unwissenheit gestützt wird, sondern im Gegenteil durch das Übermaß an Wissen, die Kälte der Vernunft, den philosophischen Egoismus, die Verweichlichung, den Sinn für die Künste und das friedliche Studieren. Und diese Tyrannei wird um so langlebiger sein, je mehr sie durch die vorangegangene gemäßigt worden ist. Wenn der König von Spanien wirkliche Staatsklugheit besitzt, wird er deshalb mit aller Macht die Zivilisierung seines Volkes fördern müssen (und in diesen Zeiten mag ihm das vielleicht sogar leichter und schneller gelingen). Damit wird er nicht dessen Unabhängigkeit stärken, wie man gemeinhin glaubt, sondern es aufs neue unterwerfen und somit zurückgewinnen, was er verloren hat. Der einzige Zustand, der keine Tyrannei duldet oder frei davon zu sein vermag, ist der ursprüngliche Naturzustand oder der Zustand einer mittleren Zivilisiertheit[39], wie heute im Fall Spaniens und früher im alten Rom usw. Athen und Griechenland waren als Hochkulturen niemals wirklich frei. (10. Nov. 1820).[40]

Was ich über die Philosophie der Römer sage, und allgemein über jede Philosophie, wird durch eine Beobachtung bestätigt, die sich bereits bei Lamennais findet: *Die Religion steht an der Wiege aller Völker, so wie die Philosophie an ihrem Grabe steht.* (Essai sur l'indifférence en matière de religion, in den ersten Zeilen des 2. Kap. Und kurz nach Beginn des 1. Kap., nachdem er dargelegt hat, die von Cato so sehr gefürchtete, aber dennoch bei den Römern eingedrungene griechische Philosophie sei der Grund für den Untergang der Weltmacht Rom gewesen, fügt er hinzu, *es ist eine Tatsache, die ernsthafteste Betrachtung verdient, daß alle Reiche, deren Geschichte uns bekannt ist und die durch Zeit und Vorsicht gefestigt wurden, von Sophisten gestürzt worden sind.* Im zweiten Kapitel verbreitet er sich noch ausführlicher darüber, weshalb Rom durch die Philosophie zerstört wurde[41], und stimmt Montesquieu zu, der *sich nicht scheut, seinen Untergang der Philosophie Epikurs zuzuschreiben,* wobei er in einer Anmerkung hinzufügt: *Bolingbroke denkt in diesem Punkt durchaus wie Montesquieu:* »*Vernachlässigung und Verachtung der Religion waren die Hauptursachen der Übel, die Rom in der Folgezeit erlebte: Religion und Staat verfielen im gleichen Verhältnis.*« *Bd. 4., p. 428).* Doch während die Apologeten der Religion daraus ableiten, die Staaten würden durch die Wahrheit gefestigt und erhalten und durch den Irrtum zerstört, behaupte ich, sie werden durch den Irrtum gefestigt und erhalten und durch die Wahrheit zerstört. Die Wahrheit stand niemals am Anfang, sondern immer am Ende aller menschlichen Dinge; und Zeit und Erfahrung haben niemals das Wahre zerstört und das Falsche mit sich gebracht, sondern sie zerstörten das Falsche und lehrten das Wahre. Und wer die Dinge umgekehrt betrachtet, stellt sich gegen die bekannte Natur der menschlichen Dinge. Dies ist der grundsätzliche Widersinn, dem der oben zitierte Autor erlegen ist. Er hätte die Religion wesentlich besser verteidigt, hätte er sie nicht als Eingebung der Vernunft, sondern als Eingebung des Herzens verteidigt. Und wenn er sagt, das Dasein und das Glück, die Vollkommenheit und das Leben des Menschen seien deshalb widernatürlich, weil die Natur die Gesamtheit der ewigen Wahrheiten darstelle, so täuscht er sich; denn die Natur stellt nur insofern die Gesamtheit der Wahrheiten dar, als alles, was existiert, wahr ist, aber nicht in dem Sinn, daß alles, was wahr ist, auch von jedem ihrer Teile erkannt wird. Und eine dieser im System der Natur enthaltenen Wahrheiten besteht darin, daß Irrtum und Unwissenheit für den glücklichen Zustand der Dinge notwendig sind, weil Unwissenheit und Irrtum in hohem Maße von ihr gewollt, vorgegeben und bestimmt sind, kurz, weil sie gewollt hat, daß der Mensch so lebt, wie sie ihn geschaffen hat. Und auch wenn der Mensch entgegen dem, was er von Natur aus machen sollte oder vielmehr konnte, den Dingen auf den Grund hat gehen wollen, hätte er nichtsdestoweniger ignorieren sollen, was er entdeckt hat, und sein Glück wäre *wahr* gewesen, hätte er seine Irrtümer beibehalten und jene Wahrheiten ignoriert, die sich, so betrachtet, als für den Menschen belanglos erweisen und die die Natur in ihrer Ordnung verfolgt hat (aber im verborgenen), weil sie ihrer bedurfte (16. Nov. 1820) oder weil es ihr so gefiel.[42]

Wie wahr es ist, daß Pflichten und eine bestimmte Moral sich weder aus dem Naturrecht herleiten, noch auf irgendwelchen, allen Menschen gemeinsamen, *Zibaldone 342-343* angeborenen Ideen beruhen, zeigt auch das folgende Beispiel. Achtung und Unantastbarkeit der Boten, die in der Antike als heilige und unverletzliche Personen betrachtet und von Homer[43] als die *zeusgeliebten* bezeichnet wurden, finden in das sogenannte allgemeine Völkerrecht Eingang, und aus Gewohnheit betrachten wir sie als eine natürliche Pflicht. Versetzen wir uns nun aber in unserer Vorstellung in den Naturzustand, dann sehen wir, daß es dem Menschen keineswegs widerstrebt, seinem Feind etwas anzutun, in welcher Gestalt er auch auftritt, ebensowenig wie dies bei den anderen Lebewesen der Fall ist; denn der Feind ist der Feind, und der Mensch neigt dazu, ihm zu schaden, sooft und auf welche Weise, wann und wo immer er kann. Also ist die Unverletzlichkeit der Boten nicht auf den Instinkt gegründet und nicht von der Natur gelehrt, sondern ein Gesetz aus bloßer Konvention, das seinen Grund in der ihm eigenen Nützlichkeit und Notwendigkeit hat, einer mittels der Vernunft und über das Denken erkannten Nützlichkeit und Notwendigkeit, die dem Menschen nicht von Natur aus und ohne Bedarf an Reflexion eingegeben und angeboren ist. Und so enthält das Völkerrecht als vermeintliches Naturrecht, wie wir an diesem Beispiel sehen, ein Gesetz aus bloßer Konvention, gegen das man, bevor es existierte, verstoßen konnte, wie man es sicher viele, viele Male getan hat, ohne daß es ein Vergehen war. In diesem Zusammenhang ein Satz aus dem *Essai sur l'indifférence en matière de religion,* kurz nach der Hälfte des 4. Kapitels. *Sagen wir es ruhig, denn es gibt keine Wahrheit, die unbekannter und wichtiger wäre: die Religion der Völker ist ihre ganze Moral.*[44] Dies (nebenbei bemerkt), nachdem er in den vorhergehenden Kapiteln die Religion mit der Moral beweisen wollte, als

Grundlage dieser Moral, und Hobbes verspottet hat, der das Gewissen aufhebt und sagt, in der Natur gebe es keine Pflichten. Doch hier behauptet er nun, daß man die Moral nur mit der Religion beweisen könne. Auf jeden Fall kann man sehen, welche Beispiele er vor und nach dieser Stelle anführt, um die Unterschiedlichkeit der Gewissen je nach Unterschiedlichkeit der Religionen vorzuführen. (21. Nov. 1820). [...]

Der *Essai sur l'indifférence en matière de religion*, kurz nach dem Anfang des 5. Kapitels, wo er von den historischen Ursprüngen des Deismus handelt, erwähnt, welche dunklen Vorahnungen die Führer der Reformation in bezug auf die künftige Bedeutung der Überzeugungen, der Religion und der Völker bewegten. *Guter Gott,* rief einer von ihnen aus, *welch eine Tragödie wird die Nachwelt erleben!*[45] Leider nur zu wahr. Sie spürten und sahen schon das verschlingende und verzehrende Fieber der Vernunft und der Philosophie voraus: die Zerstörung alles Schönen, Guten und Großen und des ganzen Lebens; das mörderische Werk und die Verheerungen jener Vernunft, jener Philosophie, die in Deutschland, dem Vaterland des Denkens (wie es Madame de Staël nennt)[46], ihren ersten Antrieb bekommen und ihre unheilvolle Verwüstung begonnen hat, wobei sie die Menschen anfangs nur dazu verleitete, die Religion zu prüfen und in einigen Punkten abzulehnen, sie dann aber zur Entdeckung aller, auch der schädlichsten Wahrheiten und zur Aufgabe aller, auch der lebenswichtigsten und notwendigsten Irrtümer führte. Die mit dem Neuaufschwung der Gelehrsamkeit einhergehende Aufklärung hatte damals ein hinlängliches Ausmaß erreicht, um

Zibaldone 349-351

Unglück und Ungemach eines Volkes den Weg zu bahnen, das die Natur weniger großzügig mit den Mitteln zum Glücklichsein ausgestattet hat, als da sind eine reiche und mannigfaltige Einbildungskraft und die Fähigkeit zu Illusionen. Sie besaßen sie natürlich, soweit nötig (wie auch die Engländer zur Zeit Ossians oder auch die Germanen zur Zeit der Barden und des Tacitus), aber nicht in solcher Vielfalt und Stärke, daß sie der Aufklärung so lange zu widerstehen vermocht hätten wie die südlichen Länder, vor allem (Spanien und) Italien, wo man zwar auch heute noch wenig lebt, weil es den Illusionen an konkreter Gestalt und gesellschaftlicher Nahrung mangelt, aber man denkt auch wenig. (23. Nov. 1820). Das gleiche traf bisher auf Spanien zu. Sein Klima, seine geographische Lage, seine Regierung usw. förderten die Illusionen wie in Italien, doch ohne daß es davon zu profitieren vermocht oder dadurch auch nur das geringste an Lebendigkeit gewonnen hätte, zumal gesellschaftlich und nach außen hin.

Zibaldone 357-358

Seite *161*.[47] Die Ruhmesblätter der Revolution enthalten weitere Beweise in Hülle und Fülle für das, was ich sage, und belegen die erwähnte Vermutung der Reformatoren. Der Göttin Vernunft wurden Altäre errichtet: Condorcet schlug in seinem Erziehungsplan, den er der gesetzgebenden Versammlung am 21. und 22. April 1792 vorstellte, sogar die Abschaffung und Ächtung der Naturreligion vor, weil sie unvernünftig und wider die Philosophie sei, wie auch die aller anderen Religionen. (*Essai sur l'indifférence en matière de religion*, Kap. 5, gegen Ende, Anmerkung)[48]. Ganz zu schweigen vom neuen Kalender, von Robespierres Kult des Höchsten Wesens usw. Kurz, das Ziel nicht nur der Fanatiker, sondern der größten französischen Philosophen, die entweder Vorläufer oder Akteure oder in irgendeiner Weise Verbündete der Revolution waren, bestand genau darin, ein streng philosophisches, vernünftiges Volk zu schaffen. Dabei wundere ich mich nicht und bedaure sie nicht in erster Linie deswegen, weil sie der Chimäre glaubten, ein Traum oder eine Utopie ließen sich verwirklichen, sondern weil sie nicht erkannt haben, daß Vernunft und Leben miteinander unvereinbar sind, ja daß sie der Meinung waren, die allumfassende, strenge und universelle Anwendung von Vernunft und Philosophie müsse Fundament, Ursache und Ursprung des Lebens, der Kraft und der Glückseligkeit eines Volkes sein. (27. Nov. 1820).

Wie sehr es zutrifft, daß die universelle Menschheitsliebe die Vaterlandsliebe zerstört, sie aber durch keine andere aktive Leidenschaft ersetzt und daß die Liebe zu einer Gemeinschaft im gleichen Maß, wie diese sich ausweitet, an Kraft und Stärke verliert, kann man auch daraus ersehen, daß die ersten Symptome der tödlichen Krankheit, welche die Freiheit und damit die Größe Roms zerstörte, gleichzeitig mit der Vergabe des Bürgerrechts an Italien nach dem Bundesgenossenkrieg und mit der großen Ausbreitung der Kolonien auftraten, die per Gesetz von Gracchus und Drusus zum erstenmal auch außerhalb Italiens gegründet wurden, also rund 30 Jahre nach der Sache mit C. Gracchus und rund 40 Jahre nach der mit Tiberius Gracchus [...] Die Kolonien brachten das römische Bürgerrecht mit sich, damit weitete sich Rom auf ganz Italien und später auf

Zibaldone 457-458

das ganze Imperium aus. Siehe insbesondere Montesquieu, *Grandeur* usw., Kap. 9, p. 99–101 und dort die Anmerkungen. *Ainsi Rome n'étoit pas proprement une Monarchie ou une République, mais la tête d'un corps formé par tous les peuples du monde [...] Les peuples [...] ne faisoient un corps que par une obéissance commune; et sans être compatriotes, ils étoient tous Romains.* (Kap. 6, Ende, p. 80, wo er sich jedoch auf etwas anderes bezieht). Als die ganze Welt zu Bürgern Roms geworden war, hatte Rom keine Bürger mehr; und als römischer Bürger gleichbedeutend geworden war mit Weltbürger, liebte man weder Rom noch die Welt: kosmopolitisch geworden, wurde die römische Vaterlandsliebe gleichgültig, unwirksam und bedeutungslos: und als Rom dasselbe bedeutete wie Welt, war es niemandes Vaterland mehr, und die Bürger Roms mit der Welt als Vaterland hatten gar kein Vaterland mehr und bewiesen dies durch ihr Handeln. (24. Dez. 1820).[49]

Zibaldone 507

Die Schmeichler und Freunde der Tyrannen gewinnen nichts weiter, als daß ihnen das Mitleid, das künftige Generationen ihrem Zeitalter und ihren Generationen widmen mögen, versagt bleiben wird. Und sie werden des Hasses teilhaftig, ohne daß sie von den Gefahren und Übeln verschont worden sind, eher im Gegenteil und oft noch weniger als die anderen. (15. Jan. 1821).

Zibaldone 520–522

Die gesamte Philosophie ist gänzlich wirkungslos, und ein Volk vollkommener Philosophen wäre zum Handeln unfähig.[50] In diesem Sinne behaupte ich, daß die Philosophie niemals eine Revolution oder Bewegung oder öffentliche oder private Unternehmung usw. ausgelöst hat oder auslösen wird; ja sie mußte diese von ihrem Wesen her eher unterdrücken, wie bei den Römern, den Griechen usw. Dagegen ist die Halbphilosophie durchaus mit dem Handeln vereinbar und kann sogar zum Handeln bewegen. So mag die Philosophie mittel- oder unmittelbar die Revolution in Frankreich, in Spanien usw. ausgelöst haben; denn die Menge oder die Menschen im allgemeinen, auch die Gebildeten, waren weder in Frankreich noch anderswo jemals ganz und gar philosophisch, sondern allenfalls zur Hälfte. Nun bringt aber die Halbphilosophie Irrtümer hervor und ist selber ein Irrtum; sie ist weder reine Wahrheit noch Vernunft, welche keine Bewegung auslösen könnte. Doch diese Irrtümer der Halbphilosophie können lebenswichtig sein, zumal wenn sie an die Stelle anderer treten, die durch ihre besondere Eigenart schwächend sind wie jene, die nicht aus natürlicher, sondern aus barbarischer Unwissenheit herrühren und den Eingebungen oder Glaubensüberzeugungen im noch ursprünglichen oder schon gesellschaftlichen Naturzustand sogar zuwiderlaufen. So können die Irrtümer der Halbphilosophie als Heilmittel gegen lebensfeindlichere Irrtümer gelten, obschon auch sie sich letzten Endes aus der Philosophie herleiten, also aus der Verderbtheit durch ein Übermaß an Zivilisation, das niemals von einem Übermaß an Aufklärung zu trennen ist, ja zum großen Teil daraus entspringt. Und in der Tat ist die Halbphilosophie die Triebfeder der, wenngleich geringen, allgemeinen Lebendigkeit und Bewegung des Volkes heutzutage. Eine unheilvolle Triebfeder, denn wiewohl Irrtum und nicht vollkommen vernünftig, hat sie ihre Grundlage nicht in der Natur wie die Irrtümer und Antriebskräfte des Lebens in der Antike oder in der Kindheit oder bei den Wilden usw., sondern letztlich in der Vernunft, im Wissen, in unnatürlichen und widernatürlichen Überzeugungen oder Erkenntnissen: sie ist eher unvollkommen vernünftig und wahr als unvernünftig und falsch. Sie hat die gleiche Tendenz wie die Vernunft, also eine Tendenz zu Tod, Zerstörung und Wirkungslosigkeit. Früher oder später muß sie, weil dies ihr Wesen ist, zum Gegenteil der natürlichen Irrtümer führen. Und ihre gegenwärtige Wirkung kann nur vorübergehend sein und wird in der Wirkungslosigkeit enden, wie es zwangsläufig jeder Impuls und jede Veränderung in den Nationen stets getan haben, wenn sie ihren Ursprung und Quell in der Philosophie hatten, also in der Vernunft und nicht in der dem Menschen eigenen und uranfänglich innewohnenden Natur. Im übrigen sorgte die Halbphilosophie und nicht etwa die vollkommene Philosophie bei Cato, Cicero, Tacitus, Lukan, Thrasea Paetus, Helvidius Priscus und den anderen antiken Philosophen und Patrioten der damaligen Zeit für Entstehung und Fortbestand der Vaterlandsliebe und der ihr entspringenden Taten.[51] Welche Auswirkungen die Fortschritte und Vervollkommnungen der Philosophie später bei den Römern hatten, ist allgemein bekannt.

Bemerkenswert ist auch, daß die Halbphilosophie, bei aller Bewegung und Begeisterung, die sie heutzutage auslöst, von Tag zu Tag zwangsläufig in dem Maße Freunde und Förderer verliert, wie sich Halbphilosophen allmählich durch die Erfahrung in der Philosophie vervollkommnen und nach und nach zu Philosophen werden. (17. Jan. 1821).

Die Überlegenheit der Natur gegenüber Vernunft und Kunst und das absolute Unvermögen der beiden letzteren, jene jemals zu ersetzen, die Unentbehrlichkeit der Natur für das Glück auch des gesellschaftlichen Menschen und die eindeutige Unmöglichkeit, ihrer Ermangelung oder Verderbtheit abzuhelfen, erkennt man auch bei der Betrachtung der Regierungsformen. Je gründlicher man Eigenart, Merkmale und Auswirkungen jeder nur denkbaren Regierungsform erwägt und untersucht, je klüger und tiefgründiger, nachdenklicher und aufmerksamer, gebildeter und erfahrener der Mensch ist, desto gewisser schließt und folgert er, es könne in dem Zustand, in den der Mensch nicht erst vor kurzem, sondern vor langer, langer Zeit geraten ist, nämlich seit dem Verderb, Verfall und Verlust der ursprünglichen *Gesellschaft* (von dem der Natur ganz zu schweigen), keine Regierungsform geben, die nicht höchst unvollkommen wäre, die nicht notwendig die Keime des Bösen und des mehr oder minder großen Unglücks der Völker und der Individuen in sich trüge: niemals gab es, gibt es und wird es ein Volk und vielleicht auch kein Individuum geben, dem nicht Ungemach, Unheil und Unglück (und zwar weder selten noch von leichter Art) aus der Beschaffenheit seiner Regierung und den ihr innewohnenden und anhaftenden Mängeln erwüchsen, welches auch immer ihre Form war, ist und sein wird. Kurz, bei einer menschlichen Regierung Vollkommenheit zu erreichen ist gänzlich unmöglich und aussichtslos, weit mehr noch als bei allen anderen menschlichen Dingen. Dabei wären gewiß, wenn nicht alle, so doch viele Regierungsformen an sich gut, ja sogar vollkommen; und sind sie heutzutage ihrem Wesen nach auch unvollkommen, wegen der unverbesserlichen und unabänderlichen Eigenschaften der Menschen, in deren Händen sie notwendig liegen (da ja eine Regierung weder durch Triebfedern und Maschinen noch durch das Walten von Engeln oder durch andere natürliche oder übernatürliche Kräfte in Gang gehalten werden kann, sondern nur durch Menschen, die ihres Amtes walten), so ist dies dennoch keine ursprüngliche Unvollkommenheit, die, ungeachtet ihrer Verwalter, der Idee der Regierung oder der, wenn auch vergesellschafteten, Natur des Menschen innewohnt. Betrachten wir dies genauer.

Die absolute, despotische Monarchie gilt, ob zu Recht und wahrheitsgemäß oder weil der Mensch von Natur aus die Knechtschaft haßt und lieber die Übel einer schlechten und ungeregelten Freiheit erträgt, oder auch weil sie seit dem Ende der Freiheit Roms, so kann man sagen, Sünde, Geißel, Krankheit und das beherrschende Unglück unseres und der vergangenen Jahrhunderte ist, sie gilt, aus welchem Grunde immer, als die unvollkommenste und barbarischste, die dem gesunden Menschenverstand, der redlichen Vernunft oder der Natur am meisten widerstrebende, kurz als die schlechteste aller Regierungsformen. Das mag sie heutzutage auch sein, war es aber nicht von Anfang an: vielmehr erachte ich sie als die ursprünglich vollkommenste, einzig vollkommene, vernünftige und natürliche. Denn vorausgesetzt, es muß überhaupt eine Regierung geben, dann, so behaupte ich, durfte und konnte es im ursprünglichen Zustand der Gesellschaft nur die der absoluten Alleinherrschaft sein; und so man diese nicht wollte, gab es keinen Grund, überhaupt eine Regierung zu wollen.

Der Mensch ist von Natur aus frei und jedem anderen Menschen gleich. Nicht jedoch im gesellschaftlichen

Zustand. Sinn, Ursprung und Zweck der Gesellschaft ist allein das gemeinsame Wohl derjenigen, die sie bilden und sich zu einem mehr oder minder großen Ganzen zusammenschließen. Ohne dieses Ziel entbehrt die Gesellschaft ihres Sinns. Und da sie nicht nur unsinnig ist, wenn sie dieses Ziel nicht hat, sondern darüber hinaus auch überflüssig und dem Menschen schädlich, wenn sie besteht, ohne es zu verfolgen, ist es also angebracht, die Gesellschaft aufzulösen, wenn dieses Ziel nicht verwirklicht wird; denn an und für sich, unabhängig von dem genannten Ziel, bringt sie dem Menschen dann mehr Schaden als Nutzen, ja sogar nur Schaden.

Nun läßt sich aber das allgemeine Wohl eines Körpers oder einer Gesellschaft nicht anders erreichen als durch das Zusammenwirken aller Glieder zu diesem Zweck. Das ist in allem so: Ein Ergebnis, das aus vielen einzeln wirkenden Ursachen und Kräften entstehen soll, kann nicht zustande kommen, wenn diese Kräfte nicht allesamt einträchtig und angemessen darauf hinwirken. Das ist das Prinzip der Einheit: ein Prinzip, das notwendig aus dem Zweck der Gesellschaft, dem Gemeinwohl, resultiert. Und weil eben im Gemeinwohl und in nichts anderem der Sinn der Gesellschaft besteht, schließt diese das Prinzip der Einheit notwendig ein. Deshalb bedeutet *Gesellschaft,* recht betrachtet, ihrem Wesen nach *Einheit,* und zwar Einheit von vielen. Doch bleibt die Einheit unvollkommen, wenn sie nicht vollkommene Einigkeit in dem bedeutet, was ihren Sinn und Zweck betrifft: denn in allem übrigen, wo die Gesellschaft keiner Einheit bedarf, lebt der Mensch, wenngleich in Gemeinschaft, wie außerhalb der Gesellschaft und bewahrt seine natürlichen Eigenschaften, das heißt seine

Freiheit, die Sorge für sich selbst und seine Angelegenheiten usw. Kurz, in den anderen vom Gemeinwohl unabhängigen Belangen besteht die Gesellschaft nicht oder sie ist keine Gesellschaft, obwohl sie gleichzeitig, soweit es ihren Grund, ihre Bestimmung und ihren Zweck angeht, durchaus fortbesteht.

Allerdings sind die Bestrebungen der in einem Ganzen vereinten Individuen, die Interessen oder die Ansichten aller einzelnen bezüglich ihrer Vorteile, wie auch aller anderen Dinge, zahllos und höchst unterschiedlich. Deshalb können die Kräfte der einzelnen nicht gemeinsam auf ein einziges Ziel hinwirken, weil einerseits nicht alle danach streben und sich andererseits die Ansichten, Bestrebungen usw. zwar, absolut gesehen, im Verfolgen eines Ziels vereinigen lassen, nicht aber, relativ gesehen, in dessen Bestimmung, weder im Allgemeinen und Ganzen noch im Einzelnen und Besonderen und auch nicht im Hinblick auf Zeit oder Gelegenheit, es zu verfolgen, zu erreichen usw. Denn der eine meint oder will, dies sei oder müsse das Ziel sein, der andere, jenes sei es oder müsse es sein; der eine, dies nütze dem vereinbarten und festgesetzten Ziel, der andere, es schade oder es nütze nicht; der eine, man müsse besagtes Ziel heute und auf diese Weise anstreben, der andere, man müsse bis morgen warten oder es auf jene Weise versuchen. So erfüllt, wer sich nicht um das Gemeinwohl kümmert, nicht den Zweck der Gesellschaft und ist nutzlos und schädlich für sie. Doch auch wer sich darum kümmert, wirkt nicht mit den anderen zusammen und kann es auch nicht, weder positiv noch negativ, also weder im Tun noch im Lassen, je nach den Erfordernissen, Zielen usw. Also erfüllt nicht einmal dieser den Zweck der Gesellschaft, der sich nur aus der

Eintracht ihrer Glieder im Verfolgen des Gemeinwohls ergeben kann: andernfalls könnte jeder auch ohne die Gesellschaft für sich allein danach streben, und die Gesellschaft wäre unnütz.

Tatsächlich fehlt in einem vollkommen freien und gleichen Ganzen die Einheit, das einzige Mittel, um den einzigen Zweck der Gesellschaft zu erreichen, ja das einzige, was die Gesellschaft konstituiert; und deshalb gibt es in einem freien und gleichen Ganzen eine Gesellschaft lediglich dem Anschein und dem Namen nach: das heißt, mehrere Menschen befinden sich zusammen an einem Ort, aber nicht in Gesellschaft.

Da also der Zweck der Gesellschaft das Gemeinwohl und das Mittel, ihn zu erreichen, das gemeinsame Streben der Individuen nach diesem Wohl, also die Einheit ist, so kann eine Ordnung oder Staatsform nur dann richtig, eine Gesellschaft nur dann vollkommen sein, wenn sie dieses Streben und diese Einheit in vollkommener Weise erzeugt und hervorbringt. Denn eine Sache ist nur dann vollkommen, wenn sie mit ihrem Ziel vollständig übereinstimmt.

Wie lassen sich nun aber die Meinungen, Interessen und Bestrebungen vieler in einem einzigen Punkt vereinen? Es gibt kein anderes Mittel, als sie unterzuordnen und von einer einzigen Meinung, einem einzigen Willen und Interesse, das heißt von der Meinung, dem Willen und dem Interesse eines einzigen, abhängig sein und lenken zu lassen. Die Einheit wird erreicht: doch damit es eine wirkliche Einheit ist, muß dieser eine wirklich ein einziger sein; das heißt, er muß die Meinungen, Interessen und Bestrebungen jedes einzelnen *vollständig* bestimmen, lenken und leiten und folglich über eines jeden Kräfte verfügen können; kurz, alle Glieder einer solchen Gesellschaft müssen in allem, was den Zweck dieser Gesellschaft, nämlich das Gemeinwohl, betrifft, *gänzlich* von ihm *allein* abhängig sein. Damit sind wir bei der absoluten, despotischen Monarchie. Und damit ist erwiesen, daß sie nicht nur an sich gut ist, sondern dem Sinn und Wesen der menschlichen Gesellschaft als einem Zusammenschluß an sich uneiniger Individuen innewohnt.

Mit der absoluten, despotischen Monarchie ist, wie gesagt, die Einheit erreicht. Das ist das Mittel zur Verfolgung des gemeinsamen Wohls. Aber wird dieses Wohl, also der Zweck, auch wirklich erreicht? Es wird es in dem Maße, wie die Meinungen und der Wille jenes einzigen tatsächlich dem Ziel entsprechen und sich darauf richten und seine Interessen völlig eins mit den allgemeinen sind.

Aus diesem Grund muß ein Herrscher nahezu vollkommen sein: untadelig in seinen Urteilen und Ansichten, in seiner Umsicht usw., damit er fähig ist, das wahre allgemeine Wohl und den rechten Weg dorthin zu erkennen und zu bestimmen; untadelig in seinem Wollen und folglich auch in seinen Sitten, seinem Gewissen, seinen Neigungen, in seinem Handeln und in seinem Leben (sofern es das besagte Ziel berührt), damit er tatsächlich seine Kräfte und die seiner Untertanen auf jenes Ziel zu lenken vermag, in dem er das Gemeinwohl aufgehoben sieht.

Ist der Herrscher nicht vollkommen, stehen wir wieder am Anfang. Da er Herz und Haupt, kurz, treibende Kraft der Gesellschaft geworden ist, ja man kann sogar sagen, alle aktive und passive Kraft der Gesellschaft in sich birgt und in sich trägt, verfehlt in dem Maße, wie er (aus Urteils- oder aus Willensschwäche) nicht nach dem Gemeinwohl trachtet, die Gesellschaft abermals ihren Zweck, entfernt sich von ihrem Ziel und wird von neuem überflüssig und schädlich. Und zwar um so schädlicher, je größer die Übel sind, die aus der Knechtschaft erwachsen, daraus, daß alle dem Wohl eines einzelnen dienen und ihre Kräfte nicht mehr für das eigene Wohl einsetzen, weder für das allgemeine, noch für das bloß individuelle, sondern nur zur Befriedigung der Launen und Wünsche eines einzelnen, der sogar den Schaden der Allgemeinheit wollen kann und oft genug auch will; so sind alle nicht nur daran gehindert, ihr Wohl zu suchen, sondern gezwungen, ihr Übel zu erstreben. Kurz, es herrscht all jene Not, die der Tyrannei entspringt, ein Zustand wider die *Natur* jeglicher Lebewesen und folglich ein sicherer Quell von Unglück. Die Gesellschaft wird zu einem Übel ohne Ende, zum ausgesprochenen Unglück für die Menschen, aus denen sie besteht: ein Unglück, das größer oder geringer ist, je nachdem, wie weit der Herrscher, der die Gesellschaft verkörpert, sich, weshalb auch immer, von ihrem Ziel entfernt, das nach Recht und Pflicht zu seinem eigenen Ziel geworden ist.

Wenn also die Gesellschaft ohne Einheit keinen Bestand haben kann, ja gar nicht existiert und es keine vollkommene Einheit ohne einen absoluten Herrscher geben kann, dieser Herrscher aber den Zweck jener Einheit und Gesellschaft und seinen eigenen Zweck nur dann erfüllt, wenn er vollkommen ist, so muß, damit die monarchische Regierung und die Gesellschaft vollkommen sind, auch der Herrscher vollkommen sein. Vollkommenheit aber, selbst eine nur relative, gibt es weder bei den Menschen noch bei den Tieren, noch bei den Dingen. Deshalb ist der Zustand der Gesellschaft notwendig unvollkommen. Doch wenn wir Vollkommenheit nach dem gängigen Sprachgebrauch verstehen (Cicero, *De Amicitia,* K. 5): ein in diesem Sinn vollkommener Herrscher ließ sich in den Anfängen der Gesellschaft durchaus finden. Denn 1. gab es damals, anders als heute, die Tugend noch und auch die Illusionen, die sie hervorrufen und erhalten; 2. konnte die Wahl auf denjenigen fallen, der am würdigsten und auf Grund seiner Geistes- und Urteilskraft wie auch seines guten und redlichen Willens am ehesten fähig war, den Zweck des Herrschertums und der Gesellschaft zu erfüllen, nämlich das Gemeinwohl jenes Ganzen, das ihn erwählte, 1. zu erkennen und 2. dafür Sorge zu tragen.

Wenn also die frühen Völker, die frühen Gesellschaften jenen Mann ins Herrscheramt wählten, der durch echte und dieser Würde oder besser dem Amt und Auftrag gemäße Körper- und Geistesgaben *eminebat,* so förderten sie gewiß, so gut es Menschen möglich ist, das allgemeine Wohl, also den Zweck der Gesellschaft und damit auch deren Vollkommenheit.

Ob eine solche Wahl tatsächlich jemals stattgefunden und jemals ein Gesellschaftsvertrag bestanden hat, demzufolge man um des gemeinsamen Nutzens willen einem einzigen gehorchte, der dessen würdig und diesen Nutzen zu erkennen und zu erstreben fähig war, ist nicht mein Thema. In dieser Abhandlung wird nichts anderes erörtert und soll nichts anderes erörtert werden als die Ursache der Dinge, wie sie sich zu Anfang naturgemäß hätten zutragen sollen und zutragen können, nicht wie sie sich zugetragen haben oder heute noch zutragen. Im übrigen gäbe es unter den wenigen noch vorhandenen historischen Spuren der uralten Königs reiche (und allein auf die uralten und ursprünglichen bezieht sich diese Erörterung) gewiß keinen Mangel an Beispielen und Beweisen für eine tatsächlich verwirklichte Übereinstimmung zwischen der ursprünglichen Form der Alleinherrschaft und dem öffentlichen Wohl der jeweiligen Gesellschaft. So bei den Völkern Amerikas, so bei den Wilden (wo die Tyrannei anscheinend unbekannt ist, nicht aber die kriegerische oder zivile Königsherrschaft), so bei den alten Germanen, darüber Tacitus und andere; so bei den Kelten, darüber Ossian; so bei den homerischen Griechen, wenngleich diese genaugenommen schon einer späteren Stufe der Monarchie angehören. Kurz, betrachtet man die Geschichte der Frühzeit, so sieht man, daß der Gedanke der Tyrannei zwar alt, doch nicht uralt ist: uralt und ursprünglich aber ist in der Gesellschaft der Gedanke der absoluten Monarchie. Siehe Goguet, *Ursprung der Wissenschaften und der Künste.*[52] »Absolut« selbstverständlich nicht in dem Sinn, daß der Begriff als konstitutiv für das Wesen dieser Regierungsform benutzt, festgelegt und anerkannt wurde. Sondern ohne viele Bestimmungen, Sanktionen und Formeln und ohne Kalkül unterwarfen sich die alten Völker *de facto* absolut dem Regiment eines einzelnen, ohne auch nur einen Gedanken daran zu verwenden, daß er anstatt zum Vorteil aller nach seinem eigenen Belieben Herr über ihr Leben, ihr Tun und ihren Besitz werden könnte; denn die Festlegungen, Definitionen und Abgrenzungen, die klaren und präzisen Formeln liegen nicht in der Natur, sondern wurden erfunden, wurden durch die Verderbtheit der Menschen erforderlich, die heutzutage mit völlig eindeutigen, minutiösen und detaillierten, mit überaus zahlreichen und mathematisch strengen Gesetzen, Verträgen und Verpflichtungen (moralischer oder materieller Art) andere zwingen oder selber gezwungen werden müssen, damit der Böswilligkeit jede Ausflucht, jedes Ausweichen, jede Zweideutigkeit, jede Freiheit, jedes offene und unbestimmte Feld entzogen wird. Und damit bin ich schon bei der Verderbnis.

Solange die Menschen so waren, wie oben beschrieben, ließ sich durchaus ein Herrscher finden, der gut und auch fähig war. Solange die Gesellschaft im ursprünglichen und natürlichen Zustand nicht allzu viele Regeln, Bestrebungen, Verpflichtungen und auch keine sonstigen Entartungen und Behinderungen kannte, ließ sich der entsprechende Mann wählen und nach seinem Tod ein anderer ebenso würdiger.

Doch als die Menschen in den Zustand der Verderbnis gerieten (und unsere Abhandlung umfaßt ebenso die Verderbnis des Altertums wie die der Neuzeit, denn auch das Altertum zeitigte zur Genüge die Wirkung, von der ich reden will), ließ sich kein vollkommener Herrscher mehr finden. Und selbst wenn man einen solchen fand, konnte er, einmal Herrscher geworden, nicht länger vollkommen bleiben, wegen der Korruptheit der einzelnen Menschen wie auch der Gesellschaft im allgemeinen: gewandelte Sitten, fortschreitende Aufdeckung der Illusionen, dämmernde Erkenntnis, daß die Tugend nutzlos oder weniger nützlich sei als manche Laster, schlechte Beispiele, die geeignet waren, jegliche göttliche Natur zu verderben. Kurzum, auch der vollkommenste Mensch, hatte er einmal die Macht in den Händen, konnte nicht umhin, sie zu mißbrauchen. Und auch wenn er selber noch anders konnte, die Verderbtheit der Gesellschaft, die aufgekommene und erstarkte Bösartigkeit, der Ehrgeiz usw. und infolgedessen die Notwendigkeit fester und strenger, von der Willkür unabhängiger Regeln machten die Wahl eines Nachfolgers unmöglich. Um ihre *Sicherheit* und *Beständigkeit* zu gewährleisten, mußte man die Wahl deshalb dem *Zufall* überlassen und die *Erbmonarchie* einrichten. Und wo diese nicht eingeführt wurde, gewann man nichts als eine Vermehrung der Übel durch die Wirren bei der Wahl, denn die Gesellschaft in ihrer Verderbtheit war zu einer Wahl ohne Turbulenzen ebensowenig mehr imstande wie zu der eines würdigen Herrschers.

Seit der Monarch entweder nicht mehr wählbar oder nicht mehr gut ausgewählt war, wurde die Monarchie zur schlimmsten aller Staatsformen. Da doch ein wirklich vollkommener Mann für dieses Amt schon von Anfang an rar und später noch viel rarer war, wie sollte man nun ohne eine sorgfältige Auswahl diesen äußerst seltenen, zum Herrscheramt befähigten Mann finden? Wie konnte der Zufall der Geburt oder einer Wahl, die, von ganz anderem als der Wahrheit geleitet, nicht minder zufällig war, ausgerechnet auf diesen vortrefflichen, nahezu einzigartigen Mann fallen, der selbst bei reiflichster Überlegung und Sorgfalt so schwer zu finden war? Zumal die Verderbtheit der Gesellschaft an einen vollkommenen Herrscher nunmehr weit höhere Anforderungen stellte als ehedem. Deshalb war ein guter Herrscher nicht nur ungewöhnlicher als vorher, sondern einer, der einst vollkommen gewesen wäre, war nun nicht mehr vollkommen genug.

So war die für eine Monarchie wesentliche Vollkommenheit des Herrschers nicht mehr wichtig, nicht mehr möglich, nicht mehr wirksam und nicht länger Bestandteil der gesellschaftlichen Ordnung. Und da nicht nur die Vollkommenheit äußerst selten, ja der Herrscher gar nicht auf Grund seiner Vollkommenheit, sondern durch Zufall zum Herrscher geworden war, brauchte er auch nicht mehr der beste, sondern konnte sogar der schlechteste Mensch sein: und das nicht nur aus Versehen, sondern sein Stand, die Macht, die Schmeichelei usw. trugen aktiv, entscheidend und unvermeidlich dazu bei.

Da nun der Herrscher schlecht war oder unvollkommen, verlor die Monarchie ihre Berechtigung, denn sie entsprach nicht mehr ihrem Zweck, dem Gemeinwohl. Die Einheit blieb, nicht aber ihr Ziel: im Gegenteil, statt zu diesem Ziel hinzuführen, war sie nur noch ein Mittel, es in die Ferne zu rücken und unerreichbar zu machen. So wurde auch die Gesellschaft, nachdem sie ihren Sinn und Zweck, das Gemeinwohl, eingebüßt hatte, wieder nutzlos und schädlich, wobei als Absurdität, Barbarei und gewaltiger Nachteil noch hinzukam, daß alle dem einen, einzigen ausgeliefert waren, der ihnen zu schaden suchte.

In diesem Zustand war es besser, die Gesellschaft entweder gänzlich aufzulösen oder jene Einheit abzuschwächen, *laxare,* die, ursprünglich und von Natur aus das höchste und notwendigste der gesellschaftlichen Güter, nun nach der Verderbnis das größte aller Übel und Werkzeug und Ursache schrecklichsten Unglücks ist.

So kam es, daß die Völker ihre erste, richtige und natürliche, der wahren Natur der Gesellschaft entsprechende Regierungsform aufgaben und zerstörten, sich anderen Staatsformen, den Republiken usw., zuwandten und die Gewalten und damit gewissermaßen auch die Einheit teilten; sie holten sich den Teil an Freiheit und Gleichheit zurück, der ihnen unter der ursprünglichen

Monarchie noch geblieben war; ja sie gingen sogar noch weiter und nahmen sich mehr, als mit Wesen und Zweck der Gesellschaft vereinbar war. Und das war nur zu verständlich, denn da der absolute Monarch, der über den anderen Teil der Freiheit verfügen sollte, nicht mehr für das Gemeinwohl da war, durfte es ihn nicht länger geben, und es gab ihn auch nicht mehr.

Deshalb sind die Republiken jedweder Art prinzipiell wie auch in Wirklichkeit jünger als die absolute Monarchie; Idee und Existenz der Tyrannei jedoch sind nicht uralt, sondern gehen in der Theorie und tatsächlich auch historisch der Idee und Existenz der freien Staaten unmittelbar voraus. Denn die älteste und ursprüngliche Form und Idee von Regierung ist eben die der absoluten Alleinherrschaft. Man betrachte nur die griechische und die römische Geschichte. Siehe Goguet, loc. cit.[53] Überall und immer geht die Monarchie der Freiheit voraus, und die Freiheit entsteht aus der korrupten Monarchie, so wie dann aus einer Freiheit, die später noch korrupter und schlimmer ist als bei ihrer ersten Wiedergeburt, wiederum eine neue Monarchie entsteht: eine Freiheit und eine neue Monarchie, die alle beide schlecht, weil alle beide schlechten Ursprungs sind. Nur gehen die natürliche Freiheit und Gleichheit der ursprünglichen Monarchie voraus, entweder im Zustand des noch nicht gesellschaftlichen, einzelgängerischen Menschen oder in der frühen Kindheit der Gesellschaft, wo diese eher eine rein physische Ansammlung von Menschen ist als eine Gesellschaft.

Um auf unser Thema zurückzukommen: zusammen mit dem Einfluß, der Kraft und Lebendigkeit der Natur und der Achtung vor ihr schwanden auch Vollkommenheit und Nützlichkeit der absoluten Monarchie;

und mit der absoluten Monarchie schwand der wahre und eigentliche Zustand der Gesellschaft. Der Natur und ihrem eigenen Wesen entfremdet, konnte aber die Gesellschaft nicht mehr glücklich sein. Auch konnte es keine vollkommene Regierung mehr geben; denn nicht nur hatte sich der Mensch von der Natur entfernt, ohne die in gar keinem Zustand Vollkommenheit möglich ist; sondern vor allem konnte die einzige Regierungsform, die ursprünglich vollkommen zu sein vermochte, da sie als einzige dem Wesen der Gesellschaft entsprach, durch unabänderliche, dauerhafte Umstände nun nicht mehr vollkommen sein und kam (bei diesem oder jenem Volk) auch tatsächlich für die Gesellschaft nicht mehr in Betracht.

Die Natur, als einzig mögliche Quelle des Glücks auch für den gesellschaftlichen Menschen, war verloren. Da traten nun Kunst und Vernunft, Nachdenken, Wissen und Philosophie auf den Plan, um einen Ausgleich für die fehlende oder verderbte Natur zu schaffen, für Abhilfe zu sorgen und mit ihren (angeblichen) Mitteln und Wegen zum Glück die der Natur zu ersetzen, kurz, um den Platz einzunehmen, von dem die Natur vertrieben worden war, und ihre Aufgabe zu übernehmen, also den Menschen zu seinem Glück zu führen, wie es einst die Natur getan hatte. Wie viele Regierungsformen hat man nicht erdacht, wie viele in die Praxis umgesetzt! Wie viele Träume und Chimären, wie viele Utopien enthalten die Gedanken der Philosophen! Gewiß irrten sie in den Grundvoraussetzungen, denn sie maßten sich an, eine perfekte Regierungsform zu entwerfen; doch kann es (ganz zu schweigen von allem sonstigen, von den Absurditäten und Unmöglichkeiten bei der Anwendung ihrer Theorien auf die

Wirklichkeit) für eine Regierungsform keine andere Vollkommenheit geben als die genannte; eine sehr einfache Vollkommenheit, die zu suchen und zu finden es keiner Gelehrsamkeit, keines Nachdenkens, keiner Erfahrungen und keiner Komplikationen bedarf; ja, sie ist gar keine Vollkommenheit, wenn sie kompliziert ist, sondern kann gar nicht anders als schlicht und einfach sein.

Unter all den mangelhaften Regierungsformen, die gleichsam darum wetteiferten, welche am unvollkommensten, am schlechtesten und am ehesten dazu angetan sei, den Menschen Unglück zu bereiten, war gewiß und augenscheinlich der freie, demokratische Staat, solange sich das Volk noch so viel Natürlichkeit bewahrte, daß es die Kraft und den Willen zu Tugend und Heldentum, zu großen Illusionen, Beherztheit und Sittlichkeit besaß, die beste von allen. Der Mensch war nicht mehr natürlich genug, als daß sich einer gefunden hätte, der sich in der Herrschaft bewähren konnte, ohne sich korrumpieren zu lassen und ohne sie zu mißbrauchen; und nach der Erfindung von Bosheit und Arglist konnte die Macht nicht länger unumschränkt bleiben, weder im Hinblick auf den Herrscher, weil er sie unweigerlich mißbrauchte, noch im Hinblick auf das Volk. Denn wurde dieses nicht durch Zügel, Gesetze, Gewalt, kurz, durch Ketten gebunden und gegängelt, war es nicht mehr imstande, freiwillig zu gehorchen, sich ruhig um seine Angelegenheiten zu kümmern, keine Übergriffe zu begehen, den Nachbarn oder die Allgemeinheit nicht dem eigenen Interesse zu opfern oder bei Gelegenheit nicht auch nach der Herrschaft zu streben, kurz, es war außerstande, nicht stets und in allen Dingen nach der πλεονεξία[54] zu trachten. Gehorsam und völlige Unterwerfung gegenüber dem Herrscher und die Bereitschaft, ihm zu dienen, sind letztlich nichts anderes als Opfer fürs gemeinsame Wohl, Bereitschaft, sich für die anderen zu opfern, und ein Beitrag *pro virili parte* zum öffentlichen Wohl. Vorausgesetzt, die Unterwerfung ist freiwillig. Doch der Egoismus ist zu Opfern nicht fähig. Deshalb war eine freiwillige Unterwerfung nicht mehr zu erwarten und die Verbindung der Interessen jedes Individuums mit dem allgemeinen Interesse nicht mehr möglich. Seit dem Aufkommen des Egoismus konnte also das Volk nicht mehr gehorchen, ohne geknechtet zu sein, noch konnte der Herrscher befehlen, ohne Tyrann zu sein [...] Die Dinge gingen nicht mehr einfach und natürlich ihren Gang, und dies und jenes ging nicht mehr auf diese oder jene Weise ohne klar umrissene Notwendigkeit: unerläßlich wurde daher, und ist es heute in Anbetracht der größeren Verderbnis erst recht, die mathematische Präzision der Dinge, der Gesetze und der Gewalten.

Aber es gab immer noch so viel Natürlichkeit auf der Welt, so viel natürliche Überzeugungen oder Illusionen, daß die Form des demokratischen Staates aufrechterhalten und ein gewisses Maß an Glück und Vollkommenheit des Regierens erreicht werden konnte. Ein Staat, der Illusionen, Begeisterung usw. sehr förderte und viel Handeln und Bewegung verlangte; ein Staat, in dem jedes öffentliche Handeln der einzelnen dem Urteil der Menge ausgesetzt war und unter ihren Augen geschah, jener Menge, die, wie ich schon anderswo dargelegt habe[55], meist notwendigerweise ein gerechter Richter ist; ein Staat, in dem folglich für Tugend und Verdienst der Lohn nicht ausbleiben konnte; ein Staat, in dem es vielmehr im Interesse des Volkes lag, verdienstvolle Bürger zu belohnen, waren sie doch lediglich seine Diener und ihre Verdienste lediglich Wohltaten für das Volk, das sich darin einig war, alle zu ihrer Nachahmung anzuspornen; ein Staat, in dem zumindest, auch bei schlimmstem individuellem Mißgeschick, für Verdienst und große Taten als gewaltiges Wunschbild, als allmächtige Triebfeder der Gesellschaft der Preis des Ruhmes winkte; ein Staat, zu dem sich jeder zugehörig fühlte, dem jeder zugetan war und an dem jeder Anteil nahm, aber aus Eigennutz, wie an sich selbst; ein Staat, in dem es nicht viel zu neiden gab, denn alle waren annähernd gleich und die Vorteile gerecht verteilt, Vorrang erlangte man nur durch Verdienst und Ruhm, die wenig geeignet waren, Neid zu erregen, weil der Weg dahin jedermann offenstand, weil jeder sie aus eigenem Antrieb und Willen erwerben konnte und sie der Menge zum Nutzen gereichten; kurz, ein Staat, der zwar nicht dem ursprünglichen Zustand der Gesellschaft entsprach, aber doch dem des Menschen, der von Natur aus frei und sein eigener Herr und den anderen gleich ist (wie jedes andere Lebewesen auch); ein Staat also sehr nah an der Natur, dem einzigen Quell von Glück und Vollkommenheit: ein solcher Staat stellte nach der ursprünglichen Monarchie, solange noch genügend Natur blieb, um ihn aufrechtzuerhalten und mit der Gesellschaft noch in Einklang zu bringen, gewiß die dem Menschen am ehesten gemäße, für das *Leben* ersprießlichste und glücklichste Staatsform dar. Dies war annähernd die Staatsform der griechischen Republiken bis zu den Perserkriegen und der römischen Republik bis zu den Punischen Kriegen.

Wie aber Gleichheit nicht mit einer Staatsform vereinbar ist, die auf Einheit beruht, aus der notwendig

Hierarchien entstehen, so ist Ungleichheit nicht mit jener Staatsform vereinbar, die auf dem Gegenteil der Einheit beruht, nämlich der allgemeinen Teilung der Macht, also auf Freiheit und Demokratie. Vollkommene Gleichheit ist die notwendige Grundlage der Freiheit. Es darf also unter denen, die die Macht unter sich aufgeteilt haben, kein Ungleichgewicht geben, und keiner darf mehr oder weniger Macht haben als der andere. Denn darin und in nichts anderem bestehen Idee, Wesen und Grundlage der Freiheit. Andernfalls ist die Freiheit nicht nur weder echt noch vollständig, sondern sie kann in solcher Unvollkommenheit auch nicht von Dauer sein. Denn wie die Einheit der Macht den Monarchen verleitet, sie zu mißbrauchen und ihre Grenzen zu überschreiten, so verleitet auch ein Übermaß an Macht den allzu Mächtigen, sie zu mißbrauchen und zu mehren; und damit fallen die Demokratien in die Monarchie zurück. Nicht nur die πλεονεξία der Macht, sondern jede Art von πλεονεξία ist mit der Freiheit unvereinbar und tödlich für sie. In einem freien Staat darf keiner Vorrang vor dem andern haben, es sei denn Vorrang an Verdienst oder Ansehen, Dingen also, die weder von anderen geneidet noch von dem, der sie besitzt, mißbraucht oder übertrieben werden können. Sonst erwachen bei den einen Neidgefühle, bei den anderen der Wunsch nach noch größerer Überlegenheit. Die einen versuchen emporzukommen, die anderen, nicht zurückzubleiben oder gar die gleichen Vorteile zu erlangen. So kommt es zu Lagerbildung und Zwistigkeiten, Parteigängertum und Parteienkampf, Aufständen und Kriegen und schließlich zu Sieg und Vorherrschaft eines einzigen, zur Monarchie. Deshalb verboten antike Gesetzgeber wie Lykurg oder kluge Republikaner wie

Fabricius, Cato usw. den Reichtum, züchtigten den, der sehr viel mehr besaß als die anderen (so machte es Fabricius als Zensor), und ächteten Wissen und Wissenschaft, Künste und Bildung, kurz jede Art von πλεονεξία. Deshalb waren alle echten Republiken und Demokratien arm und unwissend, solange es ihnen wohlerging. Deshalb auch wurden die Athener am Ende sogar auf übergroßes Verdienst, augenfällige Tugend, ja selbst auf bloßen Ruhm ohne äußere Ehren höchst eifersüchtig; und auch bei den Römern kann man beobachten, daß herausragende Verdienste um so weniger Segen brachten, je vollkommener die Demokratie war, also in ihren Anfängen, zu Zeiten des Coriolan, des Camillus usw. Reichtum, Luxus und Begünstigung, die Ausbildung der geistigen Fähigkeiten, allzu große Ungleichheit der Würden und äußeren Ehren, der Macht usw. oder auch nur übermäßige Unterschiede in Verdienst und bloßem Ruhm haben noch immer alle Demokratien zugrunde gerichtet.

Da nun die vollkommene Gleichheit nicht auf Dauer aufrechtzuerhalten und doch zugleich wesentlicher Grund und einziger, unerläßlicher Halt der Demokratie ist, kann ein Staat in dieser Form nicht lange Bestand haben und geht natürlicherweise in die Monarchie über oder im günstigeren Fall in die Oligarchie, die Herrschaft der Optimaten, also in die Aristokratie, die aber gewöhnlich, um nicht zu sagen immer, nur eine Vorstufe zur Monarchie bildet [...]

Einziger Schutz gegen eine zu große und schädliche Ungleichheit im freien Staat ist die Natur, sind die natürlichen Illusionen: sie lenken Egoismus und Eigenliebe dahin, nicht mehr zu wollen als die anderen, sich für die Gemeinschaft aufzuopfern, an der Gleichheit festzuhalten, die bestehenden Verhältnisse zu verteidigen und auf alles Herausragen und Sichhervortun zu verzichten, es sei denn, es ginge um Opfer, Gefahren und Tugenden, die zur Wahrung der Freiheit und Gleichheit aller führen. Einziges Mittel gegen die Ungleichheiten, die dennoch entstehen, ist die Natur, sind wiederum die natürlichen Illusionen: sie sorgen dafür, daß Ungleichheiten nur aus Tugend und Verdienst erwachsen, daß die Nation in ihrer allgemeinen Tugend und Heldenhaftigkeit sie duldet, ja sie als Folge des Verdiensts wohlwollend, neidlos und mit Freuden betrachtet und ein solcher Vorrang auf keine andere Weise erstrebt wird als eben durch Tugend und Verdienst. Sie sorgen auch dafür, daß jene, die in Form von Ruhm oder von Amt und Würden Vorrang erlangt haben (denn einen Vorrang auf Grund von Reichtum und dergleichen Vorteilen gibt es nicht, solange in der Republik der Einfluß der Natur noch wirksam ist), sie nicht mißbrauchen und nicht noch höher hinaus wollen, sondern sich zufriedengeben, ja ihre Macht für den Erhalt von Gleichheit und Freiheit einsetzen, mit den anderen gemeinschaftlich verkehren und durch Vermeidung von Stolz und Begehrlichkeit, von Verachtung und Unterdrückung der Unterlegenen den Neid auf ihre Überlegenheit mindern. All dies geschah auch tatsächlich in den frühen und besten Zeiten der alten Demokratien, als sie mit ihren Sachen, ihrem Tun und ihren Sitten, wie ja auch zeitlich der Natur noch am nächsten waren. Doch als die Illusionen verblaßten, die Natur geschwächt oder ausgemerzt war und der niedere Egoismus wieder das Feld behauptete, bei den Oberen genährt durch die Vorteile und Möglichkeiten zur Mehrung ihrer Macht, bei den Unteren angestachelt durch ihre Unterlegenheit, und sich dann noch Reichtum und Luxus, Klientelwesen, Verpflichtungen und *ambitiones,* Philosophie, Rhetorik und die Künste und vielerlei andere Formen von Verderbtheit und πλεονεξία der Gesellschaft hinzugesellten, wurden die Demokratien immer schwächer, zerfielen und gingen schließlich zugrunde. Und damit kommen wir auf den Ausgang unserer Erörterung zurück, daß nämlich die Regierungsformen, die heute sehr unvollkommen und bisweilen untragbar erscheinen und es auch sind, ursprünglich und unter den natürlichen Verhältnissen vollkommen oder doch gut und auch sehr nützlich waren; daß es für keinerlei Gemeinwesen ein größeres und gewisseres Übel geben kann als die Entartung und das Sterben der Natur; daß die Regierungsformen, die unter naturnahen Verhältnissen gut waren, nach deren Ende alsbald schlecht wurden; daß die Natur nicht ersetzbar und ihrem Verlust nicht abzuhelfen ist und man ohne sie bis ans Ende aller Zeiten nie und nimmer eine glückliche und vollkommene Regierungsform erhoffen kann; vielmehr wird jede (und sei sie auch noch so gründlich durchdacht, ausgewogen und durch und durch philosophisch) immer höchst unvollkommen sein, voll von widerstreitenden Elementen, wenig geeignet für den Menschen (für den nichts mehr gemäß sein kann, wenn er doch nicht mehr ist, der er sein sollte), untauglich zu wahrem Glücklichsein und deshalb in der Praxis, ganz gewiß aber nach der reinen Theorie, unsicher und unbeständig, schlecht angelegt und eingerichtet, wechselhaft und widersprüchlich, unstimmig, unecht usw., wie man auch aus dem Folgenden ersehen kann.

All die unterschiedlichen Regierungsformen, durch die der menschliche Geist durch Zufall oder unter dem

Zwang besonderer Umstände nacheinander oder gleichzeitig hindurchgeirrt ist, waren zu nichts anderem nütze, als die (gewiß raren) wahrhaften Philosophen zur Verzweiflung zu bringen; denn die praktische Erfahrung überzeugte sie von der notwendigen Unvollkommenheit, Glücklosigkeit, Widersprüchlichkeit und Unangemessenheit all dessen, was 1. der Natur ermangelte, der einzig wahren und unwandelbaren Norm jeder weltlichen Einrichtung, und 2. nicht dem Sinn und Wesen der Gesellschaft entsprach, welche nämlich die absolute Monarchie erfordert.

Doch fiel die Gesellschaft nach fast all ihren Irrwegen durch die verschiedenen Staatsformen immer wieder in die Monarchie, die natürliche Verfassung der Gesellschaft, zurück, und die Welt wurde, zumal in den letzten Jahrhunderten, ganz und gar absolut-monarchisch. Insonderheit entstand aus Mißbrauch und Entartung von Freiheit und Demokratie, die unmittelbar aus dem Mißbrauch und der Korruption der absoluten Monarchie hervorgegangen waren, sogleich eine neue absolute Monarchie. Freilich nicht die ursprüngliche, die unter dem Einfluß der Natur und allein durch sie gut und nützlich und der Gesellschaft angemessen war, sondern jene, die es auch unter naturfernen Verhältnissen geben kann und die ebenso zutiefst schlecht ist, wie die ursprüngliche höchst vortrefflich war: kurz, die Tyrannei; denn eine absolute Monarchie ohne die naturgegebenen Bedingungen kann nichts anderes sein als eine mehr oder weniger schlimme Tyrannei und ist deshalb vielleicht die schlechteste aller Regierungsformen. Und zwar deshalb, weil es nach der Ausmerzung der natürlichen Überzeugungen und Illusionen keine Veranlassung mehr dafür gibt und es weder möglich noch menschlich ist, auch nur den geringsten eigenen Vorteil dem Wohl eines anderen zu opfern, denn dies widerspricht dem Wesen der Eigenliebe, die allen Lebewesen angeboren ist. Daher stehen die Interessen aller und eines jeden stets unweigerlich hinter denen eines einzigen zurück, wenn dieser die unbeschränkte Macht hat, sich der anderen und ihrer Dinge zu seinem Nutz und Frommen, nach Lust und Laune, kurz, nach jedem eigenen Wunsch und Willen zu bedienen.

In diesem Zustand der Fäulnis ist die Welt seit Beginn des römischen Kaiserreichs bis in unser Jahrhundert mehr oder weniger dahingesiecht. Im letzten Jahrhundert aber haben Philosophie und Erkenntnis, Erfahrung und Bildung, das Studium der Geschichte und der Menschen, das Vergleichen und Parallelenziehen, der Austausch aller Art zwischen Menschen, Nationen und Sitten, alle möglichen Wissenschaften und Künste usw. derartige Fortschritte gemacht, daß sich die gesamte gebildete und aufgeklärte Welt der Betrachtung ihrer selbst und ihres Zustands zugewandt hat und somit vor allem der Politik, der die wichtigste und bedeutendste Rolle zukommt, weil sie den größten und allgemeinsten Einfluß auf die menschlichen Angelegenheiten hat. Hier tritt nun endlich die Philosophie auf den Plan, sprich die menschliche Vernunft, mit aller ihr zu Gebote stehenden Kraft und Macht, ihren Mitteln und Möglichkeiten, ihrem Licht und Rüstzeug, und macht sich an das große Unterfangen, die verlorengegangene Natur zu ersetzen, den daraus entstandenen Übeln abzuhelfen und jenes Glück wieder herbeizuführen, das seit undenklichen Zeiten zusammen mit der Natur entschwunden ist. Denn das Glück und nichts anderes ist doch das Ziel unserer nunmehr vollkommenen Vernunft in all ihrem Wirken oder sollte es zumindest sein, wie es ja das Ziel allen menschlichen Strebens und Handelns ist.

Was aber vermag sie auszurichten, diese menschliche Vernunft, verglichen mit der Natur, im Hinblick auf das Hauptziel der Gesellschaft? Ich übergehe die Experimente, die man in den letzten Jahren des vergangenen und den ersten dieses Jahrhunderts in Frankreich gemacht hat. Nach der Erkenntnis, daß die Monarchie unentbehrlich und andererseits die absolute Monarchie mit der Tyrannei gleichzusetzen sei, verlegte sich die moderne Philosophie (und was konnte sie auch anderes tun?) auf bloßes Hilfeleisten. Keine Modelle vollkommener Regierungsformen, keine Erfindungen, Entdeckungen oder Entwürfe von innerer und notwendiger Vollkommenheit, lediglich Änderungen, Ergänzungen, Unterscheidungen; ein bißchen vergrößern auf der einen, verkleinern auf der anderen Seite, in Teile zerlegen und anschließend unter Kopfzerbrechen die zerlegten Teile wieder ins Gleichgewicht bringen, hier entfernen, dort hinzufügen: kurz, erbärmliches Flickwerk; man bessert aus, stützt ab und versucht, mit Mauerankern und allen möglichen Hilfsmitteln ein Gebäude zu retten, das nach dem Verlust seines guten, ursprünglichen Zustands nur noch durch Kunstgriffe zusammenhält, die ganz und gar nichts mit der Grundidee seiner Konstruktion zu tun haben. Die absolute Monarchie hat sich in vielen Ländern (in diesem Augenblick, da ich schreibe, steht zu erwarten, daß das gleiche in ganz Europa geschieht) zur konstitutionellen Monarchie gewandelt. Ich bestreite nicht, daß dies beim gegenwärtigen Zustand der zivilisierten Welt vielleicht sogar die beste Lösung ist. Doch letztlich ist diese Institution weder in Idee und Wesen der Gesellschaft im allgemeinen und absolut gesehen noch in der monarchischen Regierungsform im besonderen begründet. Es ist eine willkürlich aufgepfropfte Institution, von Menschen ersonnen und nicht der Sache selbst entsprungen: und deshalb notgedrungen instabil, wandelbar und unzuverlässig, sowohl in ihrer Form und ihrer Dauer als auch in den Wirkungen, die sie hervorbringen müßte, um ihrem Zweck zu dienen, nämlich dem Glück der Nation.

1. Alles, was nicht in der Natur einer Sache wurzelt, hat eine substantiell unsichere Existenz. Die Sache kann bleiben oder in abgewandelter Form untergehen, verfälscht, vergessen und aufgegeben werden, mannigfache Gestalt annehmen, ihr Ziel nicht erreichen oder nur dem Namen und dem Anschein nach fortbestehen, nicht aber in Wirklichkeit. Kurz, sie weist all jene Eigenschaften auf, die in den Schulen dem *Akzidens* zugeschrieben werden und dieses definieren. Zudem kann sie, selbst wenn sie fortbesteht, trotz aller verhältnismäßigen Vollkommenheit oder Vollständigkeit, doch schwerlich nützen oder taugen oder Gutes bringen, da sie ihren Grund nicht im Wesen und in der Natur der Sache hat.

2. Grund und Wesen der Monarchie bestehen darin, daß die Gesellschaft der Einheit bedarf. Die Einheit ist nicht echt, wenn das Oberhaupt oder der Herrscher nicht wirklich uneingeschränkt ein einziger ist. Das heißt nichts anderes, als daß er absolut, also allein, Herr über alles ist, was das Ziel, nämlich das Gemeinwohl angeht. Je weiter die Macht aufgeteilt wird, desto mehr nimmt die Einheit Schaden, desto mehr verletzt, verfehlt und vereitelt dies Sinn und Vollkommenheit der Monarchie wie der Gesellschaft.

So entspricht der konstitutionelle Staat weder dem Sinn und Wesen der Gesellschaft im allgemeinen noch dem der Monarchie im besonderen. Und die Konstitution ist offensichtlich nichts anderes als eine Medizin für einen kranken Körper. Eine solche Medizin mag zwar dem Körper fremd sein, doch könnte er ohne sie nicht leben. Deshalb muß man die Unvollkommenheit der Krankheit durch eine andere Unvollkommenheit kompensieren. Und genauso ist die Konstitution lediglich eine notwendige Unvollkommenheit der Staatsform; ein unerläßliches Übel, um ein noch größeres Übel zu bekämpfen oder zu verhindern. Wie ein Ableitungsmittel bei einem Menschen, der unter Rheuma leidet usw. Zwar lebt dieser Mensch dank jenes Ableitungsmittels, während er andernfalls gar nicht leben würde, und ist von dem Übel befreit, gegen welches das Mittel eingesetzt wird; nichtsdestoweniger ist dieses Mittel selbst ein Übel, etwas Schädliches und Unvollkommenes, und auch wenn das erste Übel keinen Schaden mehr anrichtet, so schadet doch jetzt das Heilmittel, und jener Mensch ist keineswegs unversehrt und gesund. Oder wie ein Holzbein, wenn einer sein natürliches Bein verloren hat. Er geht zwar mit dem Holzbein, denn andernfalls könnte er gar nicht gehen; doch ist er trotzdem nicht unversehrt.

Und also können (um zum Schluß meiner Erörterung zu kommen) die Regierungsformen wie auch alle anderen Dinge, die ursprünglich und von Natur aus vollkommen waren oder wären, ohne die Natur nicht mehr vollkommen sein, trotz aller Mühen von Vernunft, Wissenschaft und Kunst; und diese können niemals den Platz der Natur einnehmen und sie vollständig ersetzen; vielmehr führen sie mit dem Beheben eines

Übels zwangsläufig ein anderes herbei: denn da sie in alles Mögliche eingedrungen sind, machen sie alle Dinge unvollkommen, und eine Sache wird schon dadurch unvollkommen, daß jene in sie eingegangen sind. (22. bis 29. Jan. 1821).[56]

Zu p. *120*.[57] Hinzu kommt, daß in den Monarchien oder unter der Herrschaft eines einzelnen oder einiger weniger (denn als Herrschaft von wenigen kann man im Grunde jede Monarchie bezeichnen, da ja nicht alles tatsächlich vom Willen eines einzelnen abhängen, herrühren und gelenkt werden kann, zumal wenn sie größer ist) die Ursachen der Ereignisse, entgegen dem Anschein, sehr viel geringfügiger und vielfältiger sind als in den freien Staaten und Demokratien. Denn die im ganzen Volk oder in seiner Mehrheit oder in einem großen Teil, kurz, bei vielen wirksamen Ursachen sind nicht so unbedeutend, nicht so zahlreich, nicht so unterschiedlich und, auch wenn sie geheim sind, nicht so schwer zu erahnen wie jene, die in einem oder besonders in mehreren einzelnen wirken. Und wer die Geschichte der Königreiche auch nur ein wenig kennt, sieht in der Tat, wie sich die größten Ereignisse häufig aus winzigen Gehässigkeiten dieses Königs, jenes Ministers usw. entwickeln, aus geringfügigsten Umständen, aus einer flüchtigen Neigung, einem Wort oder einer Erinnerung, aus einer persönlichen Marotte, einem besonderen Charakterzug oder bestimmten Vorlieben; aus Lebensweisen und -umständen, Freundschaften oder Feindschaften usw. des Fürsten oder Ministers usw. in der privaten Sphäre. Daraus wird deutlich, wie dunkel und schwierig heutzutage die Geschichtsschreibung ist und daß sie

Zibaldone 709-710

sich oft zum großen Teil als falsch und daher nutzlos für die Leser erweisen muß, weil der Schlüssel zu größten Ereignissen, die Erklärung für größte Wunder in der Kenntnis von immer nur schwer und häufig gar nicht in Erfahrung zu bringenden Anekdoten liegt. Und so macht sich heute, wer Anekdoten und Lappalien vom Hof niederschreibt, um die Geschichtsschreibung vielleicht mehr verdient als die bedeutendsten Historiker mit der Darstellung der größten Ereignisse. (2. März 1821).[58]

Zibaldone 866-867

Was bedeutet es, daß die sogenannten Barbaren oder die nur erst halb oder wenig zivilisierten Völker stets den Sieg über die zivilisierten Völker und die Welt davongetragen haben? Wie die Perser über die zivilisierten Assyrer, die Griechen über die bereits verderbten Perser, die Römer über die auf dem Höhepunkt ihrer Kultur angelangten Griechen, die Völker aus dem Norden im gleichen Fall über die Römer? Ja, was bedeutet es, daß die Römer nur so lange groß waren, wie sie mehr oder minder noch Barbaren waren? Es bedeutet, daß alle Kräfte des Menschen in der Natur und in Illusionen wurzeln; daß Kultur und Wissen usw. untrennbar mit Kraftlosigkeit einhergehen; es bedeutet, daß die Fähigkeit zum Handeln nur der Natur eigen ist und nicht der Vernunft; und wie der Handelnde stets Herr über den nur Denkenden ist, so werden die Naturvölker oder Barbaren, wie immer man sie nennen will, ungeachtet der Beweggründe und Ziele ihres Handelns, stets Herr über die Kulturvölker sein. Ich stehe nicht an vorauszusagen: Das hochzivilisierte Europa wird jenen Halbbarbaren zur Beute fallen, die es aus dem höchsten

Norden bedrohen; und erst wenn aus diesen Eroberern zivilisierte Menschen werden, wird die Welt wieder ins Gleichgewicht kommen. Doch solange es auf der Welt noch Barbaren oder Nationen mit starken, blühenden, mitreißenden, beharrlichen und von keiner Vernunft berührten großen Illusionen gibt, werden die Kulturvölker deren Beute sein. Wenn später einmal der Zivilisation, die heute eine so rasche und umfassende Eroberungskraft entfaltet hat, auch ihrerseits nichts mehr zu erobern bleibt, wird man entweder zur Barbarei und, wenn möglich, zur Natur zurückkehren, und zwar auf einem neuen, dem natürlichen völlig entgegengesetzten Weg, nämlich dem des allgemeinen Verfalls wie in den niederen Zeiten; oder es steht ich weiß nicht was zu erwarten. Die Welt wird dann einen anderen Fortgang nehmen und in ihrem Sein und Wesen gleichsam eine andere sein. (24. März 1821).[59]

Der Spruch, die Menschen seien zu allen Zeiten und in allen Ländern stets gleich, trifft nur in folgendem Sinne zu: vergleicht man die Phasen im Leben eines Menschen mit denen, die jede Nation durchläuft, wie auch die verschiedenen Phasen untereinander, so sind sie stets annähernd gleich oder sehr ähnlich; doch die verschiedenen Zeitabschnitte, aus denen sich diese Phasen zusammensetzen, unterscheiden sich sehr stark voneinander und somit auch die Menschen eines Zeitabschnitts von denen eines anderen, und eine Nation in der einen Epoche von der einer anderen Nation in einer anderen Epoche. So wie die Aussage, die Umlaufbahn der Planeten ist stets die gleiche, ja nicht besagen soll, ihr Stand und ihr Schein seien stets ein und derselbe.

Zibaldone 868-870

Die Perioden der gesellschaftlichen Entwicklung ähneln sich zu allen Zeiten. Das ist ein zutreffendes Axiom. Und wie die übermäßige Zivilisierung die Völker stets in die Barbarei geführt hat, ja ihr unmittelbar vorausgegangen ist oder sogar an ihr teilhatte, so wird es auch jetzt geschehen, oder das erwähnte Axiom erweist sich zum erstenmal als falsch. Daß die Menschen zu allen Zeiten gleich seien, ist ansonsten, so man es nicht in meinem Sinn verstehen oder berichtigen will, eine falsche oder lächerliche Behauptung; falsch, sofern man sie auch auf die Wirkungen der menschlichen Fähigkeiten beziehen will; haben diese doch – bald entwickelt, bald nicht, bald mehr, bald weniger, bald höchst lebendig, bald so tief im Innern vergraben, daß sie nicht einmal von den Philosophen entdeckt werden können (wie z. B. die heutige Empfindsamkeit bei den Alten oder, schlimmer noch, bei den Primitiven die Vernunft usw.) – das Gesicht der Welt in unendlicher und vielfältigster Weise verändert und abgewandelt. Sind oder scheinen, so frage ich, die Italiener von heute die gleichen wie die alten; ähnelt das gegenwärtige Jahrhundert dem der Perserkriege oder, schlimmer noch, dem des Trojanischen Kriegs? Ähneln die Wilden, so frage ich, den Franzosen, würde Adam uns als Menschen und als seine Nachkommen erkennen usw.? Lächerlich ist jene Behauptung, wenn sie etwas anderes bedeuten soll, als daß der Mensch zu allen Zeiten körperlich wie geistig stets aus den gleichen Elementen bestanden hat (aber Elementen, die körperlich wie geistig stets unterschiedlich entwickelt und zusammengesetzt waren). Wie jeder weiß, haben sich die wesentlichen Eigenschaften seit Anbeginn der Natur bei keinem Lebewesen verändert und sind auch nicht veränderbar, wohl aber die nicht wesentlichen, und dies auf Grund der unterschiedlichen Verteilung der wesentlichen, woraus eine sehr erhebliche und höchst bemerkenswerte Mannigfaltigkeit all jener Eigenschaften entsteht, die als einzige von Natur aus variieren können. In diesem Sinn also wäre jene Behauptung ebenso bedeutsam wie der Satz: das Meer, die Sonne und der Mond sind zu allen Zeiten gleich (wenn wir einmal von einer die Erfahrung überschreitenden Physik, die dies widerlegen könnte, absehen und es, der allgemeinen Ansicht gemäß, als wahr annehmen). (25. März 1821).[60]

Man bedenke auch, wie viele jener Berufe, die zur Herstellung selbst der gebräuchlichsten und heutzutage als lebensnotwendig erachteten Dinge dienen, ihrer Art nach der Gesundheit und dem Leben derjenigen schaden, die sie ausüben.[61] Was soll man davon halten?

Zibaldone 870-871

Daß die Natur oftmals zugunsten des Überlebens oder Gedeihens einer Art eine andere ganz oder teilweise benachteiligt und der Vernichtung preisgegeben hat, das trifft zu und ist in der Naturgeschichte offenkundig. Doch daß sie einen Teil ein und derselben Art zugunsten, ja zur wesentlichen Vervollkommnung des anderen Teils (der gewiß von Natur aus keineswegs edler ist, sondern in allem und jedem dem anderen gleich) zur Vernichtung vorgesehen und bestimmt hat, wer vermag das zu glauben? Und sind solche Berufe, wenngleich sehr häufig und allgemein verbreitet und vermeintlich lebensnotwendig, denn nicht barbarisch, weil offensichtlich wider die Natur? Und ist das Leben, das sie erforderlich macht und voraussetzt, wenngleich bequem und vermeintlich hoch zivilisiert, dann nicht auch eindeutig wider die Natur? Ist es dann nicht barbarisch? (30. März 1821).

Zibaldone 872-911

Die Eigenliebe des Menschen wie jedweden Individuums jedweder Art, ist eine Liebe, die Vorrang vor allem anderen hat. Das Individuum, das sich von Natur aus so sehr liebt, wie nur irgend möglich, zieht folglich sich selbst den anderen vor, versucht folglich, sie zu übertreffen, wie es nur kann, ein Individuum haßt folglich tatsächlich das andere, und der Haß auf die anderen ist eine notwendige und unmittelbare Konsequenz der Liebe zu sich selbst, und da diese angeboren ist, muß auch der Haß auf die anderen jedem Lebewesen angeboren sein.

Siehe p. *926,* Absatz 1.[62]

Daraus folgt als erstes Korollarium, daß kein Lebewesen wirklich für die Gesellschaft bestimmt ist, deren Zweck nichts anderes sein kann als das gemeinsame Wohl der einzelnen, aus denen sie sich zusammensetzt: also etwas, das im Widerspruch zur ausschließlichen und vorrangigen Liebe steht, die jeder unauflösbar und notwendig für sich selbst hegt, wie auch zu dem Haß auf die anderen, der unmittelbar daraus entspringt und seinem Wesen nach die Gesellschaft zerstört. Daher kann die Natur in ihrer ursprünglichen Absicht für die menschliche Spezies nur eine mehr oder minder ähnliche Gesellschaft in Erwägung gezogen oder bestimmt haben wie für andere Arten von Lebewesen auch, nämlich eine zufällige Gemeinschaft, die, aus zeitweiliger Interessengleichheit entstanden und hervorgegangen, sich wieder auflöst, sobald eine solche nicht mehr besteht; oder eine Gesellschaft auf Dauer, aber nur lose oder locker verbunden, ohne engen und festen Zusammenhang, das heißt so beschaffen, daß sie den Interessen jedes einzelnen nützt, soweit es um das allen Gemeinsame geht, aber die individuellen Interessen oder Neigungen nicht beeinträchtigt, wo sie zu den allgemeinen im Gegensatz stehen. Was sich im Zusammenleben der Tiere ja tatsächlich so verhält, kann jedoch in einer dermaßen einheitlichen, eingeengten, festgelegten und überall begrenzten Gesellschaft wie der menschlichen niemals der Fall sein.

Wie allgemein bekannt, weitete sich die Gesellschaft in dem Maße aus, wie sie andererseits, im Zusammenleben der Menschen, immer enger und dichter wurde. Und je enger und dichter sie wurde, desto mehr verfehlte sie ihren Zweck, nämlich das Gemeinwohl, und verlor auch das Mittel, dieses zu erreichen, nämlich das Hinwirken jedes einzelnen auf das gemeinsame Ziel. Das ergibt sich als natürliche, aber nicht beachtete Konsequenz aus dem vorhergehenden Korollarium und aus dem Satz, aus dem dieses sich herleitet. Man bedenke folgendes.

Nach dem Übergang des Menschen aus dem Einzeldasein in den gesellschaftlichen Zustand waren die ersten Gesellschaften nur sehr locker verbunden, ohne engen Zusammenhang zwischen den Individuen innerhalb jeder einzelnen Gesellschaft; ihre jeweilige Ausdehnung und Zahl war gering und die Verbindung der verschiedenen Gesellschaften untereinander nur sehr lose oder gar nicht vorhanden. Doch auf diese Weise strebten die einzelnen in jeder Gesellschaft tatsächlich nach dem Gemeinwohl; denn einerseits schadete es nicht, andererseits förderte, ja begründete es häufig sogar das eigene Wohl. Und das allgemeine Wohl ging aus diesen Gesellschaften, die den natürlichen mehr oder minder ähnlich waren und den im vorhergehenden Korollarium angestellten Überlegungen entsprachen, denn auch wirklich hervor. Je weiter wir uns von den natürlichen Zeitaltern entfernen, desto enger wird der gesellschaftliche Zusammenhang, und zwar in zweierlei Hinsicht: 1. zwischen den Individuen ein und derselben Gesellschaft, 2. zwischen den verschiedenen Gesellschaften. Heute hat diese doppelte Einengung ihren Höhepunkt erreicht. So ist jede Gesellschaft gefesselt: 1. durch den Gehorsam, den sie mit geradezu mathematischer Exaktheit in allem und jedem ihrem Oberhaupt oder ihrer Regierung schuldet; 2. durch die peinlich genaue Ordnung, Festlegung und Bestimmung aller moralischen, politischen und religiösen, gesellschaftlichen und öffentlichen, privaten und häuslichen Regeln, Pflichten usw., die ein Individuum an die anderen Individuen bindet; und sie ist dermaßen gefesselt, eingeengt und eingeschränkt, daß man sich eine größere Festlegung und Beengtheit kaum vorstellen kann. Die verschiedenen Gesellschaften schließlich hängen so eng miteinander zusammen (insbesondere die zivilisierten, doch nicht nur sie), daß Europa eine einzige Familie bildet, sowohl in Wirklichkeit als auch nach Meinung und entsprechendem Verhalten der Regierungen, Nationen und Individuen in den verschiedenen Nationen. Zudem ist Europa derzeit eher eine Nation, die von einem absoluten Parlament regiert wird oder, anders gesagt, einer nahezu totalen Oligarchie unterworfen ist oder, noch anders gesagt, der Führung verschiedener Staatslenker untersteht, deren Macht und Befugnis bei ihrer Gesamtheit liegt und sich daraus herleitet usw., einer Gesamtheit, die sich gewissermaßen aus verschiedenen Nationen zusammensetzt.

Was war und ist die Folge von alledem? 1. Die Gesellschaft bewegt sich eindeutig in diametral entgegengesetzter Richtung zu dem, was oben gesagt wurde: sie weitet sich auf der einen, der wichtigeren Seite um so mehr aus, ja löst sich gar auf, je mehr sie sich auf der anderen verdichtet. Und das geschah immer, von Anbeginn der Gesellschaft an, in dem Maß, wie ihre Verdichtung zunahm. Betrachtet man die nur sehr lose verbundenen Gesellschaften des Altertums, so sieht man, welche Vaterlandsliebe jeden einzelnen beseelte, also welche Liebe zu dieser Gesellschaft, welcher Eifer, sie zu verteidigen, für ihr Wohl zu sorgen, sich für die anderen zu opfern usw. Mit dem Niedergang der Zeiten und dem Fortschreiten der Zivilisation wird das gesellschaftliche Gefüge immer dichter und fester. Und was ist die Folge? Nehmt doch nur unsere Zeit! Es gibt nicht nur keine Vaterlandsliebe mehr, sondern auch kein Vaterland. Ja, nicht einmal mehr eine Familie. Der Mensch ist, was sein Ziel angeht, zum ursprünglichen Einzeldasein zurückgekehrt. Das Individuum bildet für sich allein seine ganze Gesellschaft. Denn weil die Interessen und Gefühle durch die Enge und Nähe in schwersten Konflikt geraten, schwindet weitgehend der Nutzen der Gesellschaft; was bleibt, ist der Schaden, nämlich der erwähnte Konflikt, in dem das eine Individuum mit seinen Interessen denen des anderen schadet; und da der Mensch sich nicht vollständig und fortwährend für andere aufopfern kann (was heute erforderlich wäre, um die Gesellschaft zu erhalten) und die Eigenliebe naturgemäß die Oberhand behält, verkehrt sie sich in Egoismus, und der Haß auf die anderen – natürliches Kind der Eigenliebe – wird in der großen Mehrzahl der Anlässe noch stärker und wirksamer. 2. Der Zweck der Gesellschaft, das Gemeinwohl, ging und geht größtenteils verloren, und zwar aus dem gleichen Grund, weshalb das Mittel verlorengegangen ist, nämlich das Zusammenwirken der einzelnen in Richtung auf das gemeinsame Ziel.

Weiten wir jetzt diese Betrachtungen aus und vergleichen wir, weiter Bezug nehmend auf Geschichte und Wirklichkeit des Menschen, hauptsächlich die Alten und die Modernen, mit anderen Worten, die nur lose zusammenhängende Gesellschaft von geringer Größe, also mit wenigen Menschen, und die sehr festgefügte, sehr große Gesellschaft mit sehr vielen Menschen.

Wie schon gesagt, ist die Eigenliebe ebensowenig vom Menschen zu trennen wie der Haß auf andere, der wiederum von der Eigenliebe nicht zu trennen ist und infolgedessen ursprünglich und notwendig eine enge Gemeinschaft und Gesellschaft sowohl unter den Menschen wie auch unter den anderen Lebewesen ausschließt.

Doch kann die Eigenliebe die unterschiedlichsten Formen annehmen: derart, daß sie als einziger Handlungsantrieb der Lebewesen heute als Egoismus auftritt, einst jedoch Heroismus war und ihr alle Tugenden wie alle Laster entspringen; so wandelte sich in den alten, nur lose zusammenhängenden Gesellschaften (wie es noch heute bei vielen wilden Völkern geschieht, wenn sie entdeckt werden oder als sie entdeckt wurden, wie einige in Amerika) die Eigenliebe in Liebe zu der Gesellschaft, in der der einzelne lebte, also in Gemeinsinn oder Vaterlandsliebe. Das war durchaus natürlich, denn jene Gesellschaft nützte dem Individuum tatsächlich und verfolgte ausdrücklich wahres und angemessenes Ziel; so war das Individuum ihr zugetan, und in dem Maße, wie es ein Teil von ihr wurde, verwandelte sich seine Liebe zu sich selbst in Liebe zu ihr. Wie es auch in Parteien, Kongregationen, Orden usw. geschieht, zumal solange sie noch ihre anfängliche Kraft besitzen und noch ihre ursprüngliche Form bewahren. In dieser Phase machen die Individuen, die eine solche Gemeinschaft bilden, gemeinsame Sache mit ihr und betrachten Vorteile, Ruhm, Fortschritte und Interessen der Gemeinschaft als ihre eigenen; und mit der Liebe zu ihr lieben sie folglich sich selbst und geben ihr den Vorzug ebenso wie sich selbst. Das ist letztlich der einzige Ursprung der Liebe zu einer Gruppe, einem Vaterland oder einer Religion wie auch der einer universellen oder Menschheitsliebe und jeder möglichen anderen Liebe bei jedwedem Lebewesen.

Die Eigenliebe verwandelte sich also in Vaterlandsliebe. Und der Haß auf die anderen Individuen? Er verschwand ja nicht, denn er ist auf immer und ewig untrennbar mit der Eigenliebe und also mit dem Lebewesen verbunden: aber er verwandelte sich in Haß auf die anderen Gesellschaften oder Nationen. Das war nur natürlich und folgerichtig, war doch eine solche Gesellschaft oder ein solches Vaterland für jedes Individuum wie ein anderes Selbst. Daher der Wunsch, jene zu bezwingen, der Neid auf ihren Besitz, das leidenschaftliche Verlangen, das eigene Vaterland zum Herrn über die anderen Nationen zu machen, wie auch die Gier nach deren Hab und Gut und schließlich erklärter Groll und Haß; alles Dinge, die ein Individuum gegen das andere hegt und die es deshalb von Natur aus ungeeignet für die Gesellschaft machen.

Wo immer es wahre Vaterlandsliebe gab, gab es auch Haß gegen den Fremden: wo immer der Fremde als Fremder nicht gehaßt wird, wird das Vaterland nicht geliebt. Das sehen wir auch gegenwärtig bei jenen Nationen, wo sich noch ein Rest des alten Patriotismus erhalten hat.

Doch am stärksten trat dieser Haß in den freien Nationen hervor. Eine innerlich versklavte Nation kennt keine wahre Vaterlandsliebe oder nur eine unwirksame und schwache, weil das Individuum nur äußerlich Teil der Nation ist. Anders in den freien Nationen, wo sich jeder als identisch und ganz und gar eins mit dem Vaterland betrachtet und deshalb die Fremden sowohl in der Masse wie als einzelne persönlich haßt.

Mit diesen Beobachtungen läßt sich auch der große Unterschied erklären, den man bei den Alten und bei den Modernen in ihrer Einstellung gegenüber den Fremden und in ihrem Umgang mit anderen Nationen findet. Bei den Alten hatte der Fremde keinerlei Anspruch auf ihre Achtung, Gunst und Zuneigung. Und ich meine die Alten in den kultiviertesten und gesittetsten Völkern und ihre größten und gebildetsten, ihre aufgeklärtesten und philosophischsten Männer. Ja, von der damaligen Philosophie (die sehr viel mehr ins Schwarze traf als die heutige) wurde der nationale und individuelle Haß auf den Fremden sogar als oberste Notwendigkeit zur Erhaltung des Staates und der Unabhängigkeit und Größe des Vaterlands gelehrt und eingeschärft. Man betrachtete den Fremden nicht als seinesgleichen. Der Bereich der *Nächsten,* der Geltungsbereich der Pflichten und der Gerechtigkeit, des Anstands, der Tugend und der Ehre, ja selbst des Ruhms und des Ehrgeizes, auch der Gesetze usw., alles beschränkte sich auf die Grenzen des eigenen Vaterlands, und dieses war oft nicht größer als eine Stadt.

Ein Völkerrecht gab es nicht oder nur in geringem Umfang, wenn entweder gewisse Beziehungen notwendig waren oder es von beiderseitigem Nachteil gewesen wäre, hätte es nicht existiert.

In der Bibel sehen wir, wie sich das nach innen und gegenüber den Seinen so gerechte, ja gewissenhafte jüdische Volk gegenüber den Fremden verhielt. Ihnen gegenüber kannte es kein Gesetz; die Gebote des Dekalogs verpflichteten es nur gegenüber den Juden: den Fremden zu betrügen, zu besiegen und zu unterdrücken, zu töten, zu vernichten und zu berauben war in diesem Volk wie in allen anderen Anlaß zu Wertschätzung und Ruhm; ja, es war sogar Gegenstand von Gesetzen, denn bekanntlich erfolgte die Eroberung Kanaans auf göttliches Geheiß, und ebenso war es mit hundert anderen, dem Anschein nach oft ungerechten Kriegen gegen andere Völker. Und selbst bis heute haben sich die Juden logisch und folgerichtig die Auffassung bewahrt, es sei keine Sünde, zu betrügen oder Böses zu tun, sofern es sich um einen Außenstehenden (insbesondere einen Christen) handelt, den sie *Goi* (גוי), das heißt *Heide,* nennen, was für sie das gleiche bedeutet wie für die Griechen *Barbar:* (vgl. Zanolini, demzufolge sie heute, allerdings mit dem Plural *Goiim* גוים, die Christen bezeichnen)[63]; als Sünde gilt lediglich, wenn man Angehörigen des eigenen Volkes Böses tut.

Im Zusammenhang mit diesen Bemerkungen gilt es etwas zu erklären, was an der *Kyropädie* verwundern mag. Xenophon will darin gewiß eher das Vorbild eines guten Königs liefern als eine exakte Geschichte des Kyros. Und trotzdem wird dieser gute König nach der

Eroberung des assyrischen Reiches zum Muster und Meister der ausgeklügeltsten, kältesten und finstersten Tyrannei. Allerdings ist zu beachten, daß dies nur gegenüber den Assyrern gilt, wohingegen Xenophon ihn gegenüber seinen Persern stets als sehr human und großzügig schildert. Doch ist er der Meinung, ein guter König habe ebenso die Pflicht, den Fremden zu unterdrücken und dessen Unterwerfung auf jede Weise zu sichern, wie seinem eigenen Volk eine angemessene Freiheit zu erhalten. Ohne diese Unterscheidung und Feststellung könnte man Xenophon sonst womöglich mit Machiavelli verwechseln und einem großen Irrtum bezüglich seiner wahren Absicht und seiner Vorstellung vom guten Fürsten verfallen.[64] Bei dieser Gelegenheit möchte ich anmerken, daß Prinzip und Methode des Kyros (oder Xenophons), die Perser in allem und jedem seinen neuen Untertanen vorzuziehen und sie in jeder Hinsicht zur herrschenden Nation, jene aber zu Unterworfenen und Abhängigen zu erklären, von Alexander nicht befolgt wurde. Dieser wollte offenbar, selbst um den Preis, sich die Makedonier zu Feinden zu machen, seine Untertanen aus allen Ländern völlig gleichstellen und gab mit der Übernahme von deren Kleidung und Gebräuchen fast schon den Eroberten den Vorzug. Sein Ziel war gewiß, sie eher durch Zuneigung als durch Furcht und Gewalt zu halten; und er betrachtete sie nicht als Sklaven (wie es in jenen Zeiten üblich war), sondern als Untertanen. Und was die Römer angeht, siehe zu diesem Punkt das Ende des 6. Kap. bei Montesquieu, *Grandeur* usw.[65] Außerdem gewährten die Römer allen Eroberten das Bürgerrecht und stellten sie so weitestgehend den römischen Bürgern und Landsleuten gleich: doch das schlug ihnen bekanntlich nicht zum

Guten aus, wie ich schon an anderer Stelle dargelegt habe, siehe p. 457.[66]

Um auf das Thema zurückzukommen, Plato sagt im *Staat, lib. 5.* (siehe dort): *Die Hellenen werden gewiß nicht die Hellenen vernichten, sie nicht zu Sklaven machen, weder ihre Felder verwüsten, noch ihre Häuser niederbrennen; wohl aber werden sie all dies den Barbaren antun.*[67] Und die Reden des Isokrates mit all ihrem Mitleid gegenüber den Leiden der Griechen sind erbarmungslos gegenüber den Barbaren oder Persern und ermahnen das Volk und Philipp ständig, sie zu vernichten [...]. Dieser Gegensatz zwischen Mitleid und Gerechtigkeit gegenüber den eigenen Landsleuten und Grausamkeit und Ungerechtigkeit gegenüber den Fremden ist der durchgängige Zug bei allen alten Griechen und Römern, besonders bei den Vornehmsten und ganz gewiß bei den Größten und Berühmtesten: namentlich auch bei den Schriftstellern, selbst den mitleidigsten, menschlichsten und gesittetsten [...].

In der Tat war die Philanthropie oder universelle Menschheitsliebe weder dem Menschen noch den großen Männern jemals eigen und wurde erst zum Thema, nachdem teils durch das Christentum, teils einfach im Lauf der Zeit die Vaterlandsliebe vollends verschwunden und der Traum von der universellen Liebe (das heißt der Lehre, wie man niemandem Gutes tut) an ihre Stelle getreten war; der Mensch liebte nun niemanden mehr außer sich selbst, haßte die fremden Völker weniger, doch dafür seine Nachbarn und Gefährten um so mehr; denn im Vergleich zu ihnen mußte ihm ja der Fremde naturgemäß weniger verhaßt sein (wie noch heute), weil dieser seinen eigenen Bestrebungen weniger im Wege stand und er selber kein Interesse daran hatte, den Fremden in der Ferne ebenso zu bezwingen, zu beneiden usw. wie den Nachbarn von nebenan.

Aus all diesen Beobachtungen und Tatsachen ergibt sich eine weitere Feststellung und ein sehr bekanntes und für die Antike charakteristisches Faktum oder vielmehr die Erklärung dafür. Denn da das Individuum sein Vaterland liebte und deshalb die Fremden haßte, waren die Kriege stets nationale Kriege. Und sie waren um so erbitterter, je mehr das Individuum auf beiden Seiten durch seine Sache, also durch die Vaterlandsliebe entflammt war. Am erbittertsten waren daher die von freien Völkern oder gegen ein freies Volk geführten Kriege, eben weil, wie gesagt, ein freies Volk sein Vaterland mehr liebt und den Fremden mehr haßt. So erschienen die fremde Nation, das fremde Heer wie auch das fremde Individuum dem einzelnen, der für sein freies Volk und für sein Vaterland kämpfte, gewissermaßen als persönlicher Feind. Und dies ist einer der wichtigsten und offensichtlichsten Gründe, weshalb die Völker mit der größten Vaterlandsliebe, und unter diesen die freien, immer die stärksten und nach außen hin schreckenerregendsten, die kriegerischsten und furchtlosesten Völker und die fähigsten und auch tatsächlich tüchtigsten Eroberer gewesen sind.

Aus der Tatsache, daß die Kriege nationale Kriege waren, ergab sich notwendig als weitere Folge, was bei den Alten wirklich zutraf, was bei allen wilden Völkern zutrifft und entsprechend auch bei jenen, die noch in höherem Maß Nationalgeist und ein ursprünglicheres Wesen bewahrt haben, wie die Spanier: die Kriege waren zwangsläufig ohne Unterschied tödlich und gnadenlos (denn alle und jeder waren untereinander feind). Und als unausweichliche Folge des Sieges wurde nicht nur die Regierung insgesamt, sondern das ganze Volk gefangengenommen (so hauptsächlich in Asien zur Zeit der assyrischen Könige in ihren Kriegen gegen die Judäer usw. und zur Zeit des Vespasian), oder es wurde doch unweigerlich seiner Sitten, Gesetze und eigenen Regierenden, seiner Tempel und Grabstätten, seiner Habe, seines Geldes und Besitzes, seiner Frauen und Kinder usw. beraubt und geriet, wenn nicht in Sklaverei, wie in ältester Zeit, als man dem Besiegten auch sein Land zu nehmen pflegte, so doch gewiß in Knechtschaft: und man betrachtete es zwangsläufig als abhängige, unterjochte Nation, die keines Vorteils der herrschenden Nation teilhaftig wurde und ihr nicht angehörte, es sei denn als untergebene, und nichts weiter mit ihr gemein hatte, weder Rechte noch usw., als wäre es ein anderes Menschengeschlecht. Und daraus ergibt sich logisch und konsequent: weil die ganze Nation Feind des Siegers gewesen und immer noch war, wurde sie insgesamt als besiegter und überwundener Feind betrachtet und fiel insgesamt dem Sieger zur Beute. Daher der verzweifelte Kampf in diesen Kriegen, die Hartnäckigkeit noch im nutzlosesten Widerstand und eher das gegenseitige Abschlachten der ganzen Bevölkerung, als daß man dem Feind die Tore geöffnet hätte, denn in der Tat geriet der Besiegte in die Hand und unter die absolute Gewalt eines Todfeindes, wie ja auch er selber Todfeind des Siegers war. Daher auch kämpfte das ganze Volk, und jeder, der Waffen tragen konnte, war Soldat, und zwar immer: sowohl im Krieg als auch (wenn nicht in Wirklichkeit, so doch der Möglichkeit und Bereitschaft nach) in Friedenszeiten. Denn die Staaten, vor allem die benachbarten, befanden sich ständig im Kriegszustand, da sie sich, als notwendige Folge der wahren Vaterlandsliebe, alle gegenseitig haßten und auf alle erdenkliche Weise einer den anderen zu überwältigen trachteten.

[...]

Ich komme zu dem Schluß, daß im Altertum Unabhängigkeit, Freiheit und Gleichheit eines Volkes keineswegs in gleichem Maße Unabhängigkeit, Freiheit und Gleichheit der anderen Völker ihm gegenüber bedeuteten, sondern im Gegenteil Unterwerfung und Knechtschaft, zumal der Nachbarvölker, und den Gehorsam der schwächeren zur Folge hatten. Ein im Innern freies Volk war nach außen stets tyrannisch, wenn es stark genug dazu war, und diese Stärke entsprang zumeist seiner Freiheit. Ebenso wie ein Fürst, nur weil er selber unabhängig und frei ist und sein Wille durch keinerlei Fesseln und Hindernisse beschränkt ist, deshalb noch nicht aufhört, sein Volk zu tyrannisieren. Ja, je eifersüchtiger er auf seine eigene Freiheit bedacht ist, desto mehr nimmt er sie seinen Untertanen oder denen, die schwächer sind als er. Je mehr deshalb eine Nation sich selbst schätzte und liebte, was besonders bei den freien Völkern der Fall war, desto mehr hegte sie Feindschaft gegen fremde Nationen und den Wunsch, sich über jene zu erheben und sie zum Gehorsam zu zwingen, sie zu erobern und zu unterdrücken; desto neidischer war sie auf deren Hab und Gut, desto gieriger auf alles, was jene besaß, usw.; eine natürliche Auswirkung der Liebe zur Nation, wie es bei den Individuen eine Folge der Eigenliebe ist: denn letztlich ist die Vaterlandsliebe nichts anderes als nationaler Egoismus und, auf die gesamte Nation bezogen, Egoismus der Nation. Und das gleiche gilt für jeden Korpsgeist, jede Liebe zu einer Gruppe, Partei usw. [...] Doch kommen wir jetzt zu den Modernen und betrachten wir die Kehrseite der Medaille.

1. Der Mensch wird niemals (ebensowenig wie andere Lebewesen) imstande sein, sich der Eigenliebe zu entledigen noch diese von dem Haß auf andere zu trennen. Seitdem durch die Konzentration der Macht den Individuen die Teilhabe an der Nation nahezu gänzlich vereitelt wurde und zudem die Illusionen verlorengegangen sind, entdeckt und erkennt das Individuum eine Trennung und einen Unterschied zwischen dem Gemeinwohl und seinem eigenen Wohl. Vor die Wahl gestellt, hat es, ohne zu zögern, jenes für dieses aufgegeben. Als Mensch und Lebewesen konnte es auch gar nicht anders. Nachdem so die Nationen und damit die Liebe zur eigenen Nation praktisch verschwunden sind, ist auch der Haß auf andere Nationen erloschen, und ein Fremder zu sein ist in den Augen des Menschen kein Makel mehr. Doch sind deshalb auch der Haß auf den anderen und die Eigenliebe erloschen? Sie werden erst dann erlöschen, wenn die Natur eine andere Ordnung der Dinge und der Lebewesen schafft. Das Märchen von der allgemeinen Menschheitsliebe und dem allgemeinen Wohl, ein Wohl und Interesse, das sich mit dem Wohl und Eigennutz des Individuums niemals verbinden läßt, täte doch das Individuum, wenn es sich für alle plagt und müht, dies nicht für sich selbst und nicht, *um jemanden zu übertreffen,* wie die Natur es will, dieses Märchen also hat den universellen Egoismus hervorgebracht. Man haßt den Fremden nicht mehr? Dafür haßt man den Gefährten und den Mitbürger, den Freund, den Vater, den Sohn; denn die Liebe ist tatsächlich aus der Welt verschwunden, verschwunden sind auch Treue und Gerechtigkeit, Freundschaft und Hel-

dentum und jegliche Tugend, nur die Eigenliebe nicht. Man hat keine nationalen Feinde mehr? Dafür hat man persönliche Feinde, so viele, wie es Menschen gibt; dafür hat man keinerlei Freunde mehr und keine Pflichten, außer gegen sich selbst. Die Nationen leben nach außen hin in Frieden? Dafür herrscht im Innern Krieg, ein Krieg ohne Pause, jeden Tag, jede Stunde, jeden Augenblick, ein Krieg aller gegen alle, ohne einen Schein von Gerechtigkeit, ohne eine Spur von Großmut oder wenigstens Tapferkeit, kurz, ohne die geringste Tugend, nichts als Laster und Feigheit, ein Krieg ohne Gnade, ein Krieg, um so grausamer und schrecklicher, als er still und stumm und im verborgenen tobt, ein Krieg ohne Ende, ohne Hoffnung auf Frieden. Man haßt und unterdrückt die Fernen und Fremden nicht? Dafür haßt und verfolgt und vernichtet man mit aller Gewalt Nachbarn, Freunde, Verwandte; man zertritt die heiligsten Bande; und da Krieg herrscht unter Menschen, die zusammenleben, findet niemand jemals Ruhe oder Sicherheit. Was aber ist denn schrecklicher? Eine Feindschaft gegen den fernen Fremden, die gewiß nicht alltäglich zum Ausbruch kommt, oder eine Feindschaft gegen den Nächsten und Nachbarn, die immer und in einem fort ausgetragen wird, weil es immer und in einem fort Anlaß dazu gibt? Was ist eher wider die Natur, wider die Moral, wider die Gesellschaft? Die Interessen der fernen Fremden stehen unseren eigenen weniger entgegen (und tun sie es doch, dann haßt man den Fremden in der Ferne heute ebenso und mehr noch als ehedem, wenn auch weniger offen und auf niederträchtigere Weise). Doch die Interessen unserer Nächsten und Nachbarn geraten mit unseren eigenen ständig in Widerstreit, und am schrecklichsten ist daher der Krieg, der dem Egoismus entspringt und dem natürlichen Haß auf andere, einem Haß, der sich nicht mehr gegen den Fremden richtet, sondern gegen den Mitbürger, den Gefährten usw.

2. Warum die universelle Liebe ein Traum und niemals realisierbar ist, geht aus dieser Abhandlung hervor, und ich habe es auch schon in anderen Gedankengängen dargelegt.[68] Da sich nun ein Lebewesen, sofern es nicht aufhört zu leben, weder der Eigenliebe noch des Hasses auf andere entledigen kann, bleibt kein anderer Ausweg, als daß diese Leidenschaften die bestmögliche Erscheinungsform annehmen, als daß die Eigenliebe ihren Gegenstand so weit wie möglich ausdehnt (doch auch nicht zu weit, sonst geht das vom Menschen nicht zu trennende *sich selbst* verloren, und es kommt unweigerlich zu einem Rückfall in die Liebe zu sich allein) und als daß schließlich der Haß auf die anderen möglichst weit in die Ferne rückt, also sich ein fernes Ziel wählt. Ersteres geschieht, wenn das Individuum eine Interessengemeinsamkeit und -gleichheit mit seiner Umgebung findet; letzteres, wenn es den Hauptgegensatz zu diesem Interesse ausschließlich in der Ferne sucht. Und damit sind wir bei der Vaterlandsliebe und dem Haß auf die Fremden. Aus all diesen Gründen behaupte ich: in Anbetracht der Eigenliebe und des natürlichen Hasses des Menschen auf andere – Leidenschaften, die ihn seiner Natur nach für die Gesellschaft untauglich machen – kann eine Gesellschaft nicht wirklich Bestand haben, also nicht wirksam auf ihr Ziel, das gemeinsame Wohl aller, ausgerichtet sein, wenn die genannten Leidenschaften nicht die genannte Form annehmen, anders gesagt: *ohne Vaterlandsliebe und Fremdenhaß kann die Gesellschaft nicht Bestand haben.* Und da der Mensch seinem

Wesen nach immer egoistisch war und bleiben wird, kann folglich die Gesellschaft nicht auf das Gemeinwohl ausgerichtet sein, also nicht wirklich Bestand haben, wenn der Mensch nicht zum Egoisten in bezug auf diese Gesellschaft, also in bezug auf seine Nation oder sein Vaterland, und damit natürlicherweise zum Feind der anderen wird. Aus all diesen Gründen und weiteren, die ich an anderer Stelle dargelegt habe, behaupte ich und folgt offensichtlich, daß es bei den Alten eine Gesellschaft gab, während es heute keine gibt.

3. Ebenso wie es ohne Vaterlandsliebe keine Gesellschaft gibt, so behaupte ich, gibt es *ohne Vaterlandsliebe keine Tugend, zumindest keine große und keine sehr nützliche.* Tugend ist alles in allem nichts anderes als die Anwendung und Ausrichtung der Eigenliebe (der einzig möglichen Triebfeder für das Handeln und Begehren des Menschen und jedes anderen Lebewesens) auf das Wohl anderer, das, soweit wie möglich, als deren Wohl betrachtet wird, denn letztlich erstrebt oder begehrt der Mensch das Wohl anderer nur und kann es nur erstreben oder begehren als eigenes Wohl. Ist nun aber dieses Wohl der anderen nur ganz allgemein das Wohl aller und vermischt sich niemals mit dem eigenen Wohl, dann kann der Mensch es nicht erstreben. Ist es das Wohl einiger weniger, kann er es zwar erstreben, doch dann ist die Tugend von geringer Bedeutung, geringem Einfluß, geringem Nutzen und hat nur wenig Glanz und wenig Größe. Zudem und aus denselben Gründen sind Anreiz und Lohn dafür gering, so daß die Tugend selten und schwer zu üben ist; und damit sind wir wieder am Anfang, denn dann fehlt oder schwindet der Ansporn, der den Menschen dazu treibt, sich der Tugend zu widmen, nämlich das eigene Wohl. So sind

auch in dieser Hinsicht die übermäßige Beschränktheit und geringe Größe oder die geringe Bedeutung und Wertschätzung von Gemeinschaften, Gruppen, Parteien usw. schädlich. Und in anderer Hinsicht ist die geringe Nützlichkeit der Tugenden, die sich nur auf das Wohl oder die Interessen von einigen wenigen oder unbedeutenden Personen usw. beziehen, der Grund, weshalb überhaupt die kleinen Gruppen, Gemeinschaften, Orden, Parteien oder Körperschaften und die Liebe der Individuen zu ihnen und der entsprechende Korpsgeist nicht lobenswert, ja häufig sogar schädlich sind. Denn die Tugenden und die Opfer, zu denen diese Vorlieben das Individuum führen, sind klein und beschränkt, einfach und bescheiden und gering an Wert, Nutzen und Bedeutung. Zudem schaden sie der Gesellschaft im großen; denn wie die Vaterlandsliebe das Verlangen und Bestreben hervorruft, den Fremden zu besiegen, so ruft die Zuneigung zu den kleineren Gruppierungen, da sie gleichfalls Vorrang hat, die Abneigung der Individuen gegen diejenigen hervor, die nicht zu der jeweiligen Körperschaft gehören, und das Verlangen, sie auf alle erdenkliche Weise zu überwinden. Dadurch kommt es zum üblichen Widerstreit der Interessen und folglich auch zu Uneinigkeit im Hinblick auf das Ziel, und diese kleinen Gemeinschaften zerstören die große Gesellschaft, trennen Bürger von Bürgern und Landsleute von Landsleuten, und Gesellschaft gibt es unter ihnen am Ende nur noch dem Namen nach. Daran erkennt man die Schädlichkeit der Sekten, aller Arten von Sekten, insbesondere aber der berühmt-berüchtigten modernen von heute, die bei all ihrem scheinbaren oder, gegebenenfalls, auch tatsächlichen Bemühen um das Wohl des gesamten Vaterlands doch, wie man aus

Erfahrung weiß, noch nie irgendein Gutes, stets aber viel Schlechtes getan haben und noch mehr tun würden, wenn es ihnen gelänge, sich durchzusetzen und ihre Absichten zu verwirklichen; und zwar aus den genannten Gründen und weil die Liebe zur Sekte (wäre diese auch noch so rein) der Liebe zur Nation usw. schadet. [...] Der *soziale Egoismus* muß folglich eine Gesellschaft zum Gegenstand haben, die ihrer Größe und Ausdehnung nach weder in die Übel der kleinen Gemeinschaften verfällt, noch andererseits so groß ist, daß der Mensch, will er nach ihrem Wohl streben, sich selbst zwangsläufig aus dem Blick verliert; denn da er dies nicht kann, solange er lebt, fiele er sonst in den *individuellen Egoismus* zurück. Der *universelle Egoismus* (der, wie alle Leidenschaften und Neigungen der Lebewesen, auch nur Egoismus sein könnte) ist schon als Begriff ein Widerspruch in sich; denn *Egoismus* ist eine vorrangige Liebe, die sich auf das eigene Selbst richtet oder auf den, den man ebenso hoch schätzt wie sich selbst: das *Universelle* schließt jedoch den Gedanken der Vorrangigkeit aus. Noch viel phantastischer ist schließlich die von vielen Philosophen erträumte Liebe nicht nur zu allen Menschen, sondern zu allen Lebewesen und soweit möglich zu allem, was existiert. Das aber ist wider die Natur, denn sie hat der Eigenliebe unauflösbar den Charakter der Ausschließlichkeit gegeben; deshalb zieht das Individuum sich selbst den anderen vor und trachtet danach, glücklicher zu sein als sie, und daraus erwächst der Haß, eine ebenso natürliche und unzerstörbare Leidenschaft aller Lebewesen wie die Eigenliebe. Doch um auf das Thema zurückzukommen: jene Gesellschaft von mittlerer Größe ist nichts anderes als eine Nation. Denn die Liebe zu den einzelnen Heimatstädten ist heute ebenso schädlich wie die Liebe zu den kleinen Gemeinschaften, da sie weder Großes hervorbringt noch Anreiz und Belohnung für große Tugenden stiftet, andererseits aber das Individuum aus der nationalen Gemeinschaft herauslöst und die Nationen in lauter einzelne Teile trennt, die, weil alle darauf bedacht, die Oberhand über die anderen zu gewinnen, alle einander feind sind. Der daraus entstehende Schaden könnte größer nicht sein. Im Altertum dienten die Städte, obschon ebenso klein wie die modernen, dennoch als *Vaterland* und waren sehr viel bedeutender dank der gewaltigen Kraft zu Illusionen, die dort herrschte und die durch die Gewährung großer, wenn auch imaginärer Anreize und hoher Belohnungen hinreichende Voraussetzungen für die höchsten Tugenden bot. Doch diese Kraft zu Illusionen war nur den Alten eigen, die wie das Kind aus allem, selbst dem Geringsten, noch echte Lebenskraft zu schöpfen wußten. Das moderne Vaterland muß groß genug sein, doch wiederum nicht so groß, daß sich keine Gemeinsamkeit der Interessen mehr finden läßt, wie es der Fall wäre, wollte man uns Europa als Vaterland geben. Die eigene Nation mit ihren naturgegebenen Grenzen ist die Gesellschaft, die uns gemäß ist. Und daraus ziehe ich den Schluß, daß es *ohne Liebe zur Nation keine große Tugend gibt.* Aus all dem mag man ersehen, wie nützlich der moderne Staat ist, hat er doch jeglicher Tugend die Voraussetzung und Möglichkeit völlig entzogen, ganz gewiß aber einer hohen und in hohem Maße nützlichen, einer festen und beständigen Tugend, deren Grund und Quell dauerhaft und ergiebig wären.

4. Ich übergehe die große Lebendigkeit, die aus der Vaterlandsliebe erwächst und ihr an Stärke entspricht; am größten ist sie in den freien Völkern, und die Alten

erfreuten sich ihrer durch die Vaterlandsliebe; und ich übergehe die Leblosigkeit der Welt, aus der die Vaterlandsliebe verschwunden ist, eine Leblosigkeit, die wir schon seit langem erfahren.

5. Gewiß sind die Kriege in neuerer Zeit weniger erbittert als im Altertum, und die Siege für die Besiegten weniger schrecklich und schädlich. Das ist durchaus natürlich. Da es keine Nationen mehr gibt und deshalb auch keine nationalen Feindschaften, ist kein Volk besiegt und keines Sieger. Wer siegt, besiegt nicht ein bestimmtes Volk, sondern eine bestimmte Regierung. Nur die Regierungen sind einander feind. Also wirkt sich der Sieg nicht auf die Nation aus (die wie Phaidros' Esel nur die Last oder den Treiber wechselt), sondern nur auf die Regierung. Eine eroberte Nation verliert ihre Regierung und bekommt eine andere, annähernd gleiche. Da sie der Eroberernation nicht feindlich gesinnt ist und weder sie gegen jene Krieg geführt hat, noch jene gegen sie, hat sie teil an deren Privilegien, an den öffentlichen Ämtern usw. Sie verliert weder ihre Besitztümer noch ihre bürgerliche Freiheit, noch ihre Sitten und Gebräuche usw. (Bisweilen verliert sie nicht einmal ihre Gesetze.) Doch da all ihr Hab und Gut nicht ihr gehörte, sondern ihrem Herrn, so geht all dies, anders als bei den Alten, ohne neuerlichen Schaden für die einzelnen, in Gänze und unzerteilt in den Besitz eines anderen Herrn über.

Im Altertum verlor der einzelne seine Besitztümer individuell, weil er sie individuell besaß. Heute, da er sie nicht individuell besitzt, kann nicht er sie verlieren, sondern sein besiegter Fürst verliert insgesamt die Besitztümer seiner Untertanen, weil sie ihm allgemein und allesamt gehörten; und dies verändert folglich weder den

Stand der einzelnen, noch verletzt es neuerlich ihre persönlichen und individuellen Rechte. Wird die Nation nach außen abhängig, war sie es zuvor bereits im Innern. Und neu ist ihre Abhängigkeit nur dem Namen nach, weil auch ihre Unabhängigkeit gar keine war. Und sie hängt nun von dem fremden Herrscher ab, wie zuvor von dem des eigenen Landes; denn als Nation existierte sie auch schon vor der Eroberung nicht; und da sie sich selbst nicht liebt, weil ihr die Vaterlandsliebe fehlt, hegt sie also auch keinen Haß gegen den fremden Herrn oder haßt ihn nur so viel, wie sie zuvor den eigenen oder wie ein Mensch den anderen Menschen haßt. *Das Recht der Nationen ist erst entstanden, als es schon keine Nationen mehr gab.* Sie genießt also die gleichen Rechte, die sie vor der Eroberung genoß, und genießt sie jetzt in gleicher Weise wie die Eroberernation. Die Kriege freilich sind heute durchaus nicht weniger häufig und weniger ungerecht als im Altertum. Entsprangen sie ehemals dem *nationalen Egoismus,* so rühren sie heute vom *individuellen Egoismus* desjenigen her, der an der Spitze der Nationen steht, ja sie verkörpert. Dieser Egoismus ist nicht weniger begehrlich und auch nicht weniger ungerecht als jener. Wie jener läßt er folglich seinen Begierden nach Kräften die Zügel schießen (oft auch über seine Kräfte hinaus), und die Gewalt, nicht etwa die Gerechtigkeit, bestimmt heute wie ehedem den Lauf der Welt; denn nicht die Natur der Menschen wandelt sich, es wechseln nur die äußeren Umstände. Wer die Ungerechtigkeit und Häufigkeit der Kriege im Altertum vor der Zeit des Christentums, des Völkerrechts und der angeblich universellen Liebe übermäßig hervorhebt, zeigt, daß er zwar die Geschichte der Antike studiert hat, nicht aber die der christlichen Jahrhunderte bis in unsere Zeit.

Die eine wie die andere weisen haargenau die gleichen Ungerechtigkeiten, die gleichen Kriege, den gleichen Triumph der Gewalt auf usw., und das Christentum hat darin die Welt nicht um einen Deut besser gemacht; mit dem Unterschied, daß die Kriege damals von den Nationen, heute von den Individuen oder, besser gesagt, den Regierungen geführt und ausgetragen werden; demnach waren damals die Kämpfenden oder Ungerechten zugleich gerecht und tugendhaft, nämlich gegen ihre eigenen Leute, heute sind sie es gegen niemanden; damals brachten die Feindschaften in jeder Nation große Tugenden und Heldenmut hervor, heute nur noch große Laster und Feigheit; damals unterdrückte eine Nation die andere, heute werden alle unterdrückt, Sieger wie Besiegte; damals geriet der Besiegte in Knechtschaft, heute teilt er die Knechtschaft mit dem Sieger; damals gerieten die Besiegten in Elend und Sklaverei, was bei allen Arten von Lebewesen etwas ganz Natürliches ist, heute widerfährt dies mehr oder weniger auch den Siegern, den vom Glück Begünstigten, und das ist barbarisch und absurd; damals war, wer Krieg führte, oft ungerecht gegenüber der Nation, gegen die er ihn führte; heute ist, wer Krieg führt, fast ebenso ungerecht gegen die Nation, gegen die er ihn führt, wie gegen jene, mittels und kraft deren er ihn führt; und das gilt sowohl fürs Kriegführen wie auch für all sein sonstiges staatliches Handeln. Und auch heute befinden sich die Regierungen untereinander ständig im (erklärten oder unerklärten) Kriegszustand, nicht anders als die Staaten im Altertum.

Ich übergehe die Grausamkeiten, die selbst in der glühenden Frömmigkeit der frühchristlichen Zeiten gegenüber besiegten Staatsoberhäuptern begangen wurden: konsequenterweise, denn sie, nicht die Völker, waren die Besiegten. Selbst in der Antike war es natürlicherweise so Sitte beim Sieg über Nationen, die innerlich geknechtet und monarchisch regiert waren. Und auch in der jüngeren Geschichte fehlt es nicht an Beispielen für diese natürliche Folge des gegenwärtigen Zustands der Völker, also den privaten oder öffentlichen Haß zwischen ihren Herrschern, die Grausamkeiten gegenüber den besiegten oder gefangengenommenen Fürsten usw.

Ich komme nun zur Ausführung des Krieges. Im Altertum, so heißt es, kämpften die Nationen als ganze: die Kriege in den christlichen Zeiten, mit kleinen Heeren geführt, sind weniger blutig und richten weniger Schaden an. Doch im Altertum kämpfte Feind gegen Feind, heute der Gleichgültige mit dem Gleichgültigen, vielleicht sogar mit dem Freund, dem Gefährten, dem Verwandten; ehemals gab es niemanden, der nicht für seine eigene Sache kämpfte, heute gibt es keinen, der nicht für die Sache eines anderen kämpft; ehemals nützte der Sieg dem, der gekämpft hatte, heute dem, der das Kämpfen befiehlt. In der Natur bekämpft der Feind seinen Feind, und zwar um des eigenen Vorteils willen; und auch bei den Tieren, die gewiß nicht verderbt sind, ist das zu beobachten, sogar innerhalb der eigenen Art und unter ihresgleichen. Doch nichts ist so sehr wider die Natur, als wenn ein Mensch weder aus gewohnheitsmäßigem Haß noch aus akutem Zorn zu keinem oder fast keinem Vorteil oder eigenem Nutzen auf Befehl einer Person, die er gewiß nicht besonders liebt und wahrscheinlich nicht einmal kennt, einen anderen Menschen tötet, der ihn in keiner Weise gekränkt hat und, um nur eins zu sagen, seinen Mörder nicht einmal kennt, noch auch diesem bekannt ist; ja schlimmer noch, einen Menschen, den er zumeist viel weniger haßt als jenen, der ihm das Töten befiehlt, und gewiß sehr viel weniger als einen Großteil seiner eigenen Waffengefährten und Mitbürger. Denn heute richten sich Haß, Neid und Feindschaft gegen die Nächsten und Nachbarn und gewöhnlich keineswegs gegen Menschen in der Ferne: der individuelle Egoismus macht uns zu Feinden unserer Umgebung, zu Feinden von Bekannten und Verwandten; vornehmlich von denen, welche die gleiche Laufbahn verfolgen und das gleiche Ziel anstreben, nach dem auch wir trachten und bei dem wir bevorzugt werden möchten; aber auch von denen, die, weil sie höher stehen als wir, unseren Neid erwecken und unsere Eigenliebe verletzen. Der Fremde hingegen ist uns zumindest gleichgültig und wird häufig mehr geschätzt als die, die wir kennen, weil die Wertschätzung usw. durch die Entfernung und Unkenntnis der Realität und die daraus erwachsenden Phantasien gefördert wird: und tatsächlich ist in einem Land, in dem keine Vaterlandsliebe herrscht, der Ausländer stets willkommen, und seine Sitten, Gewohnheiten usw., wie auch die jeder fremden Nation, werden stets den einheimischen vorgezogen, und er selber ebenso. So ist der Soldat heutzutage viel eher jenen feindlich gesinnt, mit denen er gemeinsam oder zu deren Vorteil, nach deren Willen und unter deren Befehl er kämpft, als jenen, gegen die er kämpft und die er tötet. Und all dies auf Grund der Natur der Dinge und nicht aus Willkür. Wenn wir die Dinge recht betrachten und nicht nur dem äußeren Anschein nach, finden wir viel mehr Barbarei in der Tötung eines einzelnen Feindes heutzutage als im Altertum in der Vernichtung eines ganzen Volkes: denn diese war ganz und gar der Natur gemäß; jene ist in jeder Hinsicht wider die Natur.

Ich möchte sogar noch weiter gehen und zeigen, daß eine geringe Zahl von Kämpfenden nur deshalb bisher als Vorteil galt, weil die Nationen noch etwas aus dem Altertum bewahrt hatten und in gewisser Weise noch Nationen geblieben waren; doch heute, da sie praktisch keine Nationen mehr sind, verliert dieser Vorteil seine Gültigkeit.

Gewiß, da die Nationen einander nicht mehr feind sind und die Armeen Trupps von Arbeitern gleichen, die für ihre Arbeit auf dem Feld ihres Herrn bezahlt werden, und ein Heer zahlenmäßig nicht größer zu sein braucht als das andere, ließen sich die Kriege auch mit einer sehr geringen Zahl von Kämpfenden bestreiten oder sogar durch einen Kompromiß beilegen, wobei nur zwei Personen gegen Bezahlung miteinander kämpfen müßten, um die Sache zu entscheiden. Doch sein Egoismus veranlaßt den Menschen, zur Erreichung seines Ziels so viele Kräfte wie möglich einzusetzen.

Ein großes Heer ist sowohl an sich als auch wegen der zu seinem Unterhalt notwendigen Steuern nicht ohne Unannehmlichkeiten, Schaden und Kosten zu Lasten der Untertanen aufrechtzuerhalten. Solange die Untertanen noch nicht völlig unterjocht waren, solange die Menge noch Gewicht hatte, solange die Stimme der Nation sich noch Gehör verschaffte, solange des Menschen Leib und Leben, mit Ausnahme eines einzigen pro Nation, noch nicht zu alleiniger Verfügung jenes einzigen stand, der befiehlt, und wie Leib und Leben, so alles übrige und die Nation in jeglicher Hinsicht, so lange, sage ich, waren die Heere, weil der Fürst die Nation nur bis zu einem gewissen Maß für seine eigenen

Zwecke in Anspruch nehmen durfte, nicht sehr groß. Eine Nation, die noch in irgendeiner Weise Nation war, duldete wohl kaum 1. eine Kriegführung aus purer Laune ihres Oberhaupts und zu seinem alleinigen Nutzen, 2. Zwangsaushebungen oder übermäßige Rekrutierungen, 3. ein Übermaß an Kriegssteuern. Dies alles, wie gesagt, duldete sie nicht, oder es zog sehr ernste Gefahren für den Fürsten und Unruhen im Innern nach sich. So lag es im Interesse des Fürsten, die bis zu einem gewissen Grad noch existierende Nation zu schonen, auch in anderen Dingen, aber insbesondere, wenn es um ihr eigen Fleisch und Blut ging, um ihr teuerstes Gut, ihre Söhne und Ehemänner usw. Seit der Zerstörung der Freiheit bis zum Beginn und zur ersten Hälfte des siebzehnten Jahrhunderts waren die Herrscher, wenngleich tyrannischer, also gewalttätiger und grausamer als heute, doch niemals, eben wegen ihres Widerstreits mit der Nation, so absolute Herren der Völker wie danach. Man braucht nur die Geschichtsbücher zu lesen, um zu sehen, wie häufig und leicht es in jenen Zeiten zu gefährlichem Aufruhr, Aufständen usw. im Volk kam, die, aus welchem Anlaß auch immer entstanden, doch gewiß zeigten, daß die Nation noch lebendig und existent war. Und anders als später war es damals nichts Ungewöhnliches, das Blut der Fürsten von den Händen ihrer Untertanen triefen zu sehen. Zudem war die Macht viel stärker aufgeteilt, sowohl durch die Baronien, Signorien und Lehen im Rahmen des damaligen monarchischen Systems als auch durch die besonderen Gesetzgebungen, Privilegien und teilweise unabhängigen Regierungen der Städte oder Provinzen, aus denen sich die Monarchien zusammensetzten. So waren denn, da dem König nicht alles zu seiner alleinigen Verfügung stand und er sich des Staates allenfalls unter vielen Schwierigkeiten nach eigenem Wunsch und Willen bedienen konnte, die Heere notgedrungen klein: es liegt ja auf der Hand, daß, wenn das Herrschaftsgebiet einer Nation in viele einzelne Herrschaftsgebiete unterteilt ist, der oberste Herrscher jedem einzelnen Gebiet nur wenig fortnehmen kann, unendlich viel weniger, als er nehmen würde, wäre er der unmittelbare Herr und alles hinge gänzlich von seinem Belieben ab. Das hat die Geschichte bewiesen, und die Staatsmänner haben sich daran gehalten. Und das ist auch der Grund, weshalb man im Krieg die absolute Herrschaft eines einzigen und die unumschränkte Monarchie als von größtem Vorteil erachtet, wie im Fall Makedoniens gegenüber dem in sich geteilten Griechenland. (Was aber nach meinen Grundsätzen nur dann gilt, wenn die von einer despotischen Macht bekämpften Nationen nicht von wahrer Vaterlandsliebe geleitet werden oder jedenfalls, so das möglich ist, von einer geringeren als die dem Despotismus unterworfene Nation. Und das war bei Griechenland zur Zeit der makedonischen Herrschaft der Fall, wo nur einmal Athen gegen die despotische Macht Persien Widerstand geleistet und sie besiegt hat. Denn ansonsten ist gewiß ein einziger echter Soldat des Vaterlands mehr wert als zehn Soldaten eines Despoten, sofern nicht in dem monarchischen Staat ein ebenso oder ähnlich starker Patriotismus herrscht. Und tatsächlich stand ja in der Schlacht bei Marathon einer gegen zehn, also 10 Tsd. standen gegen 100 Tsd., und sie haben gesiegt.) Bekannt sind auch die Konstitutionen jener Zeit, die nationalen Verfassungen, das Zusammentreten der Generalstände, Ratsversammlungen usw. wie in Frankreich, in Spanien usw., wodurch entweder die Menge ihre Stimme noch zu Gehör brachte oder die Macht doch gewiß weniger unabhängig und einheitlich und der Monarch stärker gebunden war.

Doch seitdem das Voranschreiten der Zivilisation oder der Verderbnis und die anderen Ursachen, die ich vielfach dargelegt habe, das Volk und die Menge völlig ausgelöscht, die Nationen zum Verschwinden gebracht und ihnen jede Stimme, jede Kraft, jedes Selbstbewußtsein genommen haben, die Macht sich dadurch ganz und gar bei dem Monarchen konzentriert hat und die Untertanen allesamt und jeder einzeln und alles, was ihnen auf irgendeine Weise gehört, der vollen Verfügungsgewalt des Fürsten unterstellt wurden, seitdem sind auch die Kriege willkürlicher und die Armeen sogleich größer geworden. Und dies ist durchaus natürlich und keineswegs zufällig, sondern ergibt sich unvermeidlich und unmittelbar aus der Natur der Dinge und des Menschen. Denn was immer ein Mensch zu seinem Vorteil einsetzen kann, wird er einsetzen; und da der Fürst jetzt alles, was die Nation ist und vermag, zu jeglichem eigenen Ziel und Begehr einsetzen kann, wird er es folglich in den Grenzen der nationalen Möglichkeiten auch tatsächlich tun. Das zeigt die Wirklichkeit. Ludwig XIV. lieferte als erster oder als einer der ersten Herrscher im Zeitalter der Perfektion des Despotismus[69] der Welt alsbald das Vorbild einer Vielzahl von Armeen.[70] Einmal vorhanden, muß dieses Vorbild notgedrungen befolgt werden. Denn weil die Größe einer Armee heute zwar beliebig, aber doch von der des Feindes abhängig ist und dieser weitestgehend entsprechen sollte, muß man, so man kann, wenn die des Feindes groß ist, dafür sorgen, ob man will oder nicht, daß auch die eigene groß ist und die feindliche nach Möglichkeit an Größe übertrifft; ebenso kann man sie im umgekehrten Fall aus den gleichen Gründen klein, ja sogar sehr klein halten, wie ich schon auf p. *902*[71] dargelegt habe. Tatsächlich wurde das Vorbild Ludwigs XIV. sowohl von Fürsten, die seine Feinde waren, befolgt als auch von Friedrich II., dem despotischen Philosophen, der den Despotismus durch die Erfindung vieler neuer Fortschritte erfolgreich verfeinerte und weiterentwickelte. Und auch seine Feinde nötigte er dazu. Auf die Spitze getrieben wurde die Sache schließlich von Napoleon, eben weil er das Beispiel für die vielleicht äußerste Perfektionierung des Despotismus war. Freilich ist dies gewiß noch nicht der letzte Exzeß, den wir diesbezüglich natürlicher- und unvermeidlicherweise erleben werden.

Unvermeidlicherweise, sage ich, vorausgesetzt, der Despotismus und der gegenwärtige Zustand der Nationen entwickeln sich weiter und dauern an; beide werden wohl bei dem derzeitigen Gang der Dinge, dem herrschenden Wissen usw. vorerst gar nicht umhinkönnen, Fortschritte zu machen oder neue Wurzeln zu schlagen. Und für diesen Fall sage ich unvermeidlicherweise, zum einen wegen des natürlichen Egoismus des Menschen und folglich des Fürsten, eines Egoismus, der zwangsläufig stets so groß ist wie die Macht des Egoisten; zum andern, weil die Sache sich in Anbetracht des Vorbilds und nachdem man sich an diesen Gang der Dinge gewöhnt hat, auch für den als notwendig erweist, der es gar nicht will. Daß dies zutrifft, zeigt das Folgende. Wie ließe sich diese Gewohnheit beseitigen, auch wenn sie letztlich willkürlich und vom Willen abhängig ist? Durch eine allgemeine Übereinkunft der Fürsten, all jener, die jemals Krieg führen können? Ich weiß sehr wohl, daß diese Übereinkunft auf dem Wiener Kongreß angestrebt oder vermutlich angestrebt und vorgeschlagen worden ist. Und gewiß war es die beste Gelegenheit, die es je geben konnte, und eine bessere wird es niemals geben. Ich weiß aber auch, daß nichts daraus geworden ist. Vielleicht hat man erkannt, warum es in Wirklichkeit unmöglich ist. Erstens, was, wenn nicht Macht oder Interesse, garantiert heutzutage derartige Verträge? Welche Macht oder welches Interesse kann einen zwingen, nicht mit aller nur möglichen Kraft den eigenen Vorteil zu suchen? Zweitens (und dies beweist noch unmittelbarer, daß man beim besten Willen keine Abhilfe schaffen kann), wer verläßt sich in Kriegszeiten auf einen zuvor geschlossenen Vertrag? Wem ist nicht bekannt, was ich hier unter erstens gesagt habe? Und generell, wer weiß nicht um die allgemeine und unwandelbare Natur des Menschen? Wenn also der Fürst dies alles weiß, hegt er deshalb Argwohn gegen seinen Feind und ist deshalb gezwungen, sich auch gegen seinen Willen in einer Weise zu verhalten und Vorsorge zu treffen, damit er imstande ist, sich so gut wie möglich gegen jede Streitmacht, mit welcher der Feind ihn angreifen könnte, zur Wehr zu setzen. Wer hebt hundert Mann aus, wenn er auch tausend Mann ausheben kann? Weiß er doch nicht, ob der Feind hundert oder tausend gegen ihn ins Feld führen wird, und hat er nicht viel mehr Grund zu dieser Annahme als zu jener? Und hätte man eine allgemeine Übereinkunft erzielt und über lange Zeit eingehalten, böte sich dem, der den Pakt plötzlich bräche, ein um so größerer Vorteil: und deshalb würde es früher oder später an einem solchen nicht fehlen. Damit brächte er seinen Feind völlig in seine Gewalt, und nach nur einem einzigen derartigen Beispiel würde jeder mißtrauisch werden, niemand durch Unsicherheit alles aufs Spiel setzen wollen, und alle würden zu der früheren Gewohnheit zurückkehren. Und das gilt gleichermaßen in Kriegs- wie in Friedenszeiten, denn ständig besteht die Gefahr, die einer Regierung durch die andere droht. Und auch dies zeigt sich in der Wirklichkeit und an den großen Streitkräften, die man heute schon in Friedenszeiten hält, so daß es jetzt im Unterschied zur Antike wie auch zu den früheren christlichen Jahrhunderten keine Zeitspanne mehr gibt, da ein Land unbewaffnet oder auch nur schlecht bewaffnet bleibt.

Aus all dem folgt, daß die Armeen nicht nur nicht mehr verkleinert, sondern immer weiter vergrößert werden, wobei natürlich jeder nach Kräften den anderen zu überbieten trachtet und seine Kräfte auf die der gesamten Nation ausweitet: also werden sich wie bei den Alten die ganzen Völker gegenseitig abschlachten, aber anders als bei den Alten nicht spontan und voller Bereitwilligkeit, sondern man wird sie im Gewaltmarsch in den Kampf jagen; sie hassen ja einander nicht, sind sich vielmehr völlig gleichgültig und sehnen sich vielleicht gar danach, besiegt zu werden (weil, und auch das ist bemerkenswert, nach dem Verlust der Vaterlandsliebe und der inneren Unabhängigkeit ein neuer Herrscher, neue Gesetze, eine neue Regierung usw. nicht nur nicht verabscheut oder gefürchtet, sondern oft sogar gewünscht und bevorzugt werden); sie kämpfen ja nicht für ihr eigenes Wohl, sondern für das eines anderen; nicht für das allgemeine Wohl, sondern für das eines einzigen, jenes einzigen, den sie mehr als jeden anderen verabscheuen und weitaus mehr als jene, gegen die sie kämpfen; also kämpfen sie nicht naturgemäß noch aus einem natürlichen Grund, sondern absolut wider die Natur. Und das gleiche läßt sich über alle anderen Folgen des Despotismus sagen, hinsichtlich des Krieges wie auch unabhängig davon. Denn durch die eigenen wie die fremden Armeen, oder auch ohne sie, werden die Völker ausgesaugt, in Armut gestürzt, geschröpft und aller Annehmlichkeiten beraubt; die Landwirtschaft wird behindert oder lahmgelegt, weil man ihr die Bauern entzieht und sie der Früchte ihrer Mühen beraubt; Handel und Gewerbe werden gestört und entmutigt, weil der immer weiter um sich greifende Despotismus sich ihrer Produkte bemächtigt, usw. usf. Kurz, die Nationen werden, ohne sich wie im Altertum zu hassen, dennoch wie ehedem verwüstet, wenngleich ohne Lärm und ohne sonderliche Gewalt; eher von innen heraus als von außen, doch je nach den Umständen auch von dort usw. usf. All dies nicht etwa nur mit einiger Wahrscheinlichkeit oder ohne einen triftigen oder zwingenden Grund, sondern als unausbleibliche Folge der menschlichen Natur, welche die Fürsten, nicht weil sie bei ihnen anders und schlimmer wäre, sondern einfach als menschliche Natur unausweichlich zu alldem treibt; die Wirklichkeit zeigt es schon an allen Ecken und Enden. Und all dies, ohne daß man daraus jene Begeisterung und Bewegung, jene Tugend und Tapferkeit, jenen Mut, jene Ausdauer und Geduld in Mühsal und Not, jene Stärke und Beständigkeit, kurz, jene allgemeine und individuelle Lebendigkeit schöpft, die den Alten noch aus dem größten Unglück zufloß: Ja im Gegenteil, mit den modernen Katastrophen verstärken sich Stumpfheit, Kälte und Trägheit, Laster und Feigheit, Eintönigkeit, Langeweile und Leblosigkeit für den einzelnen wie für die Nationen allgemein. So sehen sie aus, die Vorteile der Zivilisation, des philosophischen Geistes und der Menschlichkeit, der Schaffung des Völkerrechts und der Erfindung der universellen Liebe, der Zerstörung des gegenseitigen Hasses zwischen den Nationen und der Abschaffung der einstigen Barbarei. [...]

6. Nicht nur, wie ich dargelegt habe, die öffentlichen, sondern auch die privaten Tugenden, die Moral wie auch die Sitten und Gebräuche der Nationen werden durch ihren gegenwärtigen Zustand zerstört. Wo immer es wahre, glühende Vaterlandsliebe gab, zumal dort, wo sie am stärksten war, nämlich bei den freien Völkern, waren die Sitten stets ebenso grausam wie streng und unerschütterlich, edel und tugendhaft, ehrbar und rechtschaffen. Das ist eine natürliche Folge der Vaterlandsliebe, des nationalen und individuellen Selbstwertgefühls, der Freiheit, der Bedeutung und Stärke der Nationen, ihrer Rivalität gegenüber fremden Nationen sowie jener großen, beständigen und mitreißenden Illusionen, die aus alldem entstehen und es ihrerseits hervorbringen: es ist offensichtlich, daß die Tugend keine andere Grundlage hat als diese Illusionen und daß es dort, wo es an solchen Illusionen mangelt, auch keine Tugend gibt, sondern es herrschen Laster, Nichtsnutzigkeit und Nichtswürdigkeit. Diese Dinge sind in der Geschichte offensichtlich und wurden von allen Philosophen und Politikern festgestellt. Und es ist nur zu wahr: die privaten Tugenden stehen stets im direkten Verhältnis zur Vaterlandsliebe, zur Stärke und Hochgesinntheit einer Nation, so wie umgekehrt deren Schwächung mit einem Verfall der Sitten einhergeht; auch der Niedergang der Moral ging in der Geschichte

stets mit dem Verlust der Vaterlandsliebe, der nationalen Unabhängigkeit, der inneren Freiheit und dem Untergang aller antiken und modernen Gemeinwesen Hand in Hand: dabei beeinflussen die Moral und die Illusionen, die diese hervorbringen, die Vaterlandsliebe und umgekehrt die Vaterlandsliebe die Illusionen und die Moral in höchstem Maße und in völliger Wechselseitigkeit. Es ist nur allzu bekannt, wie groß der innere Sittenverfall im Frankreich Ludwigs XIV. war, dessen Jahrhundert, wie schon gesagt, die erste Epoche der wahren Perfektion des Despotismus und der Auslöschung und Bedeutungslosigkeit der Nationen und der Menge war, bis zur Revolution. Diese förderte, wie alle feststellen, die verlorengegangene französische Moral, soweit dies möglich war 1. in einem so aufgeklärten und gegen die Illusionen und damit gegen die Tugenden gewappneten Jahrhundert; 2. bei einer so großen, so tief verwurzelten und alten Verderbnis, an die Frankreich gewöhnt war; 3. in einer Nation zumal, die das Zentrum der Zivilisation und also des Lasters ist; 4. mittels einer Revolution, die großenteils durch die Philosophie hervorgerufen wurde, welche letzten Endes, ob man will oder nicht, die Todfeindin der Tugend ist, da sie befreundet, ja fast identisch ist mit der Vernunft, der Feindin der Natur und einzigen Quelle der Tugend. (30. März bis 4. April 1821).

Zibaldone 923-925

Die Vaterlandsliebe oder Liebe zur Nation ist nichts anderes als eine Illusion, die aber unter Voraussetzung einer Gesellschaft von Natur aus ebenso leicht entsteht wie die Eigenliebe beim Individuum und unter Voraussetzung einer Familie die Liebe zur Familie, wie man sie auch bei den Tieren findet; und weil sie Illusion ist, hat sie keinen Bestand oder trägt keine guten Früchte ohne die Illusionen und Vorurteile, die naturgemäß aus ihr hervorgehen oder ihr zugrunde liegen. Der Mensch ist nicht immer vernünftig, aber immer auf die eine oder andere Weise konsequent. Wie soll er denn sein Vaterland über alles lieben und in seinem Tun zu allen Folgen, die sich aus dieser vorrangigen Liebe ergeben, bereit sein, wenn er sein Land nicht wirklich für würdig erachtet, über alles geliebt zu werden, und es deshalb für das beste aller Länder hält, und erst recht, wenn er die anderen Länder oder irgendein anderes Land für besser hält? Wie soll er unduldsam gegen fremdes Joch und in allem eifersüchtig auf seine Nationalität bedacht und bereit sein, sein Leben und sein Hab und Gut hinzugeben, um sich der Fremdherrschaft zu entziehen, wenn er den Ausländer als seinem Landsmann gleich erachtet oder, schlimmer noch, ihn für besser hält? Es steht außer Zweifel: seit der Angehörige einer Nation über die Nationen räsonieren und darüber urteilen kann und will, seit alle Menschen nach seiner Vorstellung gleich sind, seit das Verdienst für ihn nicht mehr von der Gemeinschaft des Vaterlands abhängt usw. usf., seit er nicht mehr überzeugt ist, seine Nation sei die Blüte der Nationen, sein Volk der Gipfel der Menschheit, seit dies so ist, sage ich, ist es vorbei mit den Nationen, und wie in der Überzeugung so sind sie auch in der Wirklichkeit miteinander verschmolzen, und die mangelnde Unterscheidung im Denken, in Urteil und Begriff führt unweigerlich zur Gleichgültigkeit im Empfinden, im Interesse und im Handeln. Die Vorurteile, deren man Frankreich zeiht, weil sie die Eigenliebe der Ausländer verletzen, sind der beste Schutz seiner nationalen Un, abhängigkeit, wie sie es auch bei den Alten waren; sie sind die Ursache für den Nationalgeist, der dort noch lebendig ist, und für die Opfer, zu denen die Franzosen bereit sind und immer bereit waren, um sich als Nation zu erhalten und nicht vom Ausland abhängig zu sein; und sie sind der Grund, weshalb sich diese Nation bei all ihrer Kultur und Bildung (Dinge, die der Vaterlandsliebe sehr entgegenstehen) immer noch, vielleicht mehr als jede andere, den Anschein einer Nation bewahrt hat.

Zweifellos mußte die Kraft dieser Vorurteile, wie bei den Alten so auch in Frankreich, zu jener Überlegenheit über die anderen Nationen Europas führen, die es bislang gehabt hat und aller Wahrscheinlichkeit nach auch wiedergewinnen wird.[72] (6. April 1821).

Zibaldone 925/926

Die Überlegenheit der Natur über alle menschlichen Werke oder alle Wirkungen menschlichen Tuns ist auch daran erkennbar, daß alle Philosophen des vergangenen Jahrhunderts und alle, die heute diesen Namen tragen, sowie generell alle Gebildeten dieses Jahrhunderts, welches zweifellos das gebildetste ist, das es je gegeben hat, der Politik (dem bedeutendsten Teil des menschlichen Wissens) kein anderes Ziel zu setzen vermögen und ihnen nichts Besseres einfällt als das, was die Natur in der Urgesellschaft schon von sich aus gefunden hatte, nämlich dem Menschen in der Gesellschaft jenes rechte Maß an Freiheit zuteil werden zu lassen, das im Altertum bei allen nicht verdorbenen Nationen der Dreh- und Angelpunkt aller Staatskunst war und es bei allen nichtzivilisierten, aber auch nicht der Barbarei anheim gefallenen Völkern heute noch ist, also bei allen, die Barbaren genannt werden, aber im Sinne der ursprünglichen, nicht durch Verderbnis entstandenen Barbarei. (6. April 1821).

Das Zeitalter Ludwigs XIV. war, wie das ganze vergangene Jahrhundert, wahrlich eine Zeit barbarischer Verderbnis der zivilisiertesten Teile Europas, jener Verderbnis und Barbarei, die der Hochkultur unvermeidlich folgt, wie man bei den Persern und den Römern, bei den Sybariten, den Griechen usw. gesehen hat. Und dennoch galt jene Epoche damals und gilt, weil sie erst kurz zurückliegt, auch heute noch als hoch zivilisiert und alles andere denn barbarisch. Dabei unterscheidet sich die heutige Zeit, die man für den Höhepunkt von Kultur und Zivilisation hält, nicht wenig von der obengenannten und kann als Epoche eines Wiedererwachens aus der Barbarei betrachtet werden. Eines Wiedererwachens, das in Europa mit der Französischen Revolution begann, schwach und unvollkommen, weil es nicht aus der Natur, sondern aus der Vernunft, ja aus der Philosophie herrührte, die eine sehr schwache, erbärmliche, unechte und unbeständige Grundlage der Kultur ist. Und doch ist es ein Wiedererwachen; und wohlgemerkt, trotz der Unzulänglichkeit der Mittel einerseits und ihrer Widernatürlichkeit andererseits haben die Französische Revolution (wie schon oft festgestellt wurde) und die Gegenwart die Menschen dennoch der Natur als einzigem Quell der Kultur wieder nähergebracht; sie haben die großen und starken Leidenschaften in Bewegung gesetzt, haben den bereits abgestorbenen Nationen zwar noch keine Lebendigkeit, aber doch ein leises Pulsieren, einen gewissen

Zibaldone 1077/1078

entfernten Anschein von Leben zurückgegeben. Auch wenn dies durch die Halbphilosophie geschah, das Werkzeug einer unzuverlässigen, schwachen und ihrem Wesen nach vergänglichen Kultur, weil die Halbphilosophie naturgemäß dazu neigt, sich weiterzuentwickeln zur vollkommenen Philosophie, der Quelle der Barbarei.[73] Man denke in diesem Zusammenhang an die barbarischen, albernen, monströsen (monarchischen und feudalen) Moden, wie Reifröcke, Haartrachten von Männern und Frauen usw., die zumindest in Italien bis in die allerletzten Jahre des vergangenen Jahrhunderts herrschten und durch die Revolution mit einem Schlag beseitigt wurden (vgl. den Brief von Giordani an Monti § 4).[74] Wie man daran sieht, erwacht das gegenwärtige Jahrhundert auch im Geschmack aus einer echten Barbarei; auch eine gewisse Neuausrichtung der Literatur im heutigen Italien ist in dieser Hinsicht erwähnenswert. (23. Mai 1821). […]

Zibaldone 1082

Wäre die Befreiung von den natürlichen Vorurteilen (ich meine die natürlichen, nicht die Früchte einer Unwissenheit aus Verderbnis) für das Glück und die Vollkommenheit des Menschen wirklich nützlich, ja notwendig, warum hätte die Natur sie dann so tief im Geist des Menschen verwurzelt, ihrer Ausrottung so viele Hindernisse entgegengesetzt und so viele Jahrhunderte erforderlich gemacht, um sie auszurotten oder auch nur zu schwächen; warum hätte sie ihre völlige Ausrottung gar unmöglich gemacht, selbst bei den Gebildetsten und denen, die sie am besten erkennen, und es schließlich so eingerichtet, daß noch heute bei einem sehr großen, ja dem größten Teil selbst der sehr aufgeklärten

Völker (von den unaufgeklärten ganz zu schweigen) solche Vorurteile, von denen man meint, sie stünden im Widerspruch zu Wohlergehen und Vervollkommnung des Menschen, größtenteils fortdauern? Ja, warum hätte sie sie dem menschlichen Geist ursprünglich überhaupt eingegeben? (24. Mai 1821).[75]

Man halte es nicht für Übertreibung, wenn ich die Verhältnisse in der Antike und die antiken Republiken rühme. Auch ich weiß sehr wohl, daß sie vielem Mißgeschick, Leid und Ungemach ausgesetzt waren. Unvermeidliche Übel, selbst in der meisterlichen Ordnung der Natur; um wieviel mehr in den Ordnungen, die schließlich mehr oder minder Menschenwerk sind! Doch mein Thema ist das Verhältnis und der Vergleich zwischen dem Glück oder, so man will, dem Unglück der Menschen in Antike und Neuzeit, wenn man das Gute und das Schlechte bei den einen und bei den anderen insgesamt untersucht und abwägt. Der Mensch, das räume ich ein, zumal der aus den Grenzen der ursprünglichen Natur herausgetretene, ist niemals vollen Glückes fähig und immer auch unglücklich gewesen. Doch nach allgemeiner Ansicht ist die Vervollkommnungsfähigkeit des Menschen unbegrenzt[76], und deshalb ist er angeblich um so glücklicher oder weniger unglücklich, je weiter er sich von der Natur entfernt, und das Unglück folglich in der Neuzeit geringer als in der Antike. Ich aber zeige, daß der von Natur aus vollkommene Mensch um so unglücklicher wird, je weiter er sich von der Natur entfernt: ich zeige, daß die Vervollkommnungsfähigkeit des *gesellschaftlichen Zustands* äußerst begrenzt ist und daß, obschon kein gesellschaft-

Zibaldone 1096–1098

licher Zustand uns glücklich machen kann, er uns um so unglücklicher macht, je mehr er uns durch seine vermeintliche Vollkommenheit von der Natur entfernt; ich zeige, daß der gesellschaftliche Zustand in der Antike die Grenzen seiner Vervollkommnungsfähigkeit erreicht hatte, Grenzen, die so wenig von der Natur entfernt waren, wie es mit dem Wesen eines gesellschaftlichen Zustands und mit der unvermeidlichen Veränderung, die der Mensch durch ihn im Vergleich zu seinem ursprünglichen Zustand erfährt, nur irgend vereinbar ist; ich zeige schließlich durch theoretische und historisch-praktische Beweise, daß der gesellschaftliche Zustand in der Antike, obwohl von den anderen als unvollkommen und von mir als vollkommen erachtet, weniger unglücklich war als in der Neuzeit. (27. Mai 1821).

Zibaldone
1164-1165

Der Neid, eine ganz natürliche Leidenschaft und nach der Heiligen Schrift das erste Laster des ersten Menschensohns[77], ist eine Auswirkung und ein deutliches Indiz für den natürlichen Haß des Menschen gegen den Menschen in der Gesellschaft, und sei sie noch so winzig und unvollkommen. Denn wir neiden sogar und besonders das, was wir selbst besitzen; wir neiden anderen, was sie besitzen, ohne daß wir den geringsten Nachteil dadurch hätten; des weiteren das, was zu besitzen uns gänzlich unmöglich und auch nicht angemessen wäre; und schließlich fast noch das, was wir nicht begehren und, selbst wenn wir könnten, gar nicht besitzen möchten. So wird uns schon das bloße Hab und Gut anderer, der bloße Anblick ihres vermeintlichen Glücks von Natur aus schwer und ist Gegenstand dieser Leidenschaft, die folglich nur aus dem Haß auf die anderen herrühren kann, der seinerseits der Eigenliebe entspringt, aber, wenn ich es so ausdrücken darf, auf gleiche Weise, wie den Theologen zufolge, die Fleischwerdung des Wortes im Vater ihren Ursprung hat und der Heilige Geist in beiden, so daß zu keinem Zeitpunkt nur der Vater, nicht aber das Wort und der Heilige Geist existiert hätten. (13. Juni 1821).

BRIEF AN PIETRO BRIGHENTI.

Mein Lieber. Euer letzter Brief hat mich mit Schmerz und Mitleid erfüllt.[78] Würdet Ihr erwarten, daß ausgerechnet ich Mut und Zuversicht predigte? Und doch: ich will, daß Ihr guten Mutes und zuversichtlich seid. Wer gesagt hat, das Leben des Menschen sei Krieg, hat eine große Wahrheit ausgesprochen, im weltlichen wie im geistlichen Sinn. Wir kämpfen alle, einer gegen den andern, und werden kämpfen bis zum letzten Atemzug, unablässig, unnachgiebig, unerbittlich. Jeder ist eines jeden Feind und hat niemanden zur Seite als sich selbst. Ausgenommen die ganz wenigen, denen die Gaben des Herzens zuteil geworden sind, sie mögen einige von ihresgleichen an ihrer Seite haben; und Ihr steht in dieser Hinsicht höher als unendlich viele andere. Ansonsten darf man, ob als Sieger oder Besiegter, niemals müde werden zu kämpfen, zu streiten, über jeden herzufallen und jeden niederzutrampeln, der auch nur einen Moment nachgibt. So ist die Welt nun mal und nicht so, wie man sie uns als armen Kindern ausgemalt hat. Ich sitze hier, von allen verhöhnt, begeifert, mit Füßen getreten, und verbringe das ganze Leben in einem Zimmer in einer Weise, daß es mich schaudert, wenn ich nur daran denke. Und trotzdem gewöhne ich mir an zu lachen und sogar mit Erfolg. Und niemand wird über mich triumphieren, solange er mich noch nicht über die Felder verstreuen oder zu seinem Vergnügen meine Asche in die Luft werfen kann. Ich bitte Euch von ganzem Herzen, Mut zu fassen, nicht weil ich Euer Unglück nicht empfände, denn ich empfinde es stärker als mein eigenes: sondern weil ich glaube, daß dieses Leben und die Pflicht, hartnäckig und immerfort zu kämpfen, dem Menschen wie jedem Lebewesen von der Natur so bestimmt worden ist.

Am 18. dieses Monats schrieb ich an unseren Giordani in Mailand. Mal sehen, ob meinen Briefen nach dort mehr Glück beschieden ist. Ihr schriebt mir vor kurzem von einer Übersetzung meiner *Canzone* an Angelo Mai ins Lateinische, wovon mir weder vorher noch nachher irgend etwas zu Ohren gekommen ist. Falls Ihr sie noch habt, würde ich mir gern zu meinem Vergnügen einmal ansehen, wie ich verstanden worden bin, und Ihr würdet mir eine Freude machen, wenn Ihr sie mir per Post schicktet. Ich werde sie gewiß nicht aus der Hand geben. Schreibt mir etwas über Eure Veröffentlichung. Eine Schwülstigkeit des Stils in Eurem *Babini*[79] habe ich nicht bemerkt, er scheint mir sogar sehr rein. Bleib mir gewogen, lieber Brighenti; und lachen wir gemeinsam über diese Schwachköpfe, die den Erdball in ihrem Besitz halten. Die Welt ist verdreht wie Dantes Verdammte, die den Hintern vorn und die Brust hinten tragen; und die Tränen laufen ihnen *den Arschspalt hinunter.* Es wäre viel lächerlicher, sie zurechtrücken zu wollen, als sich damit zu begnügen, sie zu betrachten und auf sie zu pfeifen. (22. Juni 1821).

Zu p. *302*⁸⁰ am Anfang. Zum Beweis dessen, was ich über die Nützlichkeit gegnerischer Parteien für die Regierungen⁸¹ gesagt habe, bedenke man die bekannte Tatsache, daß die katholische oder überhaupt die christliche Religion (und das gilt auch für jede andere) nirgends so erschlafft ist, nach außen, vor allem aber im Innern, wie in dem Land, wo sie nicht nur die herrschende, sondern die einzige ist, also in Italien, wo sie obendrein noch ihren Hauptsitz hat. (Spanien, weil bisher nicht zivilisiert und außerhalb der aufgeklärten Welt, bildet da keine Ausnahme.) Und umgekehrt stellt man fest, daß in den italienischen Provinzen, die in größerer Nähe zu anderen Religionen leben oder mehr Umgang mit ihnen pflegen, und in verschiedenen Ländern wie Frankreich usw. bis hin zu Deutschland und England, also gerade dort, wo die katholische oder die anderen christlichen Religionen eine geringere Wertschätzung erfahren und unter verschiedene gegensätzliche Religionen, Sekten usw. gemischt sind, ihr Kultus nach außen wie im Innern lebendiger, tiefer, echter, wirksamer und beständiger ist denn je. (29. Juni 1821).

Zibaldone 1242

Tugend, Heldenmut und Hochherzigkeit kann es in herausragendem, glanzvollem und der Allgemeinheit nützlichem Maß nur in einem Volksstaat geben, wo das Volk an der Macht teilhat. Das begründe ich wie folgt. Alles auf der Welt ist Eigenliebe. Niemals ist in einem Volk die Tugend stark oder groß, beständig oder allgemein verbreitet, wenn sie nicht demjenigen nützt, der sie übt. Nun werden aber die Hauptvorteile, die der Mensch begehren und erlangen kann, über die Mächtigen erlangt, das heißt über jene, die Gut und Böse,

Zibaldone 1563-1568

Reichtümer, Ehren und alles, was Sache der Nation ist, in der Hand haben. Den Mächtigen zu gefallen, sie sich auf alle erdenkliche Weise, aus der Nähe oder aus der Ferne gewogen zu machen ist deshalb, allgemein gesprochen, mehr oder minder das Ziel der Individuen in jeder Nation. Und wie schon tausendmal festgestellt wurde, prägen die Mächtigen den ihnen unterworfenen Nationen ihren Charakter, ihre Neigungen usw. auf. Damit also Tugend, Heldentum, Großmut usw. allgemein und in beträchtlichem Maß von einer Nation geübt werden, vorausgesetzt, dies sei ihr nützlich und der Nutzen rühre nicht nur und hauptsächlich von der Macht her, muß all dies von den Machthabern gern gesehen werden und also ein Mittel sein, bei ihnen, will sagen in der Welt, Erfolg zu haben.

Nun ist aber das Individuum, zumal wenn es Macht hat, niemals tugendhaft. Ich rede vom Fürsten wie auch von seinen Ministern, die in einer despotischen Regierung zwangsläufig despotisch und eine Last für ihre Untergebenen sind, wie diese wiederum für die ihren usw., denn dies ist eine allgemeine und unausweichliche Folge der despotischen Alleinherrschaft; die Regierung besteht also aus lauter Despoten, da der Despotismus nicht vom Monarchen allein ausgeübt werden kann; und die Autorität eines jeden seiner mittel- oder unmittelbaren Diener wird von den Untergebenen gleichsam mit Schrecken gefürchtet und verehrt (wie man an der vorherigen Regierung in Spanien sehen kann), wirkt also in höchstem Maß auf die Nation ein und bestimmt deren Charakter, da sie despotisch (wenn auch abhängig) über ihr Wohl und Wehe entscheidet.

Das Individuum, sage ich, oder die mächtigen Individuen sind und können also (wie die anderen auch) nur durch Zufall tugendhaft sein, wenn nämlich entweder die Tugend ihnen nützt (was selten vorkommt, denn wer über die Dinge anderer bestimmt, dem nützt es, sich ihrer zu bedienen, und nicht, sich ihrer zu enthalten) oder wenn eine außergewöhnliche Wesensart oder Erziehung sie dazu veranlaßt; doch wie viele Beispiele es dafür gibt, zeigt die Geschichte, zumal die der Neuzeit.

Das Individuum ist nicht tugendhaft, wohl aber die Menge, und sie ist es immer, aus den Gründen und in dem Sinn, wie ich es an anderer Stelle dargelegt habe.[82] In einem Staat, wo die Macht oder ein Teil von ihr in den Händen des Volkes liegt, ist Tugend also nützlich, weil das Volk (das die Macht hat) sie liebt; und weil sie nützlich ist, wird sie bald mehr, bald weniger geübt, je nach den Umständen, aber immer viel mehr und allgemeiner als im despotischen Staat. Die Tugend ist der Allgemeinheit notwendig von Nutzen. Deshalb ist die Allgemeinheit notwendig tugendhaft oder der Tugend zugeneigt, weil sie notwendig sich selbst liebt und somit auch das, was ihr nützt. Dem Individuum aber ist die Tugend nicht immer von Nutzen. Deshalb ist das Individuum nicht immer tugendhaft und auch nicht notwendigerweise. Außerdem täuscht sich ein Individuum sehr viel leichter und häufiger als die Menge darüber, was ihm wirklich nützt. Auf jeden Fall aber sucht das Individuum sein eigenes Wohl, die Allgemeinheit das ihre (das wahre oder falsche, bewußt oder unbewußt): das eine ist immer und in jedem Fall Tugend, das andere Egoismus und Untugend. Ich rede hauptsächlich von den öffentlichen, also den großen Tugenden, die auf alle erdenkliche Weise große Wirkung oder Vorbildkraft entfalten. Doch auch die privaten und häuslichen Tugenden will ich nicht ausschließen, und wie sehr sie (zumal die starken und edlen Tugenden) durch die Volksherrschaft begünstigt und durch den Despotismus benachteiligt werden, zeigen meines Erachtens die Geschichte der Antike und die der Neuzeit, das zeigen, unter anderem, die Geschichte des monarchischen und des republikanischen Frankreich, und das zeigt auch England usw.

Wenn von Nutzen nur das ist, was den Individuen gefällt, und diese nicht tugendhaft sind oder gar nicht sein können oder es nur zeitweilig sind, oder der eine ist tugendhaft, der andere nicht und hundert andere auch nicht, wenn also der Nutzen der Tugenden vom Charakter, von den Neigungen, Launen und Absichten der Individuen abhängt und folglich die Tugend zwar bisweilen, nicht aber dauerhaft und notwendig nützt, sondern nur nach dem Zufall der Umstände, dann ist es ausgeschlossen, daß eine Nation anhaltend und allgemein tugendhaft ist und die einzelnen Individuen sich zu jener Tugend erheben, die für sie von einem Moment zum andern nicht nur nutzlos, sondern sogar sehr nachteilig werden kann. Weil die Tugend dann nur dem äußeren Schein nach besteht, wenn es dessen bedarf, so ist sie keine Tugend, sondern Kalkül, Vortäuschung und also Untugend. Und bei den Untertanen muß sie immer vorgetäuscht sein, denn selbst wenn sie heute nützlich ist, können sie nicht wissen, ob sie es auch morgen noch sein wird, hängt ihr Nutzen doch weder von ihrem Wesen noch von wesentlichen, fest durch ihren Zweck begründeten Umständen ab, sondern von dem vorhandenen oder nicht vorhandenen Wohlwollen von Personen, die meist keinen Gefallen an ihr finden oder allenfalls heute, aber nicht morgen, oder der eine findet Gefallen an ihr, der andere oder sein Nachfolger nicht usw. usf.

Zudem sind jene Eigenschaften, die einer sehr großen Gesellschaft wie der Nation zuliebe gepflegt werden, (auch wenn sie vorgetäuscht sind und dann nicht ständig nützen) von einer gewissen Hochherzigkeit kaum zu trennen; und dieser Umstand trägt dazu bei, die Menschen tugendhaft, und zwar wirklich tugendhaft zu machen. Auch das Hofieren einer Nation, um ihre Gunst zu erwerben, macht hochherziger und ist mit der Tugend vereinbar. Sich der Nation zu unterwerfen ist eher Größe als Niedrigkeit. Anders ist es, wenn man ein Individuum hofiert, um dessen Gunst zu gewinnen, sich *seinesgleichen* unterwirft, einem Mann, an dem man keinen guten und erhabenen Grund der Überlegenheit und keine schöne Illusion erkennt, die die eigene Erniedrigung zu adeln vermöchte (wie es im Verhältnis zur Nation geschieht, die in ihrer Menge den Zuschauer gewissermaßen auf Distanz hält, und die Distanz gibt den Dingen einen Wert; im Verhältnis zur Nation, in der man immer große und gute Eigenschaften in Hülle und Fülle vermutet); all dies, sage ich, verkleinert und erniedrigt, demütigt und entwürdigt den Menschen innerlich, läßt ihn seine Herabsetzung spüren und ist deshalb mit der Tugend unvereinbar; denn wer dazu imstande ist, hat die Selbstachtung als Quelle, Hüterin und Nährerin der Tugend verloren; wer aber die Selbstachtung verloren und in diesen Verlust eingewilligt hat und es nicht bereut und auch nicht versucht, sie wiederzugewinnen, oder wer sie nie besessen noch gepflegt hat, kann nicht absolut tugendhaft sein. (26. August 1821).

Zibaldone *1570–1572*

Unsere Kultur, die wir als die dem Wesen des Menschen gebührende Vollkommenheit bezeichnen, ist offenkundig ein Werk des Zufalls, sowohl in der Art und Weise ihres Zustandekommens als auch in ihrer Beschaffenheit. Auf ihr Zustandekommen bin ich schon an anderer Stelle eingegangen. Was ihre Beschaffenheit angeht, so vermochte sich der Mensch in seiner vielfältigen Anpassungsfähigkeit, seit er sich vom Urzustand entfernt hat, unendlich zu wandeln und ist nur durch Zufall so, wie er heute ist, könnte aber im andern Fall auch völlig anders sein. Und die angebliche Vollkommenheit, die wir erlangt oder der wir uns angenähert haben, ist nur einer der unzählig vielen verschiedenen Zustände, die uns erreichbar gewesen wären und die wir dann ebenfalls vollkommen genannt hätten. Betrachten wir Ursprung und Entwicklung unseres gegenwärtigen Zustands, so sehen wir, welch einer unermeßlichen Kombination höchst unterschiedlicher Ursachen und Umstände es bedurfte, bis wir wurden, wie wir sind. Das Fehlen dieser Ursachen oder Kombinationen in anderen Weltgegenden hat bewirkt, daß die Menschen entweder keine Kultur haben und nah am Urzustand geblieben sind oder, wie die Chinesen, eine ganz andere Kultur (und also Vollkommenheit) besitzen. Damit ist offensichtlich, daß unsere Kultur, die uns vermeintlich wesenseigen, kein Werk der Natur, keine notwendige und ursprünglich vorgesehene Folge ihrer Absichten im Hinblick auf die menschliche Spezies war (und das müßte sie sein, wenn sie vollkommen wäre), sondern ein Werk des Zufalls.[83] So konnte gewissermaßen nicht einmal die Natur bei der Erschaffung des Menschen erahnen, was aus ihm werden, geschweige denn, wie er vollkommen werden könnte und sollte und worin seine

Vollkommenheit bestehen würde, die doch Ziel und Vollendung des Daseins ist, das sie selbst geschaffen und ihm gegeben hat. Sie wußte also nicht, was sie sich da erschuf, denn nur im Zustand der Vollkommenheit dürfen die Wesen wie auch alle Dinge betrachtet und kann über sie und ihre Eigenschaften geurteilt werden. Wie ist es dann aber möglich, daß die Natur, die alles so vollkommen geschaffen hat (und auch nicht anders konnte), ihrem vornehmsten Geschöpf keine Form der Vollkommenheit bestimmt, noch die Dinge so eingerichtet hat, daß der Mensch diese Vollkommenheit, also die wahre Fülle seines Daseins notwendig erreichen muß, sondern daß sie ihm gesagt hat: die Vollkommenheit, die Fülle des Seins, des Lebens, das dir zusteht, die Art und Weise, wie du sein sollst, deine eigene Form und dein Wesen wird dir der Zufall geben, wie, wann, wenn und soviel er will, in welchem Maß, aus welchem Anlaß und auf welche Weise er will? (27. Aug. 1821).

Welch ein gewaltiges Unterfangen ist doch die Zivilisation! Wie schwierig ist sie und wie weit von ihr entfernt ist seit Anbeginn der Welt der Großteil der Menschen! Welch ein Resultat unendlicher Zufallskombinationen! Mußte denn die allen Wesen eigentümliche Vollkommenheit dem vornehmsten Wesen unseres Systems, dem Menschen, in dieser Weise bestimmt werden? (27. Aug. 1821).[84]

Zibaldone 1572

Rocca berichtet, die Spanier hätten im letzten Krieg keine Skrupel gehabt, ja es sich sogar zur Pflicht gemacht, öffentlich oder privat gegenüber den Franzosen wortbrüchig zu werden, sie jedenfalls zu verraten und

Zibaldone 1709

ihnen ihre individuellen Wohltaten damit zu lohnen, daß sie den Wohltäter töteten usw. Desgleichen alle Naturvölker. Und er berichtet dies insonderheit von den Bauern.⁸⁵ Daraus läßt sich schlußfolgern, 1. was es mit dem angeblichen Naturgesetz auf sich hat, mit den universellen Pflichten des Menschen gegen seinesgleichen und mit den Rechten der Völker, auch wenn es Feinde sind (man bedenke, daß der natürliche Mensch jedes anderen Menschen Feind ist); und 2. wie der allen nicht verfeinerten, also auch den antiken Völkern eigene nationale Haß beschaffen ist und welche Formen er annimmt. Man denke auch an die erhabene Religion der Spanier, die dennoch nicht genügte, sie von ihren natürlichen Neigungen abzubringen, und an die Lehren dieser vermeintlichen Moralstifterin, mag die christliche Religion auch noch so sehr eine Form der Zivilisation sein, da sie aus ihr hervorgegangen ist. (15. Sept. 1821).

Zibaldone 1710-1712

Die allgemeine Menschenliebe – auch gegenüber den Feinden –, die wir für ein Naturgesetz halten (tatsächlich ist sie ja die Grundlage unserer Moral wie auch des christlichen Gebots über die Pflichten des Menschen gegen den Menschen, also seine Pflichten in der Welt), war den Alten nicht nur unbekannt, sondern stand im Widerspruch zu ihren Ansichten, wie auch denen aller nichtzivilisierten oder halbzivilisierten Völker. Doch wir, von Kind auf daran gewöhnt, sie als Pflicht zu betrachten, weil Kultur und Religion uns von frühester Kindheit an, schon vor dem Gebrauch der Vernunft, zu dieser Meinung erziehen, halten sie für naturgegeben. So erscheint uns, was aus Gewöhnung und Belehrung herrührt, als angeboren und natürlich usw. Keine Gesetzgebung, weder im Altertum noch in der Neuzeit, außer bei den zivilisierten Völkern, hatte sie je zur Grundlage. Jesus Christus sagte zu den Juden, er gebe ihnen ein neues Gesetz. Der Geist des mosaischen Gesetzes verlangte nicht nur keine Liebe zu allen Nichtjuden, sondern den Haß gegen sie. Der Heide, das heißt der Fremde, war der Feind dieses Volkes; es hatte auch weder die Pflicht noch den Willen, die Fremden zur eigenen Religion zu bekehren, sie zu erleuchten usw. Seine einzige Pflicht bestand darin, sie zurückzuwerfen, wenn es angegriffen wurde, sehr oft auch darin, sie selber anzugreifen und keinerlei Verkehr mit ihnen zu pflegen. Das Gebot *diliges proximum tuum sicut te ipsum* wurde nicht etwa verstanden als Liebe zu *deinesgleichen,* sondern zu deinen *Landsleuten.* Alle sozialen Pflichten der Juden beschränkten sich allein auf ihr Volk.[86]

Nun behaupte ich, wenn die Moral, die Gott uns durch sein Wort gegeben hat, die Wahrheit war, wie wir sagen, und wenn Gott nicht nur deren Urbild und Grund, sondern deren notwendiger Grund ist, dann wirkte er folglich, als er eine ganz andere und in einigen Punkten fast konträre Moral stiftete, gegen sein Wesen. Daran gibt es nichts zu deuteln. Nicht ein einziger, noch so winziger Punkt unserer Moral, vorausgesetzt, sie ist ewig und von den Umständen unabhängig, hätte jemals aus irgendeinem Grund oder in irgendeinem Gesetz, das Gott irgendeinem einzeln oder in Gesellschaft lebenden Menschen gab, weggelassen oder verändert werden dürfen. Und umgekehrt hätte auch kein Artikel jenes Gesetzes unter keinerlei Umständen in unserem weggelassen werden dürfen. Noch viel weniger durfte sich der Geist des göttlichen Gesetzes und seiner Moral von Anbeginn der Welt bis heute jemals wandeln, was er doch offensichtlich getan hat. Wie auch immer die Theologen dies erklären und in Einklang zu bringen suchen, es läuft letztlich auf das folgende hinaus: man muß notgedrungen einräumen, daß Gott nicht nur Urbild und Grund, sondern Schöpfer und Ursprung, Herr und Richter der Moral ist und daß diese mit all ihren noch so abstrakten Grundsätzen keineswegs dem Wesen, sondern dem Willen Gottes entspringt, der bestimmt, was sich gebührt, und je nachdem, was er bestimmt und geschaffen hat, dieses hütet, wechselt oder wandelt und je nachdem auch seine Gesetze gibt und hütet, wechselt und verändert. Er ist der Schöpfer der Moral, der Schöpfer von Gut und Böse und ihrer abstrakten Idee wie von allem übrigen.[87] (16. Sept. 1821).

Zibaldone 1721

Nur mit Anmaßung behauptet man sich in der Welt. Willst oder kannst du nicht anmaßend sein, sind es die anderen dir gegenüber.[88] Seid also anmaßend. Das gleiche gilt für Lug und Trug. (17. Sept. 1821).

Zibaldone 1728

Wie das Individuum so werden auch die Nationen niemals etwas vollbringen, wenn sie nicht ganz und gar von sich eingenommen und von Eigenliebe und Ehrgeiz, Selbstbewußtsein und Selbstvertrauen erfüllt sind. (18. Sept. 1821).

Zibaldone 1816-1818

Stärke der Natur und Schwäche der Vernunft. Wie schon an anderer Stelle gesagt, muß eine Überzeugung, damit sie den Menschen stark beeinflußt, den Anschein von Leidenschaft haben. Solange der Mensch noch einige Natürlichkeit bewahrt, begeistert ihn seine Überzeugung mehr, als es seine Leidenschaften tun. Unzählige Beispiele und Beobachtungen ließen sich dafür als Beweis anführen. Doch da sich alle Überzeugungen, die keine Vorurteile sind oder zu sein scheinen, nur auf die bloße Vernunft stützen, haben sie gewöhnlich sehr geringe Wirkung auf den Menschen. Die Gläubigen werden (noch heute und gerade *wegen der Abneigung, der sie begegnen,* vielleicht heute mehr denn je) stärker von ihrer Religion bewegt als von ihren anderen Leidenschaften (deren Feindin die Religion ist); sie hegen einen wahren Haß gegen die Ungläubigen (obwohl sie es sich selbst nicht eingestehen) und würden jedes Opfer bringen, um ihr System triumphieren zu sehen (wie sie auch tatsächlich ihre natürlichen und gegensätzlichen Neigungen opfern); reinste Wut aber empfinden sie, wenn es geschmäht und angefeindet wird. Die Ungläubigen dagegen, sofern ihr Unglaube nur aus kalter Überzeugung oder aus Zweifel herrührt, hassen die Gläubigen nicht und würden keinerlei Opfer für ihre Ungläubigkeit bringen usw. Daher beruht ein auf Überzeugung gegründeter Haß niemals auf Gegenseitigkeit, es sei denn, auf beiden Seiten wurzelt die Überzeugung in einem Vorurteil oder hat dessen Anschein. Es gibt also keinen Kampf zwischen Vernunft und Vorurteil, sondern nur zwischen Vorurteil und Vorurteil, anders gesagt, nur das Vorurteil ist fähig zu kämpfen, nicht aber die Vernunft. Die im Altertum, ja bis in die jüngste Zeit so häufigen Kriege, Feindschaften und der Haß aus Überzeugung, allgemeine wie private Kriege zwischen Parteien, Sekten, Schulen, Orden, Nationen und Individuen, Kriege, in denen der Mensch des Altertums natürlicherweise erbitterter Feind dessen war, der eine andere Überzeugung vertrat, alle diese Kriege fanden nur deshalb statt, weil jene Überzeugungen niemals mit bloßer Vernunft zu tun hatten, sondern alle waren Vorurteile oder nahmen deren Form an und waren somit Leidenschaften. Bedauernswert also die Philosophie, um die heutzutage so viel Aufhebens gemacht wird und auf die man so viel Hoffnung setzt. Sie kann sicher sein, daß niemand für sie kämpfen wird, während ihre Feinde immer heftiger gegen sie kämpfen; und ihr Einfluß auf die Welt und die Wirklichkeit wird immer geringer, je größere Fortschritte sie macht, je gründlicher sie sich läutert und den Charakter von Vorurteil und Leidenschaft ablegt. Man erhoffe sich also niemals etwas von der Philosophie oder der Vernünftigkeit dieses Jahrhunderts. (1. Okt. 1821).

Zibaldone 1826

Bisher wurde auf die Politik eher die Erkenntnis über die Menschheit angewandt als die über den Menschen, eher das Wissen über die Nationen als das über die Individuen, aus denen die Nationen bestehen. (3. Okt. 1821).[89]

Zibaldone 1863-1865

Die Wirkung der Philosophie, so kann man sagen, besteht nicht darin, die Illusionen zu zerstören (die Natur ist unbesiegbar), sondern darin, sie aus allgemeinen in individuelle umzuwandeln. Das heißt, jeder macht sich seine eigenen Illusionen; er glaubt, diese oder jene Hoffnungen usw. seien zwar allgemein eitel, hofft aber doch immer für sich oder im jeweiligen Fall auf eine günstige Ausnahme. Doch sind die Illusionen deshalb nicht weniger allgemein verbreitet, allen gemeinsam und bei allen gleich, obschon jeder sie auf sich allein beschränkt. Statt wie einst die menschlichen Dinge insgesamt für gut und schön zu erachten, wird dies jetzt nur noch für die eigenen angenommen oder erhofft und für alles, was in irgendeiner Weise zu einem selbst gehört (wie man etwa die Menschen der eigenen Umgebung für gut hält usw.). Die Wirkung ist annähernd die gleiche. An die Außergewöhnlichkeit von etwas Gewöhnlichem zu glauben und darauf zu hoffen läuft auf das gleiche hinaus, wie immer dieselbe Sache für außergewöhnlich und für eine Ausnahme von der Regel zu halten. Unvermeidlich tun dies alle jungen Menschen, selbst die gebildetsten.

Zwar wirkt sich die Zerstörung der allgemeinen Illusionen stets auch auf die individuellen aus. Doch können diese niemals gänzlich getilgt werden, sonst gäbe es den Menschen nicht mehr. Dennoch werden sie geschwächt, verlieren an Wirksamkeit usw., wenn sie nicht in einer glücklichen allgemeinen und grundsätzlichen Überzeugung wurzeln, die sogar der Wirklichkeit und der Erfahrung widerspricht und widersteht. Ohne eine solche Überzeugung beugt sich das reifere Individuum bald der Erfahrung und gibt ein gut Teil seiner individuellen, wie auch alle Kraft und Beständigkeit der anderen Illusionen auf, die bereits keine Überzeugungen mehr, sondern fast nur noch verzweifelte Hoffnung sind. Nach und nach verbreitet sich diese Wirkung allgemein, und fortan ist die Philosophie in der glücklichen Lage, auch noch die individuellen Illusionen soweit wie möglich zerstört und das menschliche Dasein dermaßen begrenzt und eingeengt zu haben, daß bei weiterer Einschränkung schlechterdings kein Leben mehr möglich ist und das Menschengeschlecht, seiner

Lebenssphäre und -grundlage beraubt, nicht länger fortbestehen kann. Leben ohne Eigenliebe gibt es bei keiner Gattung von Lebewesen, wie es auch bei keiner Gattung Eigenliebe ohne ein Mindestmaß an individueller Illusion geben kann. Leben und gänzlicher Mangel an Illusion und damit Hoffnung schließen sich also gegenseitig aus. (7. Okt. 1821). […]

Zibaldone 1879-1880

Bei keinem Naturvolk oder nur wenig zivilisierten Volk waren militärische und zivile Führung jemals getrennt, und die Gouverneure der Provinzen oder einer einzelnen Provinz waren zugleich die Befehlshaber der jeweiligen Heere. So bei den homerischen Griechen, so bei allen sogenannten wilden Völkern, so bei den Germanen und später bei den Goten, Franken, Langobarden usw., so auch bei den Römern, wo der Konsul, der Prokonsul oder der Prätor zugleich das politische Oberhaupt der Republik oder der Provinzen und der Oberbefehlshaber des Heeres oder der Provinzheere war. Bei allen nur wenig zivilisierten Völkern stellte nach einer Eroberung derselbe Mann Recht und Gesetz bei den Eroberten wieder her und übernahm die Verwaltung ihrer Angelegenheiten, derselbe, sage ich, der sie mit Waffengewalt unterworfen hatte oder weiter unterworfen hielt. So auch heute. Das heißt, von Natur aus hat man niemals geglaubt, daß es ein anderes Gesetz oder ein anderes Recht des Menschen über den Menschen gebe als das der Gewalt. (9. Okt. 1821). Siehe p. *1911*, Ende.[90]

Zu p. *1880*.⁹¹ Die Könige waren anfangs sogar vor allem anderen Heerführer. Später trennte sich die Person des Generals von der des Fürsten, die Könige waren nicht länger Krieger und schämten sich nicht, daß sie weder ihre eigenen Armeen befehligen noch die Macht ihrer eigenen Herrschaft lenken und einsetzen konnten; das geschah nicht auf einmal, sondern nach und nach und in dem Maße, wie die Welt und die menschlichen Dinge ihre Kraft und natürliche Energie verloren und der Schein an die Stelle des Wesens trat: in der gleichen Weise und aus dem gleichen Grund schämten sich die Fürsten im weiteren Fortgang dieser Entwicklung auch nicht, daß sie nicht mehr regieren konnten oder wollten und sich selbst darin von den Untertanen bedienen ließen, die sie doch eigens zu diesem Zweck auf ihre Kosten unterhalten. Deshalb haben die Könige heute keine andere Aufgabe mehr, als der Regierung oder der Tyrannei ihren Namen zu geben, die Herrschaft darzustellen, so wie sie selbst bisweilen auf ihren Porträts dargestellt und verehrt werden, und der Chronologie zu dienen wie die namengebenden Konsuln der Kaiserzeit in den römischen Fasti. Die Fürsten sind gleichsam nur noch Abbilder der Monarchie, der Autorität. Sie sind die Repräsentanten ihrer Minister und nicht umgekehrt. So weiß heute die Welt bei dem Guten oder Schlechten, das ihr von der Regierung widerfährt, nicht mehr *à qui s'en prendre* und gehorcht im Weltlichen einer Abstraktion der Autorität, das heißt einem Wesen, einer Kraft, die unsichtbar ist, wie sie im Geistlichen Gott und wie Tibet dem wirklichen, aber unsichtbaren Großen Lama gehorcht. Welch schöne *Vergeistigung* des Menschengeschlechts! (13. Okt. 1821).

Zibaldone 1911-1915

Zibaldone
2331-2335

Asien stand als erste Weltgegend im Glanz der Macht: es hatte die ersten *Nationen*, die ersten *Vaterländer*, und deshalb beherrschte es entweder durch seine Kolonien oder direkt durch Gesetz und Regierung die anderen Teile der Welt, die von ihm bevölkert wurden. Nach Asien oder gleichzeitig mit ihm wurde auch Ägypten Nation und Vaterland, und unter Sesostris wurde es zum Eroberer und gleichsam zum Mittelpunkt der Welt. Auch Griechenland, von Platon als Kind bezeichnet[92], weil noch sehr jung im Vergleich zu den genannten Nationen, Griechenland, dieses kleine Stück Europa, wurde *à son tour* zum Mittelpunkt der Welt und zu ihrem mächtigsten Teil, warum? Weil es zu der Zeit gerade Nation und Vaterland geworden, während Asien und Ägypten es nicht mehr waren, und weil es noch seine natürlichen Sitten bewahrte, die die Asiaten usw. bereits verloren hatten. Nachdem Griechenland auf Grund dieser Überlegenheit zum Schrecken der größten Reiche geworden war, gelang es ihm dann auch, diese zu erobern; es zerstörte das riesige Perserreich, einschließlich Ägyptens, und durch Alexanders Eroberungen wurden Asien, Afrika und Europa tatsächlich griechisch und zu griechischen Provinzen. Und warum wuchs, nach alledem, jenes bis dahin in der Welt unbekannte Italien heran, unbekannt unter der Vielzahl der Nationen und der Mächte, und verschluckte Griechenland und sein Reich und errichtete auf den Ruinen der Reiche von Semiramis, Kyros, Alexander usw. seine eigene Herrschaft? Weil Italien später als die anderen Teile der Welt eine Nation geworden war; die auch in Griechenland bereits verschwundene Natur hatte sich in diesem Winkel Europas noch erhalten, und es entstand eine mäßig zivilisierte Kultur (näher an einem Übermaß von Barbarei als an einem Übermaß von Zivilisation, wie es nach den Assyrern, den Ägyptern, den Persern auch die Griechen erreicht hatten), und diese machte sie zu Herren der Welt: immer wenn sich eine halbzivilisierte Nation unter Völkern befand, die entweder noch gar nicht von der Zivilisation berührt oder aber schon ganz und gar zivilisiert waren (wie später die Völker des Nordens gegenüber dem römischen Imperium und heute wieder, insonderheit im Fall Rußlands gegenüber dem übrigen Europa)[93], immer wenn eine Nation, ein Vaterland unter Völkern lebt, die niemals Nation und Vaterland gehabt oder es durch übermäßige Zivilisation verloren haben, triumphiert die halbzivilisierte Nation über die ganze Welt und wird als übrigbleibende oder entstehende Nation, wie winzig sie auch ist, zum Eroberer und schreibt ihren Namen ins Register der Herrschernationen; bis ihre Herrschaft auch sie selbst in den Zustand der von ihr besiegten Mächte bringt und ihre Macht zerstört. Was heute, bei dem beschleunigten Lauf der menschlichen Dinge, viel schneller geschieht, als es in der Antike zu geschehen pflegte.

In jenem Register der herrschenden Nationen aus den verschiedenen Zeiten muß man dort, wo ich Asien gesagt habe, die verschiedenen Nationen Asiens unterscheiden und einsetzen, die nacheinander zur Herrschaft gelangt sind; an erster Stelle vielleicht die Inder, dann die Assyrer, die Meder und die Perser, vielleicht auch die Phönizier und ihre Kolonien in Karthago usw. Und auch das französische Kaiserreich (mit seiner Lebensdauer von nur zwanzig Jahren ein weiterer Beweis für das, was ich oben gesagt habe)[94] verdient einen Platz unter diesen Reichen. Doch obwohl die französische Nation die zivilisierteste der Welt ist, hat auch sie die

Herrschaft nicht anders erlangt als durch eine Revolution, die mit dem Ins-Feld-Führen aller möglichen Leidenschaften und der Wiederbelebung aller möglichen Illusionen Frankreich der Natur wieder näher brachte; sie drängte die Zivilisation zurück (worüber sich in der Tat die wackeren monarchistischen Philosophen beklagen), versetzte Frankreich wieder in den Stand einer Nation und eines Vaterlands (den es unter den Königen eingebüßt hatte), sorgte nach dem völligen Sittenverfall, wenn auch nur vorübergehend, für größere Sittenstrenge, bahnte dem Verdienst den Weg, förderte Begierde, Ehrgefühl, die Kraft der Tugend und der natürlichen Empfindungen, entflammte Haßgefühle und lebendige Leidenschaften aller Art und bewirkte, wenn sie alles in allem auch nicht die halbzivilisierte Kultur der Alten wiederbrachte, so doch kaum Geringeres (soweit die Zeiten es erlaubten); und nichts anderem sind die sogenannten barbarischen Taten zuzuschreiben, an denen Frankreich damals so reich war. Die Revolution brachte die Verderbnis, aus der sie hervorgegangen war, eine Zeitlang zum Stillstand, wie es die aus übermäßiger Zivilisation entstandene Barbarei eben tut, und führte die Menschen immerhin, wenn auch auf sehr krummen Wegen, wieder näher an die Natur. (6. Jan., Epiphanias, 1822).[95]

Zibaldone
2436-2441

Die Welt oder die menschliche Gesellschaft im Zustand des Egoismus (dieser besonderen Modifikation der Eigenliebe), in dem sie sich gegenwärtig befindet, läßt sich mit dem System der Luftsäulen (wie die Physiker sie nennen) vergleichen, die mit aller Kraft und von allen Seiten aufeinanderdrücken. Aber da die

Kräfte gleich stark sind und auch von jeder Säule gleich stark ausgeübt werden, entsteht daraus ein Gleichgewicht, und ein scheinbar destruktives Gesetz hält das ganze System aufrecht, nämlich das Gesetz einer wechselseitigen Feindschaft, die kontinuierlich von jeder Säule gegen alle und von allen gegen jede ausgeübt wird.

Nicht mehr und nicht weniger geschieht im gegenwärtigen Gesellschaftssystem, wo nicht jede einzelne Gesellschaft oder Gemeinschaft oder Nation (wie bei den Alten), sondern jeder Mensch als Individuum ständig mit aller Kraft auf die Menschen in seiner Nähe und dadurch auch nach allen Seiten auf die in der Ferne drückt, während umgekehrt ebenso mit aller Kraft Druck auf ihn ausgeübt wird.

Durch lauter destruktive Eigenschaften entsteht somit ein Gleichgewicht, nämlich durch Haß, Neid und wechselseitige Feindschaft jedes einzelnen Menschen gegen alle und jeden[96] und durch das fortwährende Ausleben dieser Leidenschaften (also letztlich der bloßen Eigenliebe) zum Schaden der anderen.

Das ist auch die Erklärung für ein besonderes Phänomen. Der Zustand des blanken Egoismus und damit des (notwendig daraus folgenden) blanken Hasses auf andere ist der Naturzustand des Menschen. Doch das ist nicht verwunderlich, denn dies erklärt sich und ergibt sich notwendig, wenn man die Behauptung bestreitet, der Mensch sei (im Unterschied zu fast allen Tieren, zumal den klügsten) von Natur aus für einen gesellschaftlichen Zustand des *engen* Zusammenlebens bestimmt; ein Zustand, der mit den genannten durch und durch natürlichen und dem Menschen absolut eigentümlichen Eigenschaften dem Wesen nach unvereinbar ist (wie man schon bei einem Kind sehen kann usw.). Verwunderlich ist vielmehr, daß trotz der partiellen Rückkehr des Menschen in den Naturzustand (durch die Vernichtung der antiken Überzeugungen und Illusionen, welche in den frühen Gesellschaften aus den wechselseitig eingegangenen Beziehungen zwischen den Menschen erwuchsen) die Gesellschaft nicht völlig zerstört wird, sondern mit diesen ihrem Wesen nach destruktiven Prinzipien fortbestehen kann. Dieses Phänomen läßt sich mit Hilfe des oben erwähnten Vergleichs erklären. Jenes (keineswegs natürliche, sondern künstliche) allgemeine Gleichgewicht von Angriff und Widerstand hält die menschliche Gesellschaft aufrecht, gewissermaßen ihr selber zum Trotz und entgegen dem Wollen und Handeln aller einzelnen Individuen, aus denen sie besteht, welche alle entweder explizit oder implizit *immer* danach streben, sie zu zerstören.

Aus besagtem Vergleich läßt sich auch noch ein Schluß in moralischer Hinsicht ziehen. Wenn eine Luftsäule sich verdünnt oder weniger drückt als die anderen und durch irgendeinen Zufall weniger Widerstand leistet, nehmen alle Nachbarsäulen und alle entfernteren Säulen, die sich an die benachbarten anlehnen, schnellstens und unverzüglich ihren Raum ein, und kaum leistet sie nicht mehr ausreichend Widerstand, ist ihr Raum schon besetzt. So müßte die Glasglocke einer Vakuumpumpe, weil kein ausreichender Widerstand von eingeschlossener Luft vorhanden ist, in lauter winzige Stücke zerspringen, würde man nicht durch die Form der Glocke dem vorbeugen. Ebenso verhält es sich zwischen den Menschen, jedesmal wenn bei einem von ihnen der Widerstand oder die Reaktion ausbleibt oder nachläßt, sei es aus Unfähigkeit oder Unachtsamkeit, Absicht oder Ahnungslosigkeit. Darum müssen jene, die erst am Anfang des Lebens stehen, gewarnt werden, auf daß sie sich, wollen sie leben und sich nicht sofort den Raum nehmen lassen und nicht zerfetzt und zerquetscht werden, mit einer größtmöglichen Portion Egoismus wappnen, damit ihre Reaktion, soweit irgend möglich, stärker oder zumindest genauso stark ist wie die Aktion der anderen gegen sie. Müssen sie dieser doch standhalten, ob sie wollen oder nicht, ob sie es glauben oder nicht, unweigerlich, und zwar nach allen Seiten, gegenüber vermeintlichen Freunden wie Feinden, mit aller Kraft, deren sie fähig sind. Denn ist schon das erzwungene Nachgeben, das Nachgeben aus eigener Schwäche (gleich welcher Art), jämmerlich, so ist das freiwillige Nachgeben aus Mangel an hinreichendem Egoismus in diesem System allgemeiner Pressionen lächerlich und töricht, naiv oder unbedacht. Und die Selbstaufopferung (welcher Art und in welcher Hinsicht auch immer), die zu allen anderen Zeiten Großherzigkeit, ja der höchste Ausdruck von Großherzigkeit war, ist in heutiger Zeit wahrlich verachtenswert und Ausdruck eines Mangels an Mut oder Tatkraft, also Faulheit und Nichtsnutzigkeit oder Torheit; nicht nur nach Meinung der Menschen, sondern in Wahrheit und nach rechtem Urteil angesichts der tatsächlichen Ordnung und Beschaffenheit der gegenwärtigen Gesellschaft. (10. Mai 1822).[97]

Zu der Novelle:
Xenophon und Machiavello.[98]

Machiavello wird sagen: Sehr viele vor mir und nach mir, Alte, wie du einer bist, Xenophon, und Neuere wie ich, haben entweder ausdrücklich Anweisungen zum Regieren und zur Lebensführung auf dem Thron oder bei Hofe usw. gegeben, wie auch zum Verhalten in der Gesellschaft und zum Umgang mit anderen Menschen; oder sie haben von dieser Materie auf mannigfache Weise gehandelt, es aber nicht auf sich genommen, daraus eine Kunst zu entwickeln (wie du und ich es getan haben): nämlich in ihren Schriften über Moral, Politik und Redekunst, in ihren Dichtungen, Romanen usw. Überall ist hauptsächlich davon die Rede, die Menschen leben zu lehren, denn darin besteht letztlich der Nutzen der Literatur und Philosophie und aller Wissenschaft in jeder Disziplin.

Aber sie alle oder doch fast alle sind in einen von zwei Fehlern verfallen. Der erste und am häufigsten begangene Hauptfehler besteht darin, die Lebensführung (auf dem Thron wie privat) und den Umgang mit anderen nach den Vorschriften der sogenannten Moral lehren zu wollen. Ich aber frage: trifft es zu oder nicht, daß Tugend das Erbteil der Einfältigen ist; daß ein junger Mann, wie wohlgeboren und wohlerzogen er auch sein mag, wenn er nur einen Funken Verstand hat, bei seinem Eintritt in die Welt (so er denn etwas vollbringen und leben will) jener Tugend, der er doch immer zugetan war, sogleich entsagen muß; daß dies immer und ganz unvermeidlich geschieht; daß auch die besten Menschen, ehrlich gesagt, sich schämen würden, hielte man sie nicht anderer Gedanken und anderer Handlungen fähig als derjenigen, welche sie sich in ihrer Jugend zur Richtschnur gemacht haben und welche man aus Büchern gewöhnlich als einzige lernt? Trifft es zu oder nicht, daß einer, so er leben und nicht immer Opfer sein und nicht ständig (auch bei höchster Begabung und Tüchtigkeit, Beherztheit und Bildung, natürlicher oder erworbener Überlegenheit) von allen verachtet, verspottet und übervorteilt werden will, zwangsläufig und unbedingt ein Schurke sein muß; daß ein junger Mann, solange er dies nicht gelernt hat, sich immer übel behandelt sehen und niemals einen Hund hinter dem Ofen hervorlocken wird; daß die Kunst, sich in Gesellschaft oder auf dem Throne richtig aufzuführen, so wie sie üblich und man sie zu üben gezwungen ist, ohne die man weder leben noch vorankommen noch irgend etwas ausrichten, ja nicht einmal gegen andere sich zur Wehr setzen kann, jene Kunst, welche die Verfasser der Morallehren auch selber praktizieren, daß diese Kunst mehr oder minder jene ist, welche ich gelehrt habe? Warum also, wenn dies (und keine andere) die Kunst des Lebens oder des Regierens ist (was auf das gleiche hinausläuft, denn das Ziel des Menschen in der Gesellschaft ist es, andere zu beherrschen, wie auch immer, und es herrscht stets der Abgefeimteste), warum, frage ich, soll man eine andere Kunst lehren, und warum lehren alle Bücher eine andere und noch dazu das Gegenteil der wahren? Gelangt man so doch mit Sicherheit dahin, sich weder auf das Leben noch auf das Herrschen zu verstehen. Und möchte doch keiner von denen, die begeistert darüber schreiben, sie auch anwenden, ja nicht einmal für einen gehalten werden, der sie anwendet (nämlich für einen Tölpel). Ich frage noch einmal: welch anderen Zweck haben die Bücher, als leben zu lehren? Warum aber soll man einem jungen Mann oder einem Menschen oder einem Fürsten sagen, *macht es so*, wenn man in Wirklichkeit überzeugt ist, daß er, falls er es so macht, scheitern muß und nicht leben kann und niemals etwas vollbringen oder erreichen wird? Warum soll der Mensch Bücher lesen, um sich zu bilden und zu lernen, wenn er doch zugleich erkennen und akzeptieren soll, daß er genau das Gegenteil dessen tun muß, was die Bücher ihm vorschreiben?

Fest steht, daß mein Buch in der Meinung der Menschen nur deshalb höher steht als deines, als das von Fénélon[99] und als alle politischen Schriften, weil ich ungeschminkt sage, was wahr ist, was man tut und immer tun wird und tun muß, und die anderen just das Gegenteil sagen, obwohl auch sie ebensogut wie ich wissen und sehen, daß die Dinge sich so verhalten, wie ich es sage. Somit sind ihre Bücher wie die der Sophisten: lauter scholastische Übungen, nutzlos für das Leben und für ihr erklärtes Ziel, nämlich jenes zu lehren; voll von wissentlich und willentlich falschen Anweisungen und Lehrsätzen; weder angewandt noch anwendbar von jenen, die sie schreiben, äußerst schädlich für den, der sie anwenden würde, und in Wirklichkeit auch gar nicht angewandt von dem, der sie liest, es sei denn, es handelte sich um einen unerfahrenen jungen Mann oder einen Tölpel. Wohingegen mein Buch ein Kodex der wahren, einzigen, unfehlbaren und universellen Art zu leben ist und immer sein und deshalb hoch gerühmt bleiben wird, und dies eher wegen der Kühnheit oder vielmehr Folgerichtigkeit, mit der ich es verfaßt habe, als weil viel dazu gehört hätte, zu denken und zu schreiben, was ohnehin alle wissen, alle sehen und alle tun.

Zum Wohl der Menschen und zum wahren Nutzen insbesondere der jungen Menschen bleibt mir nur zu wünschen, daß das, was ich die Fürsten gelehrt habe, mit den erforderlichen Ergänzungen auch auf das Privatleben angewandt wird. So hätte man endlich einen Kodex der Lebenskunst, eine echte Richtschnur für *das Benehmen in Gesellschaft,* eine ganz andere als die kürzlich von Knigge verfaßte und bei den Deutschen so gerühmte[100], obwohl dort niemand demgemäß lebt oder je gelebt hat.

Der andere Fehler, in den die Verfasser verfallen, besteht darin, daß sie, selbst wenn sie manchmal eine wahre Anweisung oder Empfindung weitergeben, dies in der Sprache einer falschen Kunst tun, nämlich in der Sprache der Moral.

Nicht zu sehen, wie rein konventionell diese Sprache ist, hieße jedoch schlimmer als blind sein. *Tugend* zum Beispiel bedeutet *Heuchelei* oder *Einfalt; Vernunft, Recht* oder ähnliches bedeutet *Macht* und *Gewalt; Wohl, Glück* usw. *der Untertanen* bedeutet *Wille, Laune, Vorteil* usw. *des Herrschers*. Diese Dinge sind so sattsam bekannt, daß es beschämend und langweilig ist, daran zu erinnern.

Nun weiß ich nicht, warum man, wenn man so nützlich wie möglich sein will und eine klare Sprache sein eigen nennt, wie ich sie gebraucht habe, eher jene andere dunkle benutzen soll, welche die Gedanken verwirrt und häufig den Leser täuscht oder in die Irre führt. Der Wert dieses Begriffssystems, auf das sich die gesamte tatsächliche Moral reduziert, wurde längst dahin gehend durchschaut, daß seine Anwendung keinerlei Nutzen bringt. Warum soll man die Dinge nicht beim Namen nennen? Warum die wahren Lehren usw. in die Sprache des Falschen und die modernen Worte in die alten übersetzen? Warum soll man von der Kunst der Ruchlosigkeit (das heißt der Lebenskunst) in Begriffen der Moral handeln und schreiben? Warum müssen alle Künste und Wissenschaften ihre eigenen Begriffe haben, so genaue wie möglich, nur nicht die wichtigste von allen, die Lebenskunst? Und warum muß diese ihr Begriffssystem einer ihr entgegengesetzten Kunst entleihen, nämlich der Moral, also der Kunst, nicht zu leben?

Mir schien es natürlich, ohne Scham und ganz unumwunden zu sagen, was niemand sich schämt zu tun, ja, was niemand gesteht, nicht tun zu können; im Gegenteil, alle bedauern, wenn sie es tatsächlich nicht können oder nicht tun. Und mir schien es an der Zeit, die Dinge der Zeit beim Namen zu nennen und klar und deutlich im Schreiben zu sein, da doch im Tun alle schon immer deutlich waren und es heute erst recht sind und die Menschen doch schließlich vollständig geklärt und aufgedeckt haben, was zu tun notwendig ist.

Du mußt wissen, daß ich meinem Naturell nach und als junger Mann tugendhafter war als viele andere, auch später im Grunde meines Herzens stets tugendhaft geblieben bin und früher in höchstem, später zumindest in hohem Maße das Schöne, das Große und das Ehrbare liebte. Auch weigerte ich mich in meiner Jugend nicht, suchte vielmehr die Gelegenheit dazu, meine Empfindungen in die Tat umzusetzen, wie es dir meine Unternehmungen gegen die Tyrannei zugunsten des Vaterlands ja zeigen [...] Doch als Mann von Verstand zögerte ich nicht, Nutzen aus der Erfahrung zu ziehen, und da ich den wahren Charakter der Gesellschaft und meiner Zeit (die anders gewesen sein mag als die eure) durchschaut hatte, tat ich es nicht jenen Dummköpfen gleich, die vorgeben, mit ihren Werken und Worten die Welt zu erneuern, was von jeher unmöglich war, sondern tat das Mögliche und erneuerte mich selbst. Und je größer meine Liebe zur Tugend gewesen, je größer daher auch die Verfolgungen, die Nachteile und die Mißgeschicke, die ich ihretwegen zu erdulden hatte, desto unerschütterlicher, kälter und ewiger wurde meine

Abtrünnigkeit. Und je heroischer ich mich entschloß, den Menschen den Kampf anzusagen, einen Kampf ohne Gnade und Erbarmen (in dem sie unterliegen würden), desto mehr wurde ich durch Erfahrung gewahr, daß auch sie mir kein Pardon gegeben hätten, wäre ich meinem früheren Vorsatz treu geblieben. Als ich mich daraufhin dem Schreiben und Philosophieren zuwandte, erteilte ich, wohl wissend (wie gesagt), daß die Welt sich nicht erneuern läßt, keine Morallehren, denn die Moral war bereits unwiderbringlich abgeschafft und zerstört, sondern lehrte als echter Philosoph das Gesetz des Lebens und des Regierens, welches für immer an die Stelle der Moral getreten war und auch wirklich angewandt wurde und dem, der es lernte, als einziges wirklich von Nutzen war und sein konnte. Und nur darin verfehlte ich meine Absicht, zu schaden und zu verraten. Denn da ich die Profession des Schriftstellers ausübte (und damit die Leser das Leben lehrte), täuschte ich die Menschen, meine Schüler, nicht, und mit dem Versprechen, sie zu unterweisen, machte ich sie nicht unwissender und dümmer als zuvor und lehrte sie nichts, was sie hernach wieder hätten verlernen müssen: kurz und gut, da ich mich als belehrender Schriftsteller dazu bekannte, nach der Nützlichkeit für die Leser zu trachten, gab ich ihnen keine schädlichen oder falschen Anweisungen, sondern erklärte ihnen klar und deutlich die wahre und nützliche Kunst; und solchermaßen weniger vom Handeln als von der Beobachtung der Handlungen ausgehend (wie es die eigentliche Pflicht des Philosophen ist) und von den daraus sich ergebenden Lehren, begründete ich anstelle deiner sokratischen Lehre eine ihr entgegengesetzte neue Schule oder Philosophie, die (nach meinem Dafürhalten) viel länger dauern und nützen wird als deine und jede andere, vielleicht gar solange die Menschen Menschen sein werden, sprich leibhaftige Teufel. Und während die anderen Philosophen, ohne daß sie die Menschen ebenso hassen wie ich, dennoch versuchen, ihnen mit ihren Lehren tatsächlich zu schaden, habe ich jenen, welche die meinen beherzigen wollen und können, genützt und nütze ihnen noch, jetzt und fernerhin. So habe ich als Misanthrop, der ich war, (bei Lichte betrachtet) ein nützlicheres Werk für die Menschen vollbracht, als es die vortrefflichste Philanthropie oder jede andere menschliche Eigenschaft jemals vermocht hat, da ich mich auf die Erfahrung eines jeden verlasse, der es versteht oder verstanden hat, die Lehren meines Buches ins Werk zu setzen. Und ich hätte kaum mehr gegen meinen Vorsatz verstoßen können, als ich es tat, wie ich ihm auch kaum besser hätte Folge leisten können als mit dem Schreiben von Anweisungen nach Art deines Buches, das als philanthropisch gilt. So habe ich denn notgedrungen, wie ich dir schon sagte, trotz meiner Absage an die alten Prinzipien der Tugend und der Menschlichkeit eine gewisse Anhänglichkeit oder Neigung und innere Sympathie ihnen gegenüber doch immer bewahrt. (13. Juni 1822).[101]

Zibaldone 2644

Der Mensch haßt von Natur aus notwendig den anderen Menschen und ist folglich von Natur aus, ebenso wie die anderen Lebewesen, für die Gesellschaft ungeeignet.[102] Und da die Natur niemals bezwungen werden kann, sehen wir deshalb, daß kein Staat, kein Herrschaftssystem und keine Regierungsform, keine Gesetzgebung und keine Ordnung, kein Mittel der Moral, der Politik oder der Philosophie, keine Überzeugung, keine Gewalt noch irgendein Umstand wie Klima usw. jemals bewirken konnten oder bewirken werden, daß die Gesellschaft sich wunschgemäß entwickelt und daß die wechselseitigen Beziehungen unter den Menschen nach den Regeln dessen vonstatten gehen, was man soziale Rechte und Pflichten des Menschen gegen den Menschen nennt. (2. Nov., Allerseelen, 1822).[103]

Auf die Frage, wie viel und wieweit sich die Philosophie um die menschlichen Dinge kümmern und Denken, Fühlen, Überzeugungen, Sitten und Lebensführung der Menschen lenken soll, würde ich antworten, so viel und so weit, wie die Regierungen sich um Handel und Gewerbe der Nation kümmern sollen, damit diese blühen und gedeihen, das heißt überhaupt nicht. In dieser Hinsicht ist die Philosophie durchaus mit der Wissenschaft der Nationalökonomie vergleichbar. Besteht doch deren höchste Vollkommenheit in der Erkenntnis, daß man den Dingen freien Lauf lassen muß: je freier (Außen- und Binnen-)Handel und Gewerbe, desto besser gedeihen sie, und desto besser gehen die Geschäfte des Landes; je mehr man sie lenkt, desto eher gehen sie zurück und kommen zum Erliegen; kurz, diese Wissenschaft ist überflüssig und tut am besten daran, alles seinen Gang gehen zu lassen, als gäbe es sie nicht, wie es ohne ihre Einmischung und die der Regierungen ja auch überall seinen Gang gehen würde; und ihre höchste Vollkommenheit besteht eben darin, sich jedes Eingreifen zu versagen, den Schaden zu erkennen, den sie selbst verursacht, kurzum, alles zu unterlassen, wozu die Menschen keiner politischen Ökonomie be-

Zibaldone 2668-2669

durft hätten, denn gäbe es sie nicht, hätte man es notgedrungen ebenso erreicht oder sogar besser.¹⁰⁴ Und eben darin besteht auch die höchste Vollkommenheit von Philosophie, Vernunft, Reflexion usw., wie ich schon an anderer Stelle ausgeführt habe.¹⁰⁵ (2. bis 3. Feb. 1823).

Zibaldone 2676

La statue de Télésilla (eine berühmte Dichterin aus Argos und Kriegerin, die ihr Vaterland rettete) *fut posée sur une colonne, en face du temple de Vénus; loin de porter ses regards sur les volumes représentés et placés à ses pieds, elle les arrête avec complaisance sur un casque qu'elle tient dans sa main, et qu'elle va mettre sur sa tête.* (Pausanias II. 20., p. 157). *Même ouvrage*¹⁰⁶, loc. cit. p. 338. So könnte die römische Nation, auch die griechische, ja die gesamte zivilisierte Antike dargestellt werden: in den Wissenschaften und schönen Künsten unerreichbar und unerreicht, betrachtet sie dennoch die einen wie die anderen nur als Zeitvertreib und Nebenbeschäftigung; eine Kriegerin, aktiv und stark.¹⁰⁷ (25. Feb. 1823).

Zibaldone 2677-2679

Alle Reiche, alle Nationen, die Herrschaft über andere erlangten, haben zunächst nach außen, gegen Nachbarn und Feinde gekämpft: war dann die Furcht vor der Außenwelt gebannt, das Bestreben und Verlangen, die Fremden zu beherrschen und sich ihres Besitzes zu bemächtigen, befriedigt und der nationale Haß auf die anderen Nationen gestillt, richteten sie stets die Waffen gegen sich selbst und verloren meist durch Bürgerkriege die Macht, den Reichtum usw., die sie durch Kriege gegen die äußeren Feinde gewonnen hatten.

Siehe p. *3791*[108] Dies ist sattsam bekannt und wird von allen Philosophen, Historikern, Politikern usw. immer wieder erwähnt. Deshalb erörterten die römischen Politiker vor und nach der Zerstörung Karthagos die Notwendigkeit, es zu erhalten; und auch heute wird über dieses Thema debattiert. Der nationale Egoismus verwandelt sich dann in individuellen Egoismus; denn der Mensch ist von Natur aus und auf Grund seiner Eigenliebe ein Feind der anderen Lebewesen, die sich ebenfalls selbst lieben; und auch, wenn er sich mit einem von ihnen verbündet, tut er dies nur aus Haß auf die anderen oder aus Furcht vor ihnen; fehlt aber diesen Leidenschaften der Gegenstand, dann haßt oder fürchtet er statt dessen seine Nächsten und Gefährten. Wie in den Nationen so geschah es auch in den Städten, Körperschaften und Familien: sie traten in der Welt usw. vereint gegen die Außenstehenden auf, solange diese noch nicht besiegt waren, gerieten jedoch neiderfüllt untereinander in Hader und Zwietracht, kaum hatten sie den äußeren Feind überwunden. Und das gleiche innerhalb einer Partei, sobald diese in einer Stadt den Sieg über ihren oder ihre Gegner errang. Siehe das Vorwort zum 7. Buch der *Storie* von Machiavello.[109] Und schön ist in diesem Zusammenhang auch eine Stelle bei Plutarch am Ende des Buches *Come si potria trar giovamento da' nimici* (*Opusc. mor. di Plut.* ital. von Marcello Adriani jun. Opusc. 14. Florenz 1819. Bd. 1, p. 394). *Dies schien ein weiser Staatsmann namens Demos verstanden zu haben, welcher bei einem Bürgeraufstand auf der Insel Chios, wo er sich auf der Seite der Überlegenen befand, seinen Gefährten riet, nicht alle Gegner aus der Stadt zu verjagen, sondern einige dazulassen, damit wir (so sagte er) nicht anfangen, mit den Freunden zu streiten, sobald wir uns von den Fein-*

den gänzlich befreit haben: so werden unsere Gefühle (nämlich *Mißgunst, Eifersucht und Neid,* wie Plutarch hinzufügt) *sich für die Feinde verzehren und die Freunde weniger plagen.*[110] [...]

Zibaldone 2679‹2680

Wie den Familien und den Vereinigungen, den Städten, den Nationen und den Reichen, so widerfuhr dies auch dem Menschengeschlecht. Natürliche Feinde der Menschen waren anfangs die wilden Tiere, die Elemente usw.; wobei die Tiere gleichermaßen gehaßt und gefürchtet, die Elemente nur gefürchtet wurden (sofern die ersten Menschen sie sich in ihrer Einbildungskraft nicht als Lebewesen ausmalten). Solange diese heftigen Gefühle währten, befleckte sich der Mensch nicht mit dem Blut des anderen Menschen, vielmehr liebte und suchte er die Begegnung mit seinesgleichen, dessen Gesellschaft und dessen Hilfe ohne jeden Haß, ohne Neid, ohne Argwohn, wie ja auch ein Löwe keinen Argwohn gegen einen Löwen hegt. Dies war wirklich das goldene Zeitalter, und der Mensch war unter Menschen sicher: doch nur deshalb, weil er und die anderen Menschen Dinge und Lebewesen haßten und fürchteten, die dem Menschengeschlecht fremd waren; und diese heftigen Gefühle ließen Haß oder Neid oder Furcht gegenüber seinesgleichen keinen Raum; ebenso wie Haß und Furcht gegenüber den Persern die Uneinigkeiten in Griechenland verhinderten oder auslöschten, solange jene gehaßt und gefürchtet wurden. Es war gewissermaßen ein Egoismus *der Menschheit* (wie es später den Egoismus der *Nation* gab), doch konnte er unter den gegebenen Umständen mit dem individuellen zusammen bestehen. Als aber dann die Höhlen zum

Schutz vor den wilden Tieren und den Elementen entdeckt oder ausgehauen, die Waffen und Verteidigungskünste erfunden und die Städte erbaut waren, wo die Menschen in Gesellschaft lebten und vor den Angriffen der Tiere sicher waren, als einige wilde Tiere gezähmt, andere am Zufügen von Schaden gehindert, alle unterworfen und viele in die Pflicht genommen worden waren und die Furcht vor den Elementen und ihren Gefahren nachgelassen hatte, richtete das Menschenvolk, wenn man so sagen kann, seiner Feinde Herr geworden und durch den Wohlstand verdorben, seine Waffen gegen sich selbst, und damit beginnen die Geschichten der verschiedenen Völker; dies ist aus meiner Sicht die Epoche des silbernen Zeitalters; denn das goldene, bis in das die Geschichte nicht zurückreicht und das im Reich der Fabel bleibt, war das vorangegangene, so wie ich es beschrieben habe.[III] (4. März 1823).

Die alten Philosophen verließen sich auf die Spekulation, die Einbildungskraft und das Urteil der Vernunft, die modernen verlassen sich auf Beobachtung und Erfahrung. (Darin liegt der große Unterschied zwischen der alten und der modernen Philosophie.) Je mehr sie nun aber beobachten, desto mehr Irrtümer entdecken sie bei den Menschen, mehr oder minder alte, mehr oder minder allgemeine, die dem Volk, den Philosophen oder beiden eigen sind. So macht der menschliche Geist Fortschritte: doch alle auf die bloße Beobachtung der Dinge gegründeten Entdeckungen bringen uns kaum mehr als eine Einsicht in unsere Irrtümer und falschen Überzeugungen, die wir mit dem uns eigenen entweder natürlichen oder erworbenen und (wie man so

Zibaldone 2711–2712

sagt) aufgeklärten Urteilsvermögen angenommen, aus´
gebildet und entwickelt haben. Weiter geht man nicht.
Jeder Schritt der modernen Gelehrsamkeit reißt einen
Irrtum aus, pflanzt aber keine Wahrheit an seine Stelle
(auch wenn man die substantiell negativen Sätze, Leh´
ren oder Systeme in einem fort so nennt). Ohne seine
Irrtümer wäre der Mensch also bereits weise und hätte
schon das Ziel erreicht, das die moderne Philosophie
unter so viel Schweiß und Mühen zu erreichen trachtet.
Denn wer nicht urteilt, irrt nicht. Wer nicht urteilt oder,
um es auf französisch zu sagen, wer nicht denkt, ist
folglich weise. Weise waren somit die Menschen vor der
Entstehung der Gelehrsamkeit und bevor man begann,
über die Dinge zu urteilen: weise sind das Kind und
der Wilde in Kalifornien, der das *Denken* nicht kennt.
(21. Mai 1823).[112]

Brief an A. Jacopssen.

En vérité, mon cher ami, le monde ne connaît point ses véritables intérêts. Je conviendrai, si l'on veut, que la vertu, comme tout ce qui est beau et tout ce qui est grand, ne soit qu'une illusion. Mais si cette illusion était commune, si tous les hommes croyaient et voulaient être vertueux, s'ils étaient compatissans, bienfaisans, généreux, magnanimes, pleins d'enthousiasme; en un mot, si tout le monde était sensible (car je ne fais aucune différence de la sensibilité à ce qu'on appelle vertu), n'en serait-on pas plus heureux? Chaque individu ne trouverait-il mille ressources dans la société? Celle-ci ne devrait-elle pas s'appliquer à réaliser les illusions autant qu'il lui serait possible, puisque le bonheur de l'homme ne peut consister dans ce qui est réel [...]

(23. Juni 1823).[113]

Die Italiener haben keine Sitten: sie haben Gebräuche. Wie alle Kulturvölker, die keine Nationen sind. (9. Juli 1823).¹¹⁴

Zibaldone 2923

Das schönste und glücklichste Lebensalter des Menschen, das einzige, das heutzutage glücklich sein könnte, nämlich die Kindheit, ist durch Erziehung und Unterricht auf so mannigfache Weise so vielerlei Sorgen, Ängsten und Mühen ausgesetzt, daß der erwachsene Mensch selbst mitten im Unglück, in das er durch die Erkenntnis der Wahrheit, die Ernüchterung, den Lebensüberdruß und das Versiegen der Einbildungskraft gerät, nicht bereit wäre, wieder zum Kind zu werden, wenn er abermals erleiden müßte, was er in der Kindheit erlitten hat. Und wozu all die Qualen und all das Unglück in diesem Alter, in dem doch Unglück nahezu unvorstellbar scheint? Damit das Individuum Kultur und Bildung und somit seine Vollendung als Mensch erlangt. Eine schöne Vollendung und ganz gewiß von der menschlichen Natur gewollt, wenn sie in einer Lebensphase, welche die Natur eindeutig zur glücklichsten unseres Lebens bestimmt hat, notwendig größtes Unglück voraussetzt! Ich frage noch einmal: Warum muß die Kindheit so unglücklich sein? Und die richtigere Antwort ist: damit der Mensch um den Preis dieses Unglücks erwirbt, was ihn dann für sein ganzes Leben unglücklich machen wird, nämlich Selbsterkenntnis, Erkenntnis der Dinge, Überzeugungen, Sitten und Gewohnheiten, die den natürlichen entgegengesetzt und deshalb mit dem Glück unvereinbar sind; denn mit dem Unglück der Kindheit wird zugleich das aller anderen Lebensalter erworben und

Zibaldone 3078-3079

hervorgerufen; oder anders gesagt, mit dem Glück der Kindheit verliert der Mensch das Glück, das die Natur für dieses wie für jedes andere Lebensalter bestimmt und vorgesehen hat und das er sonst auch wirklich erlangen würde. (1. August 1823).[115]

Zibaldone 3347–3349

Die kalte Jahreszeit und das kalte Klima bewirken größere Tatkraft, aber geringeren Tatwillen, größere Zufriedenheit mit der Gegenwart und Neigung zu Ordnung und Methode bis hin zur Einförmigkeit. Wärme schwächt die Tatkraft, weckt und fördert aber gleichzeitig die Lust zum Tätigsein, macht überempfindlich gegen Langeweile, unduldsam gegen die Einförmigkeit des Lebens, begierig nach Neuem und unzufrieden mit sich selbst und der Gegenwart. Offenbar stärkt Kälte den Körper und bindet den Geist, Wärme dagegen macht den Körper schläfrig und schlaff, läßt ihn ermatten und erlahmen, wirkt jedoch anregend, belebend und lösend auf den Geist.[a] Die körperliche Betätigung ist den Menschen des Nordens eigen, die

[a] Bei Kälte hat man die Kraft, tätig zu sein, aber nicht ohne Unannehmlichkeit. Die Lufttemperatur der Umgebung verhindert, daß man Haus und Zimmer ohne Pein verlassen kann, und legt einem Untätigkeit und Bewegungslosigkeit nahe, während sie einem gleichzeitig die Kraft zu Betätigung und Bewegung gibt. Man empfindet sozusagen die Kraft gleichzeitig mit der Schwierigkeit. Genau umgekehrt in der Wärme. Man *empfindet* die Leichtigkeit von Betätigung und Bewegung, während es gleichzeitig an der Kraft dazu mangelt. Durch die Annehmlichkeit der Luft und der Natur ringsum erlebt der Mensch ein ausgesprochenes Gefühl physischer Freiheit, das ihn zu Bewegung und Betätigung reizt und das er bisweilen mit Kraft verwechselt, obwohl sie sich deutlich davon unterscheidet, wie der Mensch gewahr werden kann, wenn er, der Unruhe nachgebend, die dieses Gefühl in ihm hervorruft, tätig wird und der völlige Kräftemangel, der ihn dann überfällt, ihm jenes Gefühl der Freiheit nimmt und ihn zwingt, Ruhe zu wünschen und zu suchen. Die durch eine nicht krankhafte Ursache wie Wärme hervorgerufene Schwäche und

geistige denen des Südens. Doch wird der Körper nur tätig, wenn der Geist ihn dazu treibt. Deshalb sind die Menschen im Norden bei all ihrem unbestrittenen Tun und Mühen tatsächlich die ruhigsten Völker der Erde und die Menschen im Süden trotz ihrer Trägheit die unruhigsten. Die Menschen im Norden brauchen einen gewaltigen Anstoß, um in Gang zu kommen, sich aufzuraffen und nach etwas Neuem zu suchen: doch einmal in Bewegung geraten, sind sie nicht leicht wieder zu beschwichtigen. Man bedenke nur, wie selten es in ihrer Geschichte, zumal in der neueren, zumal in der Deutschlands (besonders im Vergleich zu den Ländern des Südens) zu Revolutionen kommt, aber wenn, dann sind sie sehr langlebig, wie die von Luther ausgelöste, die sehr bald von der Religion auf die Politik übergriff. Die Tyrannei ertragen sie fügsam, solange diese sie nicht zum Äußersten treibt, *à bout,* wie im Fall der Schweizer. Sie gehorchen gern und arbeiten und plagen sich lieber auf Befehl, als daß sie aus eigenem Antrieb tätig werden. Man denke nur an ihre Miliz. Die südlichen Völker dagegen geraten leicht, rasch und häufig in Bewegung, sind aufrührerisch, unduldsam gegen die Tyrannei und unwillig zu gehorchen; andererseits sind sie sehr leicht zu besänftigen und beruhigen sich schnell wieder; wendig, launisch, unbeständig, begierig auf politische Neuerungen, aber unfähig, sie beizubehalten; begierig nach Freiheit, aber unfähig sie zu bewahren; anders als die Völker des Nordens, die die Freiheit selten suchen und

---

Entspannung machen es an sich sogar leichter, sich zu Betätigung, Bewegung und Anstrengung zu entschließen, als die durch Kälte hervorgerufene Anspannung. Das mag paradox scheinen, doch auch die individuelle Erfahrung beweist es. Offenbar ist mit dem entspannten Körper an sich leichter umzugehen. Doch seine Fähigkeit, sich anzustrengen, ist nicht von langer Dauer usw.

sich wenig darum scheren; doch haben sie sie einmal gesucht und erlangt, halten sie daran fest. Tatsächlich sind sie, besonders die Deutschen oder Teutonen, die einzigen in Europa, bei denen sich noch gewisse Spuren von Freiheit, gewisse Vorstellungen der antiken Republiken finden; die einzigen, bei denen man sieht, daß die freien Staaten auch in heutiger Zeit noch Bestand haben können. Ein Musterbeispiel dafür sind die Schweizer, die freien Städte Deutschlands, die freien Gemeinden der Mährischen Brüder[116] usw. Im Süden Europas gibt es, mit Ausnahme von San Marino, nirgends auch nur mehr die Andeutung eines Freistaats. In Deutschland gibt es eine ganze Reihe, und einige kleine Fürstentümer dort werden heute entweder durch den Willen des Fürsten (wie Sachsen-Gotha) oder durch eine Verfassung annähernd wie eine Republik oder ein Freistaat regiert. [...] (3. Sept. 1823).[117]

Zibaldone 3349-3350

Wenn der Mensch die Vorstellung von Recht und Unrecht, von Gut und Böse nicht von sich aus besitzt und entwickelt, kann kein Gesetzgeber mit keinem Gesetz bewirken, daß ein Handeln oder Unterlassen recht oder unrecht, gut oder böse ist. Denn es kann keinen Grund geben, weshalb der Gehorsam gegenüber irgendeinem Gesetz recht oder unrecht, gut oder böse sein sollte, und kein Prinzip, aus dem irgend jemand das Recht herleiten könnte, über wen auch immer zu befehlen, wenn die Idee des Guten, der Pflicht und des Rechts den Menschen nicht angeboren oder *eingegeben* ist (wie Voltaire meint, in dem Sinn, daß sie sich *von Natur aus* und durch angeborene Neigung im Geist der Menschen entwickelt, sobald diese das Alter der Vernunft erreicht haben). (4. Sept. 1823).[118]

Nahezu alle antiken Schriftsteller, die über Politik geschrieben haben (außer Cicero, *De rep. e de legibus*), nahmen diese ausschließlich oder hauptsächlich von der spekulativen Seite her in Angriff, wollten ein theoretisches System, ein Werk der Vernunft daraus machen und eine Republik nach eigener Fasson entwerfen; dies waren Zweck, Absicht und Gegenstand ihrer Bücher. Die Modernen haben zwar erstens die Politik zu ihrer Hauptbeschäftigung gemacht und mußten sich zweitens als Privatleute, die sie meistens waren und sind und folglich ohne Erfahrung im Regieren, notgedrungen mehr an die Spekulation als an die Praxis halten und haben eben deshalb in der Politik mehr phantasiert, geträumt und Unsinn gefaselt als in jeder anderen Wissenschaft; dennoch bin ich der festen Überzeugung, daß die Alten, oder vielmehr nur die Griechen, mehr Utopien[a] hatten als alle Modernen zusammen. Eine Utopie ist der Staat Platons, sowohl der, den er in *Politeia* entwirft, als auch jener in den Büchern über die Gesetze, der sich, wie Aristoteles im 2. Buch seiner *Politik* bemerkt[120], von ersterem unterscheidet [...] Utopien waren auch der Staat des Phileas von Kalchedon [...] und der des Hypodamos von Milet [...] Utopie ist der Staat des Aristoteles [...] Utopien waren ohne Zweifel auch die politischen Schriften und *peri nomon* oder *nomoi*[121] des Theophrastos, des Kleanthes und vieler anderer bei Laertius aufgeführter Philosophen und auch die verlorengegangenen politischen Schriften und *peri nomon* des Aristoteles und vieler anderer [...] Aristo-

Zibaldone 3469-3471

---

[a] Entweder Staats- oder Gesetzessysteme, die, praktikabel oder nicht, jedenfalls gewiß nicht praktiziert, sondern nur vorgestellt und von den jeweiligen Autoren erdacht wurden. S. Aristot. Polit. Buch 2. p. 74. 171. 179. Ende. 116. Buch 4. p. 289-92. p. 358. Ende.[119]

teles zerstört die Staatsgebäude der anderen, glaubt sich aber ebenso wie in der Philosophie verpflichtet, dafür Ersatz zu schaffen, und liefert uns seinen Staat und sein System.[a][122] Die anderen desgleichen. Bemerkenswert ist auch, daß die Alten und namentlich die Griechen die öffentlichen Angelegenheiten entweder in der Hand hatten, gehabt hatten oder haben konnten oder doch, selbst als Privatpersonen, Teil der jeweiligen Republiken und mit dem Volk zusammen an der Regierung beteiligt waren. Und ganz allgemein waren Privatpersonen in den Republiken, den freien Staaten des Altertums, auch wenn sie sich nur dem Philosophieren und Studieren widmeten, eher imstande – schon allein durch die regelmäßigen täglichen Erörterungen, weil sie oft auf den Versammlungen waren, weil die öffentlichen Angelegenheiten unter den Augen aller verhandelt wurden und vonstatten gingen, die Ursachen der Ereignisse offensichtlich waren und es keinerlei Geheimnis gab[123], sie waren, wie gesagt, weit eher imstande, wirklich etwas von Politik zu verstehen und darüber praktische Überlegungen anzustellen, als die modernen Privatleute, die sich meistens in der entgegengesetzten Lage befinden oder befunden haben und nicht einmal wirklich Teil ihrer eigenen Republik oder Nation noch irgendeiner anderen sind, höchstens dem Namen nach. Und trotzdem folgen sie in der Politik viel weniger als die Alten der Einbildungskraft und der Spekulation und sehr viel mehr der Erfahrung und den Tatsachen, phantasieren und erfinden viel weniger und lassen weniger ihre Gedanken schweifen.

(19. Sept. 1823).

[a] Dabei war Aristoteles unter den Philosophen des Altertums doch einer der größten Anhänger der Beobachtung.

Es heißt, der Mensch sei von Natur aus sozialer als alle anderen Lebewesen. Ich dagegen behaupte, er ist weniger sozial als alle andern, denn auf Grund seiner größeren Lebenskraft hat er auch mehr Eigenliebe, und gemäß den Prinzipien, die ich schon mehrfach dargelegt habe[124], hegt folglich jedes menschliche Individuum notwendig mehr Haß gegen die anderen Individuen der eigenen wie auch gegen die jeder anderen Art. Und welche Eigenschaften sonst sind antisozialer, schließen ihrer Natur nach eine soziale Gesinnung stärker aus als die extreme Selbstsucht, die extreme Begierde, alles an sich zu ziehen, und der extreme Haß auf alle anderen? Alle diese Extreme finden sich beim Menschen. Alle diese Eigenschaften sind beim Menschen von Natur aus sehr viel stärker ausgeprägt als bei jeder anderen Art von Lebewesen. So steht er auch in dieser Hinsicht auf der höchsten Stufe der irdischen Natur, wie er ja allgemein an der Spitze aller irdischen Wesen steht.

Diese Tatsache zeigt, anders als sie von anderen interpretiert wird, daß der Mensch von Natur aus das antisozialste unter allen Lebewesen ist, die von Natur aus irgendeine Form von Gesellschaft bilden. Seit das Menschengeschlecht die nur sehr lose verbundene, sehr weitläufige Gesellschaft, die ihm von der Natur bestimmt war, aufgegeben hat, eine Gesellschaft, die noch weniger verbunden, noch weitläufiger war als bei vielen anderen Arten von Lebewesen, haben sich Philosophen, Politiker und vielerlei andere Leute unentwegt darum bemüht, eine vollkommene Gesellschaftsform zu finden. Doch nach all den Forschungen und all den Erfahrungen ist das Problem immer noch das gleiche. Unzählig viele Gesellschaftsformen hat es unter den Menschen gegeben, aus unzähligen Gründen und unter unzähligen unterschiedlichen Umständen. Alle waren schlecht; und alle, die es heute gibt, sind es ebenso.[125] Die Philosophen geben es zu und müssen sogar einsehen, daß alle Erleuchtungen der heute so raffinierten Philosophie auch in Zukunft, sowenig wie eh und je, imstande sein werden, eine Gesellschaftsform zu finden, die, wenn auch nicht vollkommen, so doch immerhin erträglich wäre. Trotzdem behaupten sie weiterhin, der Mensch sei das sozialste aller Lebewesen. Unter einer vollkommenen Gesellschaft verstehe ich nichts weiter als eine Form von Gesellschaft, in der die Individuen, die sie bilden, eben um dieser Gesellschaft willen einander nicht schaden oder, wenn sie es tun, dann nur aus Zufall und nicht aus Notwendigkeit; eine Gesellschaft, in der die einzelnen einander nicht immerfort und unausweichlich Böses zu tun versuchen. So sehen wir es bei den Bienen, bei den Ameisen, bei den Bibern, bei den Kranichen und ähnlichen Tieren, deren Gesellschaft in dem von der Natur gesetzten Rahmen natürlich ist. Ihre Individuen wirken alle stets auf das gemeinsame Wohl hin und nützen einander gegenseitig, einziges Ziel, einziger Grund, sich zu einer Gesellschaft zusammenzuschließen; schadet einmal doch eines dem andern, dann nur aus Zufall und nicht, weil jedes einzelne unweigerlich und unentwegt das Ziel und die Absicht hat, die anderen auf jede erdenkliche Weise zu übervorteilen oder zu schädigen. Und tun bisweilen die einen einem anderen etwas zuleide oder alle einem einzigen oder einigen wenigen, dann allein zum Zweck des Gemeinwohls oder des Wohls der Mehrheit, wie zum Beispiel, wenn die Bienen die Drohnen bestrafen. Sie tun dies ja nicht zum Wohl eines einzigen und nicht nur zu ihrem eigenen Wohl, sondern auch zum Wohl dessen, der bestraft wird. Sogar jemandem etwas zuleide zu tun ist dann noch ein Handeln für das allgemeine Wohl. Doch in den Gesellschaften der Menschen gab es dieses nie, jenes immer. Gesetze, Strafen und Belohnungen, Sitten und Überzeugungen, Religionen und Lehren, Bildung und Erziehung, Ermahnungen, Drohungen und Versprechungen, Hoffnung auf und Furcht vor einem anderen Leben, nichts hat jemals bewirkt und wird jemals bewirken können, daß der einzelne in einer menschlichen Gesellschaft, welcher Form auch immer, wenn schon nicht den anderen nützt, so doch zumindest darauf verzichtet, jeden Vorteil, den er gegenüber anderen hat, zu deren Nachteil zu benutzen oder auszunutzen, daß er darauf verzichtet, mehr haben zu wollen als die anderen und sie zu übervorteilen, kurz, die ganze Gesellschaft, soweit möglich, zum eigenen Nutzen oder Wohlgefallen auszurichten, was nicht ohne Schaden und Mißfallen der anderen Individuen vonstatten gehen kann. Zahllos und höchst unterschiedlich waren und sind die Sitten und Überzeugungen, die Formen der Institutionen und Regierungen, die Varianten der Gesetze usw.; zahllos und höchst unterschiedlich auch jene, welche die Philosophen usw. in allen Jahrhunderten und Kulturen bisher ersonnen haben oder noch ersinnen werden, ohne daß sie je verwirklicht worden sind; doch in all diesen Formen ist immer oder würde immer wieder das gleiche geschehen. Welche Hilfsmittel, welche Kunstgriffe hat man nicht erdacht oder eingesetzt, um dies zu verhindern? Welche Forschung oder Lehre, welche Erfahrung, welche geistigen Mühen, welche Anstrengung hätte man je gescheut, um das Ziel zu erreichen? Wie viele der größten Geister haben sich nicht darum bemüht? Doch alles war völlig vergebens; und wer nur einen Funken

Verstand hat, muß umstandslos beistimmen, vergebens wird alles auch bleiben, welch gänzlich neuer, welch ungewöhnlicher Umstand sich jemals bieten, welch neue Kunstgriffe und Wege man immer finden mag. Kurzum, eine vollkommene Gesellschaft, und gar nicht vollkommener als in der oben erläuterten Weise, ohne welche die Idee der Gesellschaft ein Widerspruch in sich wäre, eine vollkommene oder auch nur echte Gesellschaft ist also unter Menschen nicht möglich. Wie könnte dies aber sein, wenn die Natur sie uns bestimmt hätte und wenn der Mensch außerhalb einer solchen Gesellschaft seine natürliche Vollkommenheit und Glückseligkeit nicht erlangen könnte? Wir sehen doch, daß eine Gesellschaft, wie die Natur sie manchen, uns um vieles unterlegenen, Lebewesen bestimmt hat, auf ihre Art von Anfang an vollkommen war und noch immer ist, obwohl jene weder Gesetzgeber noch Philosophen, noch Erfahrungen mit anderen Gesellschaftsformen hatten und haben. Wir sehen darüber hinaus, daß sie nicht nur auf ihre Art vollkommen ist, sondern auch absolut gesehen, in Hinblick auf Form und Idee der Gesellschaft, die darin besteht, daß Individuen in größerer oder kleinerer Menge in der einen oder anderen Weise zum Wohl der Gesamtheit zusammenwirken und diese niemals und in keiner Weise schädigen, es sei denn aus Zufall; wobei sie ansonsten mehr oder minder viel, mehr oder minder wenig miteinander verkehren, was aber dem Ganzen keinen Abbruch tut, vorausgesetzt, sie streben alle, soweit sie miteinander verkehren, nach dem gemeinsamen Wohl. Müssen wir demnach aus all dem Gesagten, aus den Überlegungen wie den Erfahrungen so vieler, vieler Jahrhunderte, nicht schlußfolgern, daß dem Menschengeschlecht von Natur aus entweder keinerlei

Gesellschaft bestimmt war oder (und das ist die Wahrheit) eine völlig andere Form oder vielmehr Stufe gesellschaftlicher Ordnung als alle, die ihm von allem Anfang seiner (sogenannten) Verfeinerung bis auf den heutigen Tag widerfahren sind? Nämlich eine nur sehr lose verbundene Gemeinschaft, in der jeder einzelne in dem Maß, wie sie sich ausweitete und wie die Notwendigkeit entstand, auf das gemeinsame Wohl hingewirkt und keiner ihr, außer durch Zufall, Schaden zugefügt hätte; daraus wäre für die Menschen eine vollkommene Gesellschaft entstanden, vollkommen in sich und in bezug auf ihre Subjekte, aber auch absolut gesehen, im Sinne der Idee und der Grundbedingungen der Gesellschaft überhaupt. Nachdem aber diese Gesellschaftsform sehr bald verlorengegangen war, hat keinerlei andere vollkommene Gesellschaft in wer weiß wie vielen Jahrtausenden sie jemals zu ersetzen vermocht und wird sie auch niemals ersetzen, denn die Natur ist nicht ersetzbar, und einer bestimmten Art von Geschöpfen kann nicht mehr als eine Art von Vollkommenheit (nämlich die ihres Naturzustands) und also auch nicht mehr als eine Art von Glück angemessen sein.

Bei der Natur der Lebewesen im allgemeinen und der des Menschen im besonderen muß eine festgefügte Gesellschaft, die erwiesenermaßen unter den Menschen notwendig zahllose und vielfältige Ungleichheiten im Guten wie im Schlechten hervorbringt, unweigerlich Leidenschaften wie Neid und Rivalität, Wettstreit und Eifersucht erregen und anstacheln und tut dies ja auch tatsächlich: lauter notwendige Folgen oder vielmehr Formen und *nuances* des Hasses auf die anderen, wie er jedem Lebewesen auf Grund seiner natürlichen Selbstliebe eigen ist. Was aber ist antisozialer als derartige Leidenschaften? In der uns von Natur aus bestimmten nur lose verbundenen, weitläufigen Gesellschaft hätten sie keinen Platz gehabt, hätte sich doch deren Aufgabe auf den wahren Zweck jeder Gesellschaft beschränkt, nämlich die gegenseitige Hilfe in Bedarfsfällen (die in der Natur selten sind) und vor allem in den (noch selteneren) Notfällen, die das Zusammenwirken mehrerer Individuen erfordern, wie zum Beispiel die Verteidigung gegen andere feindliche Lebewesen, ein Zweck, zu dem auch die weniger geselligen Tiere sich zusammenschließen und eine zeitweilige Gemeinschaft bilden, aber nur für die Dauer der Gefahr; Pferde zum Beispiel stellen sich zu einem Kreis zusammen, jedes mit den Hinterbeinen nach außen, um sich gegen einen Wolf zu verteidigen, usw. Die genannten Leidenschaften wären, wie gesagt, gar nicht aufgekommen, weil zum einen jene Gesellschaft nur eine sehr geringe Dichte gehabt hätte und zum andern die natürlichen Vorteile eines Individuums gegenüber dem anderen in diesem Naturzustand des Menschen nur unerheblich, selten oder belanglos und soziale Vorteile überhaupt nicht vorhanden gewesen wären. Eine Ungleichheit zwischen den Menschen, wie die Gesellschaft sie ihrem Wesen nach in vielfältiger Weise auf die Spitze treibt, hätte es so gut wie nicht gegeben, oder sie wäre auf wenige Dinge beschränkt geblieben. Tatsächlich kommt bei den anderen Lebewesen, deren sozialer Zusammenhang nur locker ist, eine Ungleichheit zwischen den Individuen nur selten vor und ist stets sehr geringfügig; das gleiche gilt für die Vorteile der einen gegenüber den anderen. Auch die besagten Leidenschaften, die in einer festgefügten Gesellschaft durch die unvermeidlichen Vorteile und Ungleichheiten notwendig erregt werden, sind deshalb unter den anderen Lebewesen nur sehr selten und sehr schwach ausgeprägt. Und Leidenschaften, die daraus entstehen, daß jedes Individuum durch Führungsmacht, Ämter und Würden oder sonstige Vorrechte sowie durch Ansehen und Ruhm anderer Individuen derselben Art oder Gruppe notwendig in seinem Stolz verletzt, gedemütigt und gekränkt wird, wären in der nur lose verbundenen Gesellschaft ebensowenig aufgekommen wie unter den Tieren, selbst den geselligsten; denn weder in jener Gesellschaft noch unter den Tieren hätte es Auslöser dafür gegeben, ja nicht einmal eine Vorstellung davon, geschweige denn das Verlangen danach. Und findet sich von Führungsmacht bei Tieren überhaupt eine Spur, wie bei den Bienen, bei den Ochsen und den Elefanten (s. Arrianus, *Indica*)[126], dann rührt sie aus natürlicher und sozusagen artspezifischer Überlegenheit, die keinen Neid und keine Rivalität hervorruft; so können die Schafe nicht den Widder beneiden, der sie anführt und leitet, weil er dem starken Geschlecht angehört; und auch die Frauen neiden den Männern nicht deren größere Kraft, so wie wir sie nicht dem Löwen neiden. Zudem sind Führungsmacht und jeglicher naturgegebener Vorrang unter Tieren von allen anderen untergeordneten Individuen stets als nützlich für sie alle anerkannt worden, und zwar nicht nur der Möglichkeit und dem Zweck nach, sondern immer auch wirklich und tatsächlich; und da sie sich der Führung natürlicherweise unterwerfen, ohne das geringste Widerstreben, ja sogar mit Freuden, sind sie tief betrübt, wenn diese ihnen durch irgendein Mißgeschick abhanden kommt, wie zum Beispiel den Bienen die Königin usw. Doch in einer festgefügten Gesellschaft, zumal der menschlichen, sind alle diese Formen des Vorrangs notwendig und unvermeidlich, wie sie auch stets unvermeidlich den natürlichen Stolz der anderen Individuen zutiefst verletzen. Eine unabdingbar notwendige Form des Vorrangs ist auch die Führungsmacht; diese kann aber unter Menschen nicht die Folge einer natürlichen oder artspezifischen Überlegenheit sein, denn notwendigerweise herrscht hier ein von Natur aus Gleicher über Gleiche. Und Führung und Unterordnung sind unter Menschen, das ist zweifellos unvermeidlich, als Einrichtung zwar nützlich, doch für die Gehorchenden und Untergebenen in Wirklichkeit meist sehr schädlich, was diese auch so sehen, und das hat natürlicherweise Neid und abgrundtiefen Haß zur Folge gegen den, der die Führungsmacht innehat; einen Haß, der ganz und gar im Widerspruch zur Gesellschaft steht, zumal die Führung notwendig ist usw. Unvermeidlich ist auch, daß nicht selten (ja fast immer) Führung und Herrschaft gerade durch ihre Herkunft und Einsetzung auf den Schaden der Untergebenen und das alleinige Wohl der Herrschenden ausgerichtet sind: so die mit List oder Gewalt gegen den Willen und die Absicht der Unterworfenen eroberte Herrschaft namens Tyrannei. Und zweifellos haben alle oder die meisten Fürstentümer in Vergangenheit und Gegenwart mit List oder Gewalt ihren Anfang genommen, und alle Throne Europas lassen sich genealogisch auf diese Wurzeln zurückführen. Kurz, es steht völlig außer Zweifel: die ganze Welt ist Erbteil der Gewalt (sowohl der physischen, also der Stärke, als auch der geistigen, also der List und des Verstandes, was auf das gleiche hinausläuft); sie ist für die Stärksten geschaffen, und folglich werden in einer festgefügten Gesellschaft, welcher Form auch immer, wie eh und je, die schwächeren Individuen stets unausweichlich den stärkeren ausgeliefert bleiben und deren Opfer und Beute sein. Daher kann es schlechterdings, zumal unter Menschen, keine festgefügte Gesellschaft geben, die ihren Zweck als Gesellschaft erfüllt, nämlich für das Wohl aller einzelnen, die sie bilden, und somit für das Gemeinwohl zu sorgen. Einen anderen Grund aber kann es für das Zusammenleben in Gesellschaft nicht geben. In einer nur lose verbundenen Gesellschaft haben die Stärkeren weder die Möglichkeit noch die Gelegenheit, noch das Verlangen noch sonst irgendeinen Anreiz, ihre überlegene Kraft gegen die anderen Individuen dieser Gesellschaft einzusetzen, es sei denn, selten und vorübergehend, aus gelegentlichem Zufall. Was sie erstreben, suchen sie nicht auf Kosten der Gesellschaft noch irgendeines ihrer Individuen zu erlangen, denn es liegt außerhalb; der Zusammenhang ihrer Gesellschaft ist zu locker, als daß jemand seine Absichten auf diese richten und sein Glück in Gütern suchen könnte, die in irgendeiner Weise von der Gesellschaft abhängig oder ihr zugehörig sind; der einzelne nimmt sich kaum als Teil von ihr wahr, und sie ist ihm wie aus den Augen so auch aus dem Sinn, wenigstens die meiste Zeit usw. Wölfe rotten sich zusammen, um in einen Schafstall einzufallen; aber die Absichten, die sie sowohl während dieser zeitweiligen Gemeinschaft als auch sonst hegen, und die Vorteile, die sie und vor allem die Stärksten unter ihnen zu erreichen suchen, haben nichts mit den anderen Wölfen zu tun, sondern mit den Schafen. Wenn dann bei der Aufteilung der Beute unter ihnen Streit ausbricht und die Stärksten dabei das meiste bekommen, so sind das gelegentliche Vorkommnisse von geringer Dauer, die bei den Schwächeren keinen Groll hinterlassen, weil die Gemeinschaft sich sofort wieder auflöst;

damit beschränkt sich die Wirkung des Streits auf diese wenigen Momente, und der Nutzen, den die Wölfe aus dieser Gemeinschaft ziehen, ohne die sie nicht in den Schafstall hätten eindringen können, ist letztlich größer (der Nutzen, der den Schwächeren durch die Stärkeren zuteil wird, die mehr gekämpft haben als sie) als der Schaden, den die Wölfe durch diesen Streit und die Schwächeren durch die Stärkeren davontragen. Doch ganz entgegengesetzt verhält es sich in den Gesellschaften der Menschen, wo die Stärkeren zu nichts anderem taugen, als den Schwächeren und der Gesellschaft Schlechtes anzutun, und jede Überlegenheit immer zum Nachteil anderer ausschlägt, weil sie immer (zumindest heutzutage und meist auch in der Vergangenheit) zum alleinigen Wohl ihres Besitzers eingesetzt wird.

Die festgefügte Gesellschaft, die die Individuen miteinander in Berührung bringt, gibt notwendig dem angeborenen Haß jedes Lebewesens auf andere Auftrieb, *essor;* und dieser Haß ist bei keinem Tier, nicht einmal zwischen verschiedenen, von Natur aus einander feindlichen Arten so stark wie zwischen den Individuen innerhalb ein und derselben festgefügten Gesellschaft! Denn durch die ständige Gegenwart des gehaßten Objekts und seiner Aktivitäten usw. wächst naturgemäß jeder Haß ums Tausendfache, zumal wenn dieser Haß natürlich ist, so daß er von Natur aus niemals abgelegt werden kann. Was immer man einwenden und wie immer man (auch unter dem Deckmantel der Liebe) den Haß gegen andere verbergen mag (der ebenso reich an Verwandlungen ist wie sein Zwilling, die Eigenliebe), der Mensch ist nun einmal dem Menschen naturgemäß ebenso verhaßt, wie der Falke naturgemäß dem Spatzen verhaßt ist. Und deshalb wäre es ebenso passend, Falken und Spatzen unter guten Gesetzen in einer Republik zu vereinen (auch wenn man den Falken die Krallen stutzen und dafür sorgen würde, daß sie den Spatzen nicht an physischer Kraft überlegen wären), wie Menschen, unter welcher Gesetzgebung auch immer, in enger Gesellschaft zusammenzupferchen. Und selbst wenn diese Gesellschaft durch ihre Enge nicht den Haß verstärken würde, kann man doch gewiß nicht bestreiten, daß sie ihn weckt und entfacht und daß allein sie die Anlässe schafft, ihn auszuleben, und somit die Ursache dafür bildet, daß der angeborene wechselseitige Haß zwischen den Artgenossen zum Ausbruch kommt und für die Art verhängnisvoll wird, ein Haß, der ohne Gesellschaft oder in einer nur lose verbundenen Gesellschaft für die Art gänzlich oder fast gänzlich unschädlich und folgenlos geblieben wäre, weil er nie oder selten einen Anlaß gefunden hätte oder die Anreize kaum wahrgenommen worden wären. Das hätte den Absichten der Natur und auch der absoluten Vernunft entsprochen, da nicht anzunehmen ist, die Natur habe gewollt, daß irgendeine Spezies (und schon gar nicht die menschliche) durch eigene Hand umkomme oder sich durch ihre eigenen Angehörigen ins Unglück stürze (und damit an der Vollendung und Erfüllung ihres Daseins gehindert werde); denn dann würde ja die Natur selbst zur Ursache ihrer eigenen Zerstörung, ihres Unglücks und somit ihrer Unvollkommenheit werden und unmittelbar durch ihre eigene Existenz, nicht durch fremdes Werk, zu ihrer Nichtexistenz führen, indem sie sich selbst zerstörte oder sich unglücklich machte, sich also der eigenen Erfüllung und Vollständigkeit beraubte und der Nichtexistenz überließe oder schlimmerem noch [...] Diese Widersprüche sind, weil ganz offensichtlich und rein formal, aus der absoluten Beweisführung ausgeschlossen; unsere Vernunft selbst wird entweder als prinzipiell falsch erkannt, und dann können wir nicht mehr argumentieren, oder sie verbietet uns, der Natur solche Widersprüche zu unterstellen; sie würden aber notwendig auftreten, hätte die Natur für irgendeine Spezies eine festgefügte Gesellschaft gewollt, da es in einer solchen, wie auch immer beschaffenen, Gesellschaft stets die oben beschriebenen Dinge gegeben hat und geben wird. Das führt folgerichtig zu dem Schluß, daß es unmittelbar gegen die Vernunft verstößt, der Natur zu unterstellen, sie habe irgendeiner Spezies eine festgefügte Gesellschaft zugedacht, zumal der menschlichen Spezies (die einerseits als die erste auch die glücklichste und vollkommenste sein müßte, andererseits in einer festgefügten Gesellschaft zwangsläufig mehr als alle anderen den erwähnten Übeln ausgesetzt ist). Nicht die Natur hat dem Lebewesen den Haß auf die anderen eingegeben, sondern dieser entwickelte sich von selbst aus dem Wesen der Eigenliebe. Die Eigenliebe ist ein höchstes und notwendiges Gut und entsteht unter allen Umständen von selbst aus dem Empfinden des eigenen Daseins; ein Wesen aber, das sein Dasein empfindet und sich nicht liebt, wäre ein Widerspruch, wie ich schon an anderer Stelle erklärt habe.[127] Doch aus diesem Prinzip, das gut ist und das die Natur dem Lebewesen eingeben mußte, ja das ohne das direkte Zutun der Natur notwendig aus dem Leben selbst entsteht (weshalb auch die Natur, unabhängig von ihrem Wollen, sozusagen Eigenliebe gegenüber sich selbst besaß und besitzt) […] aus diesem Prinzip entsteht der Haß auf die anderen, ein Übel, weil seiner Natur nach schädlich für die Art, und daraus ergeben sich vielfältige weitere Konsequenzen, Übel, die ihrer Natur nach schädlichste Auswirkungen haben, nicht nur auf die Art und die anderen Artgenossen, sondern auch auf das Individuum selbst. Diese Auswirkungen sind aber weder von der Natur gewollt, noch ist sie schuld daran (wie sie es andernfalls sein müßte), denn sie hat Vorkehrungen dafür getroffen, daß jene schlimmen Folgen der Eigenliebe unwirksam bleiben, und im natürlichen Dasein eines Individuums und seiner Art wären sie es auch geblieben. Sie hat also Vorkehrungen getroffen, damit der Haß auf die Artgenossen, von einigen wenigen bloßen Zufällen abgesehen, wirkungslos bliebe, weil ohne Gelegenheit und Anreiz und Umstand, wo er hätte ausbrechen können. Und zwar, indem sie den Individuen ein und derselben Art und so auch den Menschen entweder keine oder eine nur lose verbundene, weitläufig verstreute Gesellschaft bestimmt hat.

In einer festgefügten Gesellschaft geraten die Interessen der einzelnen notwendig in Gegensatz zueinander, so daß notwendig die einen ihre Wünsche zu Lasten der anderen befriedigen und Überlegenheit, Vorteile und Glück der einen notwendig Unterlegenheit, Nachteile und Unglück der anderen bedingen; sie weckt das Verlangen nach Gütern, die nur auf Kosten anderer erreichbar sind, nach Gütern, die anderen Schaden bringen, die ihrem Wesen nach für andere lauter Übel bedeuten, Übel, die ebenso groß, ja meist noch größer sind als jene Güter. Folglich schadet eine festgefügte Gesellschaft notwendig den einzelnen Individuen oder einem großen Teil von ihnen (ja dem größten, denn die Schwächeren sind immer in der Mehrzahl); sie bewirkt folglich das Gegenteil dessen, was eigentlich Sinn und Zweck der Gesellschaft ist, nämlich die Förderung des Gemeinwohls ihrer Angehörigen, in ihrer Mehrzahl zumindest; sie ist folglich das Gegenteil von Gesellschaft und verstößt ihrem Wesen nach nicht nur gegen die Natur im allgemeinen, sondern auch gegen Wesen und Begriff der Gesellschaft selbst.

Der Interessengegensatz wie auch die anderen im folgenden dargelegten Dinge bringen es mit sich, daß sich in einer festgefügten Gesellschaft der natürliche Haß jedes Individuums gegen die anderen nicht nur vollständig entwickelt und mit aller Kraft zur Wirkung und zum Ausbruch kommt, sondern führen notwendig auch dahin, daß sich im Widerspruch zu den Absichten der Natur und zum Wohlergehen der Art jener natürliche Haß, der von Natur aus gegenüber den Artgenossen viel schwächer ausgeprägt ist als gegenüber anderen Lebewesen, nun in Wirklichkeit viel stärker gegen die Artgenossen, ja in nahezu allen seinen Äußerungen und Wirkungen einzig und allein gegen diese richtet. Denn in der festgefügten Gesellschaft hat der einzelne nur mit seinesgleichen engen und täglichen Umgang. Nun kann sich aber der Haß gegen andere nur entwickeln und zum Ausbruch kommen, wenn man mit dem Gegenstand des Hasses Umgang hat oder gehabt hat. Und er entwickelt und äußert sich um so heftiger, je umfassender, häufiger, länger und kontinuierlicher solcher Umgang ist oder war. Und in Übereinstimmung mit diesen offenkundigen Prinzipien sehen wir tatsächlich, daß der Mensch, während er ursprünglich die anderen Lebewesen der Möglichkeit nach wie auch tatsächlich sehr viel mehr haßte, zumal die ihm schädlichen usw., heute dagegen seinesgleichen unvergleichlich viel stärker haßt als irgendwelche anderen Lebewesen, selbst die gefährlichsten, weil er weit entfernt von diesen lebt oder nur wenig mit ihnen zu tun haben und schon gar keinen geistigen Austausch mit ihnen pflegen kann; den eigenen Artgenossen aber ist er immer gegenwärtig, hat ständig mit ihnen zu schaffen und fortwährend vielfältigen Umgang, sowohl körperlich als auch, was viel schwerer wiegt, geistig. Geradezu harmlos ist deshalb der Haß, den der Mensch heutzutage gegen jedes noch so menschenfeindliche Tier hegt, gemessen an dem Haß auf seinesgleichen, und jeder sieht, wie lächerlich es wäre, einen derartigen Vergleich überhaupt anzustellen. So wird der Haß auf die anderen, eine für die wahre Gesellschaft ebenso natürliche wie zerstörerische Eigenschaft, in der festgefügten Gesellschaft gegenüber den eigenen Artgenossen nicht nur nicht schwächer, als er von Natur aus war, sondern verstärkt sich tausendfach, wenn nicht in seiner Kraft, so doch in seinen Äußerungen, ja wendet sich sogar von allen anderen Lebewesen ab und richtet sich ganz konzentriert und beschränkt nur noch auf seinesgleichen. Wenn daher der Mensch auf Grund dieses Hasses schon von Natur aus antisozial ist, wird er in der Enge der festgefügten Gesellschaft nicht etwa sozialer als ursprünglich, sondern noch unendlich viel antisozialer; denn ursprünglich haßte er seinesgleichen gewissermaßen nur der Möglichkeit nach, tatsächlich aber haßte er ausschließlich oder sehr viel stärker die anderen Lebewesen; doch in der festgefügten Gesellschaft läßt sein Haß die anderen Lebewesen nahezu völlig außer acht, und er haßt tatsächlich fast nur noch seinesgleichen, und zwar viel stärker als ursprünglich jene, die ihm nicht gleich waren und mit denen er immer viel weniger zu schaffen und viel weniger Umgang hatte als heute mit seinesgleichen.

Aus alldem läßt sich, kurz gesagt, entnehmen, daß eine *festgefügte Gesellschaft,* zumal von *Menschen,* ein Widerspruch ist, nicht nur in bezug auf die Natur usw., sondern absolut, in sich, als Form und als Begriff. Denn *Gesellschaft* bedeutet, was oben (p.*3777*)[128] definiert wurde; festgefügte Gesellschaft aber bedeutet Gemeinschaft von Individuen, die einander in höchstem Maße schaden und sich gegenseitig tatsächlich mehr als alles andere hassen, denn angesichts der Natur der Lebewesen kann es keine festgefügte Gesellschaft geben, in der nicht die einzelnen so sind, wie ich dargelegt habe.

Daher nimmt es nicht wunder, wenn sich unter den unzähligen Gesellschaftsformen, die man bereits verwirklicht und erdacht hat oder noch verwirklichen und erdenken wird, niemals eine vollkommene Gesellschaft gefunden hat noch jemals finden wird, außer jener ursprünglichen und natürlichen. Denn die Elemente solcher Formen mußten ja stets im Widerspruch zueinander stehen, da schon ihre Idee von Natur aus widersprüchlich ist. Und noch nie hat man, noch wird man je jene erste Gesellschaft ersetzen können, denn die Natur läßt sich nicht ersetzen, weder im allgemeinen, noch im einzelnen und besonderen, ebensowenig wie sich das Glück und die Vollkommenheit, die jedem Wesen und jeder Spezies von Natur aus bestimmt sind, ersetzen lassen; keine Spezies, kein Geschöpf ist mehr als einer einzigen bestimmten Form von Glück und Vollkommenheit fähig, und diese kann sich nirgendwo anders finden und in nichts anderem bestehen als in ihrem Naturzustand noch irgendwo anders herkommen. Auch will es weder das Schicksal, noch bringt es die Natur der Dinge mit sich, daß irgendeine Spezies oder irgendein sterbliches Wesen und Geschöpf selber Urheber des Systems oder der Ordnung ist, die es zu seiner eigenen Glückseligkeit und Vollkommenheit führen soll (wie es der Fall sein müßte, wenn dem Menschen jene Gesellschaft, von der hier die Rede ist, bestimmt wäre, eine Gesellschaft, die freilich von Menschen nicht nur verwirklicht, sondern auch erdacht werden kann und muß und die unzählige Formen annehmen kann und angenommen hat, alle gleichermaßen gut oder schlecht, alle oder fast alle ihr oder ihrer Idee angemessen [das heißt alle in sich widersprüchlich und inkonsequent usw.][129]; dieser Gesellschaft hat die Natur keine Form vorgeschrieben und konnte es auch nicht, da sie sie gar nicht gewollt hat, während sie sehr wohl Formen vorgegeben hat, und zwar vollständige und dauerhafte, für die Gesellschaften, die sie wollte, wie die der Biber und der Kraniche usw.): einzig und allein die Natur selbst oder, wenn wir so wollen, der Schöpfer konnte jedes einzelne Geschöpf hervorbringen, wie auch das System, die Ordnung und die Lebensweise, die jenes zur Vollkommenheit seines Daseins, also zum Glück, und damit Sein Werk zur Vollendung führen sollten.

Diese ganze Argumentation schließt eine festgefügte Gesellschaft nicht nur für die menschliche Spezies, sondern für alle Arten von Lebewesen aus; und dies, anders als man vermutet, um so mehr, je lebendiger sie sind, je lebhafter folglich ihre Eigenliebe, je heftiger folglich ihre Leidenschaften und je lebhafter und heftiger auch ihr Haß auf andere ist. Ausgeschlossen ist eine festgefügte Gesellschaft damit insbesondere für die menschliche Spezies. Um nun genauer darzulegen, daß der Haß auf die anderen, zumal auf die Artgenossen, beim Menschen tatsächlich viel größer als bei anderen Lebewesen und der Mensch deshalb das ungeselligste von allen ist, denn eine festgefügte Gesellschaft von Menschen schadet den einzelnen Individuen im allgemeinen weit mehr, als es bei jeder anderen Art der Fall wäre, wollen wir uns nun dem Krieg zuwenden, einem Übel, das in der festgefügten Gesellschaft absolut unvermeidlich und keineswegs zufällig ist; das ergibt sich, wenn es nicht durch die Erfahrung aller Nationen und aller Jahrhunderte hinreichend bewiesen wäre, schon aus der Überlegung, daß ebenso wie zwischen Individuen in einer festgefügten Gesellschaft notwendig der natürliche Haß auf ihresgleichen in der oben beschriebenen Weise und aus den genannten Gründen zum Ausbruch kommt, dies notwendig auch zwischen Klasse und Klasse, Schicht und Schicht, Orden und Orden, Vereinigung und Vereinigung, Volk und Volk geschieht. Und wie unvermeidlich aus jedweder festgefügten Gesellschaft Krieg hervorgeht, erkennt man daran, daß es kein noch so wildes und unverdorbenes Volk gibt, welches nicht, sofern es eine Gesellschaft hat, auch fortwährend und äußerst grausam Krieg führt. Man nehme nur, um ein Beispiel zu nennen, die wilden Völker in Amerika, bei denen es keine noch so winzige unzivilisierte und armselige Siedlung gab, die mit ihren vier elenden Hütten nicht fortwährend in blutigstem Streit mit dieser oder jener ähnlichen Nachbarsiedlung gelegen hätte, so daß nach und nach ganze Ansiedlungen verschwanden, ganze Provinzen sich durch Menschenhand entvölkerten und sich den Reisenden der Anblick riesiger Wüsten bot und noch heute bietet, wo wenige Überreste von Ackerbau und seit langem oder kurzem unbewohnten Ortschaften von den Schäden, dem

Unheil und der Zerstörung zeugen, welche der durch die Gesellschaft entfachte und geschürte natürliche Haß des Menschen gegen seinesgleichen der menschlichen Spezies zufügt [...] Und gewiß gibt und gab es auf der Welt keine noch so winzige und abgelegene, noch so dünn besiedelte und in ihren Sitten unverdorbene Insel, wo unter den wenigen Dutzend in einer Gesellschaft zusammengepferchten menschlichen Bewohnern nicht Uneinigkeit, Zwietracht und tödlicher Streit und vielfältigste Gegensätze je nach Herkunft und Abstammung herrschen und geherrscht haben. Wie es unter den Menschen zum Krieg kam und notwendig kommen mußte, habe ich auf p.*2677ff.* erklärt[130], und dort kann man sehen, daß schuld an dieser Entwicklung einzig und allein die festgefügte Gesellschaft ist, in der er nicht ausbleiben konnte. Der Haß des Menschen auf den Menschen ist so stark, der Schaden, der in einer festgefügten Gesellschaft unweigerlich daraus entsteht, so groß, daß die Trennung in verschiedene Völker und die Feindseligkeit zwischen Volk und Volk unter den Bedingungen einer solchen Gesellschaft für das Menschengeschlecht eher nützlich als schädlich sind, weil sie den viel schrecklicheren und grausameren inneren Krieg fernhalten, sowohl den offenen, wie oben erläutert, als auch den versteckten Krieg des Egoismus, in dem sich alle Individuen ein und derselben Nation wechselseitig unglücklich machen, wie ich ausführlich dargelegt habe, als ich vom Nutzen der Liebe zu Volk und Vaterland und damit auch vom Nutzen des Hasses auf die Fremden sprach und vom Schaden, der durch den Mangel an Nationalgefühl und durch die angeblich universelle Liebe entsteht usw. All dies unter den Bedingungen einer festgefügten Gesellschaft und unter der

Voraussetzung, daß es aus dieser kein Entkommen mehr gibt (und auch nie gab).

Daß die menschliche Spezies ständig und regelmäßig durch eigene Hand umkommt, noch dazu ein so großer Teil auf so geordnete Weise, wie es durch den Krieg geschieht, ist einerseits, wie oben gesagt (p. *3784*)[131], ebenso widernatürlich wie die Selbsttötung, andererseits völlig beispiellos und ohnegleichen in jeder anderen bekannten Art in aller belebten und unbelebten Natur, bei ungeselligen Tieren wie auch bei solchen, die geselliger sind als der Mensch. Daß eine Art die andere zerstört oder vernichtet, liegt in der Ordnung der Natur, doch daß eine Art (und erst recht die wichtigste, wie es die menschliche ist) sich regelmäßig selbst zerstört und vernichtet, ist so natürlich, als wäre ein Individuum regelmäßig selbst Ursache und Werkzeug seiner eigenen Zerstörung. Hunde, Bären und ähnliche Tiere geraten oftmals miteinander in Streit und fügen einander nicht selten Verletzungen zu; doch nur sehr selten wird ein Tier von seinesgleichen getötet, und die Verletzungen sind allenfalls vorübergehend und heilbar. Und selbst wenn es dabei umkommt, so ist dies in erster Linie ein durchaus zufälliges, von der Natur nicht gewolltes, ja nicht einmal vorhersehbares Unglück, an dem sie keine Schuld trägt; denn dergleichen geschieht gegen ihre Absichten wie auch gegen ihre Vorkehrungen, die sich, zwar nicht in diesem Einzelfall, aber doch im allgemeinen als ausreichend erweisen und ihren Zweck erfüllen. Ein derartiges Unglück ist in bezug auf die Natur und die allgemeine Ordnung der Dinge wie auch der Art ebenso zufällig, wie wenn ein Tier versehentlich, unwissentlich usw. seinesgleichen oder ein Tier einer anderen Art usw. umbringt oder durch einen umstürzenden

Baum, einen Blitz oder eine Krankheit usw. umkommt. Außerdem, welche Vergleichbarkeit, welche Ähnlichkeit bestünde denn zwischen der gelegentlichen Tötung von einem oder vier oder zehn Tieren durch ihresgleichen hier und da, in großem zeitlichem Abstand, aus momentaner, übermäßiger Erregung, und der Tötung von Tausenden von Menschen innerhalb einer halben Stunde an ein und demselben Ort durch andere Menschen, die ohne jede Leidenschaft entweder für ein fremdes oder für ein nicht jedem einzelnen von ihnen, sondern nur der Allgemeinheit eigenes Anliegen kämpfen (wohingegen kein Tier jemals für etwas anderes kämpft als für sich selbst; höchstens, aber nur selten, zusammen mit seinesgleichen für die Jungen, die gleichsam ein Teil von ihm sind), Menschen, die noch dazu diejenigen, die sie töten, nicht einmal kennen, und einen Tag oder eine Stunde später das Morden unter den gleichen Leuten fortsetzen, manchmal so lange, bis sie sie alle ausgerottet haben? Ganz abgesehen von allem anderen unendlichen Leid und Unglück, das der Krieg über die Völker bringt, Leid und Unglück, das unter allen Umständen real ist und es auch im Naturzustand des Menschengeschlechts wäre (wie Verstümmelungen usw.), und anderes, das nur unter den Bedingungen einer festgefügten Gesellschaft mit ihren Gewohnheiten und den entsprechenden Bedürfnissen Leid und Unglück bedeutet (wie die Verwüstung der Felder, die Zerstörung der Städte und die Hungersnöte, ganz zu schweigen von der Pest usw. usf.): all dies Leid und Unglück muß auf jeden Fall als Übel anerkennen, wer behauptet, eine Gesellschaft wie die gegenwärtige, eine Gesellschaft, die zum Krieg führt, sei dem Menschen eigentümlich; doch auch wer diese Gesellschaft sozusagen von Rechts wegen ablehnt, muß sie unter Voraussetzung des Krieges doch als gegeben hinnehmen und damit auch alle Gewohnheiten und Bedürfnisse, die sie unweigerlich in den Menschen hervorruft. Nur bei den Bienen mit ihrem naturgegebenen Staat könnte man meinen, eine Parallele zu unserem auf jeder Seite von mehreren Individuen geführten Krieg zu finden. Aber bei näherem Hinsehen sind selbst die Kämpfe der Bienen nicht nur sehr selten und keineswegs regelmäßig und unvermeidlich (im Gegensatz zu unseren), sondern Folge momentaner Erregung, wie die ungeordneten, wirren Kämpfe einzelner oder einiger weniger Tiere bei den Hunden, Bären usw., weshalb sie aus dem einen wie aus dem anderen Grund als zufällige Vorkommnisse zu betrachten sind, wie wir es bei den Hunden usw. gesagt haben. Für einen Kampf zwischen zwei Parteien ein und derselben Art gibt es, glaube ich, von den Bienen abgesehen, kein anderes Beispiel außer den Menschen, denn die anderen Tiere kämpfen, auch wenn sie es zu vielen tun, ungeordnet, einer allein gegen einen anderen, ohne Gefährten, oder jeder gegen alle, denn jeder kämpft für sich, getrieben von der eigenen Erregung, und für seinen eigenen Nutzen, nicht für das Wohl eines anderen oder das Gemeinwohl.

Wieviel größer der Haß des Menschen gegen alle und, unter Voraussetzung einer festgefügten Gesellschaft, gegen seinesgleichen sein kann, größer, sage ich, als bei jeder anderen Art von Lebewesen, sieht man schon an den entsetzlichen, maßlosen Grausamkeiten, deren der Mensch, wie er immer wieder bewiesen hat und beweist, gegen andere Menschen fähig ist, die seine Feinde sind, seien es Angehörige einer anderen, feindlichen oder befreundeten, Nation (dann werden die Grausamkeiten entweder aus Gewohnheit oder ausnahmsweise, entweder von den Nationen insgesamt oder von den einzelnen Individuen begangen), oder seien es Angehörige seiner eigenen Nation und Gesellschaft. Niemals war der primitive Mensch so grausam gegen irgendwelche Tiere, nicht einmal gegen die ihm gefährlichsten, noch ist je ein Tier (wie wild, wie ungesellig auch immer) so grausam gegen andere, nicht einmal gegen die ihm feindlichsten Arten, geschweige denn gegen seinesgleichen, auch nicht in der größten Hitze des Zorns oder im Kampf selbst (es sei denn aus Not, um sich Nahrung zu beschaffen usw., aber nicht aus Haß oder um den Artgenossen zu quälen, selbst wenn es ihn tatsächlich quält), als daß diese Grausamkeit mit derjenigen vergleichbar wäre, welche die einzelnen menschlichen Individuen in einer Nation gegen ihre Landsleute, die Nationen gegen ihnen feindliche Nationen, die Regierungen gegen ihre schuldigen oder vermeintlich schuldigen Untertanen, Tyrannen usw. usf. unzählige Male geübt haben und üben, auch noch nach dem Sieg, nach überstandener Gefahr, mit kaltem Sinn, oft ohne jegliche, nicht einmal eine frühere menschliche Leidenschaft (wie bei der Bestrafung von Königen), allein auf Grund von Gewohnheit und Regel, Gesetz oder Tradition der Altvorderen usw. usf.

Wer wüßte nicht, was die Rachsucht über den Menschen vermag? Sie verewigt den Zorn und den Haß des Menschen auf seinesgleichen, Zorn und Haß wegen einer winzigen echten oder unechten, gerechtfertigten oder ungerechtfertigten Kränkung oder wegen anderer Gründe, die die Menschen sowohl als Nationen wie auch als Individuen, privat wie öffentlich, gegeneinander in Harnisch bringen. Die in jeder festgefügten menschlichen Gesellschaft unvermeidliche Rachsucht war dem primitiven Menschen unbekannt, wie sie auch jedem Tier unbekannt ist; denn bei diesem hält der Zorn in der Regel nicht länger an als jede andere momentane Erregung und die Erinnerung an die Kränkung nicht länger als der Zorn; die Rache wird entweder sofort vollständig vollzogen (und es genügt sehr wenig, den Rachedurst zu besänftigen und zu stillen), oder sie wird später nicht mehr gesucht, als hätte die Kränkung gar nicht stattgefunden.

Die Rachsucht, die erwähnten Grausamkeiten usw. sind für den Menschen in der festgefügten Gesellschaft, der seinen angeborenen Haß auf seinesgleichen vermehrt, so natürlich, daß es keiner großen Verderbnis bedarf, sie auszulösen, ja sie finden sich unfehlbar schon in jeder noch so primitiven und noch in den Kinderschuhen steckenden Gesellschaft. In diesem Zusammenhang und auch hinsichtlich anderer entsetzlicher Sitten, die nur dem Menschen gegenüber seinesgleichen, auch dem noch halb natürlichen und fast noch primitiven Menschen eigen sind, lese man unbedingt die *Parte primera de la Chronica del Perú di Pedro de Cieça de León* (ein spanischer Soldat, der bei der Eroberung und Entdeckung jener Länder, in denen er mehr als siebzehn Jahre verbrachte[a], dabei war und die Dinge, Sitten, Ereignisse, Orte usw., von denen er berichtet, selbst gesehen und miterlebt oder von Augenzeugen oder den Indianern usw. gehört hat; er beteuert im Vorwort wie auch an vielen anderen Stellen und beweist es durch seine sehr einfache, schmucklose, ja ungebildete und völlig kunstlose Schreibweise, daß er die reine Wahr-

---

[a] Er beendete diesen ersten Teil in Peru im Jahr 1550 im Alter von 32 Jahren, von denen er 17 in Südindien verbracht hatte, wie er in den letzten Zeilen des Bandes sagt.

heit sagt; zudem zeigt er ein sehr gutes Urteilsvermögen, außer hinsichtlich des Aberglaubens, wo er eine in solchen Dingen für seine Nation wie auch für sein Jahrhundert und die nachfolgenden charakteristische Leichtgläubigkeit an den Tag legt) *en Anvers 1554 en casa de Juan Steelsio. Impresso por Juan Lacio*, in Kleinoktav, Kap. 12. 16. 19.; diesen Teil hauptsächlich, aber auch die anderen Stellen, die im Register unter dem Stichwort *Indios amigos de comer carne humana* aufgeführt sind.[132]

Alle diese Dinge bestätigen, daß die festgefügte Gesellschaft, wie schon gesagt, auf Grund ihrer Beschaffenheit den natürlichen Haß des Menschen auf seinesgleichen, der mit Idee und Begriff, Grund, Zweck und Wesen jedweder Gesellschaft unvereinbar ist, nicht schwächt, sondern tausendfach verstärkt. Sie verstärkt den Haß, sage ich, nicht den Zorn, diesen höchstens insofern, als sie auch ihn sehr viel öfter zum Ausbruch bringt und ihm viel häufigere und größere Anlässe, Ursachen usw. liefert. Die anderen Lebewesen, von einigen wenigen abgesehen, *zeigen* nie oder fast nie Haß gegen ihresgleichen, sondern nur Zorn (der etwas Zufälliges ist, ein zufälliges Vorkommnis, wenn er sich gegen die Artgenossen richtet). Gelegentliche Ausnahmen gibt es nur, wenn wir sie wider ihre Natur einpferchen und zum Zusammenleben zwingen: so haßt bisweilen ein Hund, zumeist aus Neid, einen anderen Hund, seinen Gefährten, oder die Stiere in einer Herde hassen einander aus Eifersucht usw. Und auch dies beweist, daß die festgefügte Gesellschaft sofort den natürlichen Haß zum Ausbruch kommen läßt, auch bei Individuen und Arten, die außerhalb dieser Gesellschaft oder gegen ihresgleichen niemals Haß *zeigen* und von Natur aus sogar ausgesprochen sanft sind, auch gegenüber Angehörigen fremder Arten usw. usf.

Allgemein, so stelle ich fest, sind die erwähnten Grausamkeiten um so häufiger und größer und die Kriege um so grimmiger, regelmäßiger, tödlicher usw., je näher die Völker der Natur sind. Und sieht man einmal vom Haß und seinen Auswirkungen ab, so gibt es kein noch so wildes, noch so naturnahes Volk, bei dem nicht innerhalb einer festgefügten Gesellschaft, Sitten, Aberglaube usw. herrschten, die desto naturferner und widernatürlicher sind, je naturnäher, also primitiver der Zustand seiner Gesellschaft ist. Was ist widernatürlicher, als daß eine Spezies sich selber zur Erhaltung und Nahrung dient? So als wäre ein Tier dazu bestimmt, sich selbst zu fressen und damit praktisch jene Teile von sich, mit denen es sich ernährt, zu zerstören. Die Natur hat viele Tierarten dazu bestimmt, sich gegenseitig als Nahrung und zum Lebenserhalt zu dienen, aber daß ein Tier sich von seinesgleichen ernährt, und zwar nicht aus übermäßigem Hunger, sondern regelmäßig, und daß dieses seinen Appetit erregt und ihm mehr zusagt als andere Nahrung, dieser unglaubliche Widersinn findet sich nur bei der menschlichen Spezies. Ganze Völker mit fast noch primitiven Lebensformen, sofern sie nicht in einer deformierten Gesellschaft zusammengepfercht sind, pflegen diese Sitte oder pflegten sie jahrhundertelang, und nicht nur gegenüber Feinden, sondern gegenüber ihren Gefährten, ihren Vorfahren, ihren alten Eltern, ihren Frauen und Kindern.[a] (Siehe auch

---

[a] Der Kannibalismus war viele, viele Jahrhunderte lang für vielleicht alle *barbarischen* und wilden Völker Amerikas typisch, im Süden wie im Norden (ausgenommen das Land der Inkas, die diese Barbarei abschafften, das mexikanische Reich und alle ein wenig zivilisierten Länder usw.), und für viele gilt dies auch heute noch; auch für sehr viele andere wilde Völker,

die auf den vorhergehenden Seiten zitierten Passagen.) Aberglaube, Menschenopfer, bei denen auch Landsleute und Gefährten geopfert wurden, nicht aus Haß, sondern aus Furcht, wie schon andernorts gesagt[133], und später aus Gewohnheit; Feindesopfer, immer noch auf grausamste Weise den Göttern dargebracht, ohne jede Leidenschaft, nur weil es so Sitte ist; Kasteiungen, Selbstverstümmelungen usw. aus Eitelkeit, aus Aberglauben, aus Tradition; die freiwillige Selbstverbrennung der Ehefrauen nach dem Tod des Mannes; das Begraben von Männern und Frauen bei lebendigem Leibe zusammen mit ihren verstorbenen Herrschaften, wie es in sehr vielen Gegenden Südamerikas üblich war, usw. usf., all dies ist sattsam bekannt. Keine noch so widernatürliche Sitte oder Handlung oder Eigentümlichkeit oder Glaubensüberzeugung usw., die unter den in Gesellschaft vereinten Menschen nicht vorgekommen wäre oder noch vorkommt. Und sowohl die Reiseberichte als auch die Geschichten aller Nationen im Altertum zeigen, je näher eine Gesellschaft ihren Ursprüngen war oder ist, desto naturferner und naturwidriger war oder ist das Leben der Individuen und der Völker. Deshalb werden zu Recht alle primitiven und noch am Anfang stehenden Gesellschaften als barbarisch betrachtet und im allgemeinen auch so bezeichnet, und zwar als um so barbarischer, je näher sie ihren Ursprüngen sind. Und niemals fand oder findet sich oder würde sich eine Gesellschaft von sogenannten Wilden finden, also eine primitive Gesellschaft, die als barbarisch oder denaturiert

die gar nichts miteinander oder mit den Amerikanern zu tun haben. Der Kannibalismus war Plinius und den anderen antiken Schriftstellern durchaus bekannt.

Und wer weiß, ob nicht alle Völker in ihren Anfängen (vor langer, langer Zeit) Kannibalen waren […].

bezeichnet wird und es nicht auch wirklich durch und durch ist oder war (ob man nun jene nimmt, die niemals zivilisiert waren, oder jene, die es möglicherweise werden könnten oder es gegenwärtig sind usw. usf.). Aus diesen Feststellungen folgt gewiß und unbestreitbar, daß der Mensch jenen Gesellschaftszustand, den man heute als ihm angemessen und natürlich, als vollkommen oder doch keineswegs unvollkommen betrachtet, nur über offensichtlich ganz und gar widernatürliche Zustände zu erreichen vermocht hat. Wenn also irgendeine Nation sich in jenem Gesellschaftszustand befindet, den man heute gut nennt, wenn sie, wie man so sagt, zivilisiert ist oder es jemals war, dann ist sie, so kann man folglich mit Sicherheit behaupten, ehedem und für lange Zeit wirklich barbarisch gewesen, hat also ein Stadium durchgemacht, das in völligem Gegensatz zur Natur, zu Vollkommenheit und Glück des Menschen wie auch zur allgemeinen Ordnung und Übereinstimmung mit der Natur stand. Die ersten Schritte, die der Mensch in Richtung auf eine festgefügte Gesellschaft gemacht hat oder macht, führen ihn mit einem Sprung so weit fort von der Natur und in einen ihr so völlig entgegengesetzten Zustand, daß er nur im Lauf einer sehr langen Zeit und mit Hilfe vieler Umstände und unzähliger Ursachen (die noch dazu nur unter großen Schwierigkeiten eintreten) wieder in einen Zustand versetzt werden kann, der nicht gänzlich wider die Natur ist.

Da nun dies alles außer Zweifel steht und durch alle Geschichten und Kenntnisse von allen Völkern in Altertum und Neuzeit bewiesen ist, da man einerseits fest annehmen muß, daß die Gesellschaft und der Mensch nicht zivilisiert werden konnten und werden können, ohne zuvor gänzlich barbarisch zu werden, es für sehr lange Zeit zu bleiben und somit in einem gänzlich widernatürlichen Zustand zu verharren, andererseits aber behauptet wird, in der zivilisierten Gesellschaft erreiche der Mensch Glück und Vollkommenheit und sein eigentliches, wahres Sein, wie es die Natur von Anbeginn für ihn bestimmt und vorgesehen habe, so frage ich, ob es denn möglich, ob es denn vernünftig ist, zu glauben, die Natur habe einer Spezies von Lebewesen (noch dazu der vollkommensten) ein Glück und eine Vollkommenheit bestimmt, die für diese Spezies nicht anders erreichbar war als auf dem Weg über einen oder mehrere ihrer eigenen und der allgemeinen Natur in jeder Weise entgegengesetzte Zustände, also über einen oder mehrere Zustände größten Unglücks und größter Unvollkommenheit im Hinblick auf sie selbst wie auch auf die Natur insgesamt; ein Glück und eine Vollkommenheit, an der die Spezies viele Jahrhunderte lang und unzählige ihrer einzelnen Angehörigen zeit ihres Lebens nicht nur nicht teilhaben durften, sondern sogar notwendig des genauen Gegenteils teilhaftig wurden; ein Glück und eine Vollkommenheit, die niemals ohne das absolut entgegengesetzte Extrem, also ein Höchstmaß an Unglück und Unvollkommenheit der Spezies hätten erreicht werden können; ein Glück und eine Vollkommenheit, die ihrer Eigenart und ihrem Wesen nach aus einem Höchstmaß an Unglück und Unvollkommenheit der Spezies hervorgehen mußten, aus nichts anderem hervorgehen und nicht ohne jene entstehen konnten; ein Glück und eine Vollkommenheit, die für die Spezies viele, viele Jahrhunderte lang und für unzählige ihrer Individuen zeitlebens notwendig tiefste Verderbnis und tiefstes Unglück voraussetzten. Ich frage also, ob die finsterste Barbarei und Verderbnis, wie sie in den alten oder modernen, ausgestorbenen oder noch lebenden, vergangenen oder gegenwärtigen Nationen, die später zivilisiert wurden, einst geherrscht hat und in einer so unzählig großen Menge noch wilder Völker auch heute noch herrscht und auf unbestimmte Zeit oder vielleicht für immer herrschen wird, ich frage, ob diese Barbarei und Verderbnis, ohne welche die Zivilisation weder entstehen kann noch entstehen konnte, von der Natur gewollt und bestimmt war, die doch, wie manche meinen, die Zivilisiertheit des Menschen gewollt und bestimmt hat. Ich frage deshalb, ob alles, was in den Gesellschaften der Wilden, Primitiven usw. an Widernatürlichem stattfindet und stattfand, der Natur gemäß war und ist. Ich frage, ob die Natur hinsichtlich des Menschen ihr Gegenteil braucht, verlangt und voraussetzt; ob es die Absicht der Natur war, ob es naturgemäß ist, daß der Mensch natürlich (das heißt vollkommen) wurde und wird, indem er in höchstem Maße widernatürlich und anders als seine und die allgemeine Natur ist; ob es die Eigentümlichkeit des Menschen ist, seine wahre Eigenart dadurch zu erwerben, daß er sie gänzlich ablegt und ihr zuwiderhandelt usw.; ob der Kannibalismus, ob die Menschenopfer, ob der Aberglaube, die unzähligen barbarischen Überzeugungen, Sitten und Gebräuche usw., die tödlichen Kriege, die in Amerika zusammen mit dem Kannibalismus usw. bis in die letzten Jahrhunderte unzählige Völkerschaften vernichtet und viele weite Landstriche entvölkert haben, wie auch die Tatsache, daß diese Sitten, die einst, als das Menschengeschlecht noch dünn gesät war, bei allen Völkern herrschten, zwangsläufig die gesamte Spezies in die Gefahr brachten, durch eigene Hand gänzlich von der Erde zu verschwinden, ob alle diese Dinge der Natur gemäß und von ihr beabsichtigt, vorausgesetzt, gewollt und bestimmt sind; keine Zufälle, keine Unfälle, sondern Folgen der natürlichen Ordnung und ihrer Gesetzmäßigkeiten; notwendig zur Verfolgung und Verwirklichung von Glück und Vollkommenheit der Spezies. [...]

Die Kalifornier, Völker mit einer vielleicht einzigartigen Lebensweise, da sie nahezu keine gesellschaftliche Bindung untereinander haben, jedenfalls nicht mehr als die Tiere und nicht einmal so viel wie die geselligsten unter ihnen (die Bienen usw.), nur so viel, wie für den Fortbestand der Art notwendig ist, und wohl keine oder nur eine sehr unvollkommene Sprache oder eher Verständigungsweise, die Kalifornier sind Wilde, aber sie sind keine Barbaren[134], das heißt, sie handeln (zumindest in der Regel) in nichts gegen die Natur noch gegen sich selbst oder gegen ihresgleichen oder wen auch immer. Also ist nicht die Natur, sondern die festgefügte Gesellschaft die Ursache dafür, daß das Leben und Wesen aller anderen Wilden so widernatürlich ist und war. Die auf wechselseitiger Bindung beruhende Gemeinschaft, also die festgefügte Gesellschaft, kann unter einer Handvoll Menschen auch gar nicht entstehen, ohne daß jeder von ihnen sich augenblicklich nicht nur von der Natur entfernt und ihr entfremdet wird, wie wir es sind, sondern direkt in Widerspruch zu ihr gerät. So sehr entspricht die festgefügte Gesellschaft bei den Menschen der Natur!

Zweifellos steht der zivilisierte Mensch der Natur näher als der Wilde, der in Gesellschaft lebt. Was heißt das? Gesellschaft ist Verderbnis. Im Lauf der Zeit versucht der Mensch sich durch wechselnde Umstände und Einsichten jener Natur, von der er sich entfernt hat, wieder anzunähern, und zwar durch keine andere Kraft und auf keinem andern Weg als durch die Gesellschaft. Deshalb bedeutet Zivilisation Wiederannäherung an die Natur. Ist demzufolge nicht der ganz und gar ursprüngliche Zustand, welcher der Gesellschaft (und damit auch der einzigen Ursache der menschlichen Verderbnis, für deren Abhilfe die Zivilisation ihrem Wesen nach sorgt) vorausgeht, der einzig natürliche und wahre, vollkommene, glückliche und dem Menschen gemäße Zustand? Wieso soll man den Zustand, der durch das Heilmittel hervorgebracht wird, mit dem Zustand vor der Krankheit nicht nur vergleichen, sondern ihn jenem sogar vorziehen? Ist doch in unserem Fall der wirklich ursprüngliche und natürliche Zustand für den Menschen, wenn er erst einmal (und durch nichts anderes als die Gesellschaft) verdorben ist, nie mehr wiederzuerlangen und der zivilisierte Zustand (der ebenfalls ein sehr gesellschaftlicher, ja in höchstem Maße gesellschaftlicher Zustand ist) ein deutlich anderer. Freilich ist dieser dem verderbten wilden Zustand vorzuziehen, und diese Bevorzugung ist durchaus vernünftig und folgt und entspricht unserer Beweisführung und dem gesunden Menschenverstand, bezieht sich aber nicht auf den wahren ursprünglichen Zustand usw. usf. Vgl. p. *3932*.[135]

Aus den obenstehenden Überlegungen, die sich auf die Begebenheiten der menschlichen Geschichte stützen, und dem Vergleich mit dem, was bei den Tieren geschieht usw., muß man zu dem Schluß kommen, eine Gesellschaft, wie sie zum Beispiel bei den Bienen, den Bibern und anderen Tieren mit einer von Natur aus engeren Lebensgemeinschaft besteht, und ähnliche Beispiele aus der Natur können durchaus als Begründung dafür dienen, daß auch den Menschen keine engere und fester gefügte Gesellschaft entspricht; und die Tatsache, daß sich jene Gesellschaft bei vielen Tierarten von Natur aus findet, ist noch nicht einmal ein Argument dafür, daß dem Menschen eine auch nur vergleichbar festgefügte entspricht; denn entgegen der üblichen Annahme, die Menschen seien von Natur aus die geselligsten Lebewesen, sind sie eher am wenigsten gesellig oder doch weniger gesellig als viele von Natur aus tatsächlich sehr gesellige Tiere. Statt einer Gesellschaft, die noch fester gefügt ist als der Staat der Bienen usw., wie es die menschliche gegenwärtig und seit undenklichen Zeiten ja in hohem Maße ist, wäre dem Menschen, so muß man deshalb folgern, nur eine sehr viel weitläufigere Gesellschaft angemessen (vgl. p. *3773* unten[136]). Dies ergibt sich aus den schon erwähnten erheblichen Nachteilen der festgefügten menschlichen Gesellschaft (Nachteile für sie selbst und die menschliche Spezies wie auch für andere Arten und für die Ordnung der irdischen Natur, sofern sie vom Menschen beeinflußt werden kann und wird, zumal vom Menschen in Gesellschaft), wie auch aus der extremen Unsozialisierbarkeit des Menschen, die durch diese gesamte Abhandlung bewiesen wurde.

– Sehr viele, ja die meisten der Argumente, die man als Beweis dafür anführt, daß der Mensch von Natur aus ein soziales Wesen ist, sind zwar sehr überzeugend, haben aber dennoch keinerlei Wert; denn sie sind in Wirklichkeit nicht aus der Beobachtung des Menschen in der Natur gewonnen, von dem wir nur sehr wenig wissen, sondern aus der des Menschen, so wie wir ihn kennen und zu sehen gewohnt sind, also des Menschen in Gesellschaft, der sich durch die angenommenen Gewohnheiten unendlich verändert hat. Zu einer zweiten

Natur geworden, bewirken diese, daß fortwährend für natürlich gehalten wird, was nur deren häufig ganz naturwidrige oder naturfremde Folge ist. Somit dienen die Auswirkungen der Gesellschaft, das, was nur durch die Gesellschaft erforderlich geworden, was nur unter Voraussetzung der Gesellschaft wirklich ist und ohne diese gar nicht vorkäme usw., den Philosophen als Beweis dafür, daß der Mensch von Natur aus ein geselliges Wesen und daß die Gesellschaft notwendig ist, sowohl schlechthin als auch auf Grund unserer Natur. Zu den Gewohnheiten gehört auch die uns allen gemeinsame Neigung, anderen unsere lebhaften und außergewöhnlichen, angenehmen oder unangenehmen Empfindungen usw. mitzuteilen, eine Neigung, von der ich schon mehrfach an anderer Stelle gesprochen[137] und festgestellt habe, daß sie zwar durchaus spontan und angeboren erscheint, aber nichts weiter ist als eine Folge der Gewohnheit und unseres Lebens in Gesellschaft; bei dem Menschen, der durch irgendwelche Umstände außerhalb der Gesellschaft lebt und erst recht bei dem primitiven und wahrhaft unverdorbenen Menschen kommt sie nicht vor und ist ihm unbekannt. Und noch unzählige andere derartige Folgen erscheinen durchaus natürlich und als Beweis für das von Natur aus gesellige Wesen des Menschen und werden in einem fort so gedeutet, sind aber in Wahrheit nur insofern natürlich, als sie unter Voraussetzung der Gesellschaft und der entsprechenden unnatürlichen Umstände und Gewohnheiten natürlicherweise vorkommen und natürlicherweise aus diesen Ursachen entstehen und auch entstehen müssen, sofern diese vorausgesetzt sind. Es ist vom Wesen der Sache her äußerst schwierig, zwischen dem rein Natürlichen und den Folgen der Gewöhnung zu unterscheiden, zumal der allgemeinen Gewöhnung von Geburt oder von den ersten Lebensaugenblicken an, wie es bei der Gewöhnung an die Gesellschaft der Fall ist, und unzähligen untergeordneten Gewöhnungen, die von jener abhängig oder durch sie verursacht oder Teile von ihr oder durch sie vorausgesetzt sind usw.; insbesondere beim Menschen, der bei weitem anpassungsfähiger und veränderbarer ist als jedes andere Lebewesen und sich äußerst leicht und schnell auch den unnatürlichsten Gewohnheiten anpaßt, sie sich anverwandelt, sie übernimmt, *arripit,* und sie sich zu eigen macht, so daß selbst der Blick des scharfsinnigsten Philosophen kaum scharf genug ist, sie von den natürlichen Anlagen und ihre Folgen von den natürlichen Eigenschaften und Handlungsweisen usw. zu unterscheiden. Es ist also nicht verwunderlich, wenn so viele Argumente scheinbar dafür sprechen, daß der Mensch ein geselliges Wesen ist, wenn fast jeder, zutiefst davon überzeugt, das Gegenteil für absurd und ausgeschlossen hält und meint, diese Überzeugung sei ganz und gar natürlich, auf das sicherste, innerste und spontanste Empfinden gegründet und durch die klarste, aufrichtigste und deutlichste Stimme der Natur bestätigt, weshalb auch kaum einer jemals von diesem Glauben abgehen wird. Denn alle Menschen, die in irgendeiner Weise diese Dinge zu erörtern und darüber nachzudenken imstande sind, Philosophen wie Nichtphilosophen oder Menschen aus dem einfachen Volk, wurden immer schon in die Gesellschaft und die dazugehörigen Gewohnheiten hineingeboren, darin aufgezogen, geformt und haben darin gelebt. Deshalb sind sie in Wahrheit nicht durch ihre erste, sondern durch ihre zweite Natur alle tatsächlich gesellige Wesen, und die Gesellschaft ist für sie charakteristisch und notwendig. Ist aber jemand außerhalb der Gesellschaft geboren und aufgewachsen, dann erörtert er diese Dinge nicht und denkt nicht darüber nach oder nicht eher, als bis die Gesellschaft und ihre Gewohnheiten ihm durch Gewöhnung zur Natur geworden sind. So wird der Glaube, der Mensch sei von Natur aus ein geselliges Wesen, sei für die Gesellschaft geschaffen und bedürfe ihrer unbedingt und die Gesellschaft sei etwas Natürliches und für den Menschen unentbehrlich, wie eh und je die Zustimmung der Klugen und der Dummen, der Zivilisierten und der Barbaren, der Alten und der Modernen, der verschiedensten Nationen und der unterschiedlichsten Gruppen finden, vielleicht sogar einhelliger, stärker, dauerhafter und länger als bei jeder anderen theoretischen Frage. Wieweit allerdings eine solche Übereinstimmung als Beweis für jene Behauptung taugt, wird wohl nach allem, was oben gesagt wurde, richtig und angemessen einzuschätzen sein.

— *Amongst unequals no society,* sagt Milton, *unter Ungleichen gibt es keine Gesellschaft* usw.[138] Was man über die Freundschaft und die untergeordneten menschlichen Gemeinschaften zu sagen pflegt, übertrage ich; es muß ebenso für die Gesellschaft des Menschengeschlechts im allgemeinen gelten [...] Unter allen Arten der Tiere (wie auch der anderen Lebewesen) ist die menschliche Spezies diejenige, in der sich die einzelnen Individuen nicht nur zufällig, sondern von Natur aus stets und unvermeidlich am stärksten voneinander unterscheiden. Da der Mensch bei weitem anpassungsfähiger und also veränderbarer ist als jedes andere Tier, genügt der kleinste Umstand, der geringste Zufall (individuell wie national, geistig wie körperlich usw.), um zwischen dem einen und dem andern Menschen (und ebenso zwischen der einen und der anderen Nation) erhebliche Unterschiede zu erzeugen. Und wie kleinste Unterschiede bei geringfügigsten Umständen und Zufällen absolut unvermeidlich sind, so sind auch die daraus entstehenden Unterschiede zwischen den menschlichen Individuen usw. unvermeidlich. Unvermeidlich sind beide zwar bei allen Arten von Lebewesen, aber beim Menschen sind die Unterschiede zwischen den Individuen sehr viel größer, weil bei ihm aus dem geringfügig Unterschiedlichen das stark Unterschiedliche entsteht, nämlich, wie schon gesagt, auf Grund seiner hochgradigen, äußerst vielfältigen Wandelbarkeit und der großen Empfindlichkeit und deshalb Empfänglichkeit seiner Natur im Vergleich zu den anderen Lebewesen. So wie sich die menschliche Spezies infolge ihrer Anpassungsfähigkeit weit stärker von allen anderen Arten und von jeder einzelnen von ihnen unterscheidet, als diese Arten sich voneinander unterscheiden; so wie sich auch der Mensch in seinen unterschiedlichen Lebensaltern und zu verschiedenen Zeiten natürlicherweise stärker von sich selbst unterscheidet als jedes andere Lebewesen, der junge Mensch stärker von dem Kind, das er war, als jedes altersschwache Tier von sich selbst als Neugeborenem, so daß man von einem Menschen in unterschiedlichen Lebensaltern oder unter unterschiedlichen natürlichen oder zufälligen Umständen, räumlichen, körperlichen, geistigen usw., Umständen des Klimas oder der Herkunft, durch die Geburt gegebenen oder erworbenen, gewollten oder ungewollten usw., kaum behaupten kann, es sei ein und derselbe Mensch, wie man auch vom Menschengeschlecht im allgemeinen in unterschiedlichen Lebensaltern oder unter unterschiedlichen natürlichen oder zufälligen, räumlichen usw.

Umständen kaum behaupten kann, es sei ein und dieselbe Spezies, genauso unterscheiden sich auch die Individuen unserer Spezies untereinander sehr viel mehr von der Natur dieser Spezies, als es bei jeder anderen der Fall ist. Beim Naturmenschen, beim Wilden usw. verhält es sich unvermeidlicher- und natürlicherweise noch heute so. Daher kann man auch aus der Beobachtung des Menschen im Naturzustand schließen, daß seine Spezies weniger als jede andere für die Gesellschaft geeignet ist, weil sie aus Individuen besteht, die sich von Natur aus weit stärker unterscheiden als die jeder anderen Tierart. Aber wie die Gesellschaft unter den Menschen die Ungleichheit hinsichtlich des Standes, des Vermögens, des Berufs usw. einführt und auf die Spitze treibt, so vervielfacht und fördert sie unvermeidlich auch die Unterschiedlichkeit, körperlich wie geistig, in den Fähigkeiten und Neigungen, im Charakter, in den Körperkräften und im Körperbau usw. zwischen den einzelnen Individuen und zwischen den Nationen, zwischen den geschichtlichen Epochen und zwischen den verschiedenen Lebensaltern eines Individuums usw. und treibt auch sie ihrer Natur nach auf die Spitze. Sie vermehrt die natürlichen und angeborenen Unterschiede zwischen den Menschen und führt ihrer Natur nach notwendig noch unzählige weitere gewaltige Unterschiede ein oder ruft sie hervor, die es im Naturzustand des Menschen nicht gegeben hätte. Und sie zerstört vielerlei natürliche Gleichheiten und Ähnlichkeiten zwischen den Menschen. Die Natur ist ein allgemeiner und konstanter Kanon, nicht vom freien Willen abhängig, wenig dem Zufall unterworfen (verglichen mit allem Menschenwerk und seiner Abhängigkeit von Zufällen und äußeren Umständen), ein und dieselbe immer und überall und in jeder Spezies, mit feststehenden, ewigen Gesetzen usw. Die Gesellschaft dagegen, die als Werk des Menschen vom Willen abhängt, der keinerlei feststehendes Gesetz kennt, sonst wäre er ja kein Wille, und beliebig, unbeständig und unterschiedlich ist, je nach Zufällen und Umständen von Zeit und Ort, vom Wünschen und Wollen und vielerlei Dingen, die ihr zugrunde liegen und ihre jeweilige Ausprägung bestimmen, die Gesellschaft ist nicht einheitlich; denn sie hatte und hat notwendigerweise unendlich viele, fast immer variable und auch variierte Formen; sie ist nicht einheitlich, in keiner ihrer Formen, denn in jeder gibt es tausenderlei Varietäten, wodurch ihre einzelnen Bestandteile und Glieder notwendig voneinander abweichen, der Befehlende von dem, der gehorcht, der Ratgebende von dem, der beraten wird, usw. In der Gesellschaft verliert der Mensch weitestgehend seine Prägung durch die Natur. Ist diese, das einzig Beständige auf der Welt, das einzig Allgemeine und der Art oder Gattung Gemeinsame, erst einmal verloren, dann gibt es keine andere Regel, keine Richtschnur, kein Gesetz, kein Vorbild, keine Form, die beständig und gemeinsam wäre, an die sich alle Individuen halten und durch die sie einander ähnlich sein könnten usw. usf. Die Gesellschaft macht die Menschen nicht unterschiedlich und ungleich, das sind sie von Natur aus, sondern unähnlich. Daher kann man auch aus dieser Überlegung schließen, daß Wesen und Natur der Gesellschaft, zumal der menschlichen, in sich widersprüchlich sind; denn die menschliche Gesellschaft zerstört natürlicherweise das notwendigste Element und Mittel, die notwendigste Verknüpfung und Verbindung der Gesellschaft, nämlich die Gleichheit und wechselseitige

Gleichstellung der Individuen, die sie bilden sollen; oder sagen wir, sie steigert durch ihre Eigenart die natürliche Unterschiedlichkeit ihrer Subjekte, und zwar so sehr, daß sie sie gänzlich unfähig zu einer Gemeinschaft auf Gegenseitigkeit macht, eben zu jener Gesellschaft, die sie so unterschiedlich hat werden lassen, ja zu jeglicher Gesellschaft, auch jener, die von Natur aus die ihre und also möglich und ihnen bestimmt und eigen war; kurz, um auf den Anfang dieser Abhandlung zurückzukommen, sie macht ihre Subjekte zu solchen, unter denen es natürlicherweise *no society* gibt, ja schlimmer noch, denn wenn es nach Milton schon keine Gesellschaft unter Ungleichen geben kann, macht sie sie auch noch unähnlich. Und in Wahrheit hat kein Lebewesen so wenig Grund wie der Mensch, seine Artgenossen *seinesgleichen* zu nennen, und so viel Grund, sie als andersartig und als Individuen einer anderen Spezies zu behandeln. Was er ja auch tut. Und daß er es gewöhnlich tut, zumal in Gesellschaft, ist doch ein greifbarer Beweis für das oben Gesagte usw. usf. (25. bis 30. Okt. 1823).

Zu den Ursachen, weshalb es uns (und ebenso den Spaniern) an einer eigenen modernen Sprache und Literatur fehlt, muß man an erster Stelle die politische und militärische Bedeutungslosigkeit zählen, in die Italien ebenso wie Spanien herabgesunken ist, seit im siebzehnten Jahrhundert Niedergang und Auslöschung der eigenen Sprache und Kultur in Italien wie in Spanien ihren Anfang nahmen. Diese Bedeutungslosigkeit kann man als eine Ursache unter anderen für das genannte Phänomen oder auch als dessen Ursache überhaupt ansehen. Als eine Ursache unter anderen:

denn wenn es uns heute auf politischem und militärischem Gebiet gänzlich an eigenen modernen italienischen oder spanischen Ausdrücken fehlt, so rührt das daher, daß die Italiener und Spanier seit dem siebzehnten Jahrhundert weder eigene politische Angelegenheiten noch ein eigenes Militär mehr haben. Seit dem Untergang des römischen Reichs war Italien geknechtet, weil geteilt; aber bis zum Ende des sechzehnten Jahrhunderts gab es immerhin noch ein eigenes italienisches Militärwesen, und die italienischen Höfe und Republiken haben, klein und schwach, wie sie waren, dennoch selbständig gehandelt. Die Regierung lag in Händen von Italienern, und die Dynastien waren in weit größerer Zahl italienisch als später oder heutzutage. Auch wenn sie von ausländischen Heeren und Regierungen beherrscht und beeinflußt wurden, handelten die italienischen Heere und Regierungen, denn sie waren noch italienisch, trotzdem selbständig und führten ihre eigenen Angelegenheiten. Diese bestanden darin, daß sie sich Ausländern anheimgaben, bald diesem, bald jenem; daß sie sie herbeiriefen oder vertrieben oder zu beidem beitrugen; daß sie sich mit Ausländern verbündeten oder mit anderen Ausländern gegen sie oder mit Italienern für oder gegen andere Italiener. Die Freundschaft auch der kleinsten italienischen Regierungen, ja selbst der einzelnen Städte, wurde von den Ausländern geschätzt und gesucht und ihre Feindschaft gefürchtet; und auf die eine oder andere Weise waren die italienischen Regierungen und Städte damals stets Freunde oder Feinde dieser oder jener ausländischen Macht. Die Italiener waren für fremde Höfe tätig oder traten dort für sich selber in Aktion und die Ausländer umgekehrt bei den Italienern. Siehe p. *3887*.[139] Deshalb hatten wir damals politische und militärische Ausdrücke in Hülle und Fülle, reichlicher noch als andere Nationen; denn Politik und Militärwesen waren bei uns zu Kunst und Wissenschaft geworden, nicht aber bei den anderen. Die Historiker und die Schriftsteller, die als Experten über Politik und Kriegführung oder über andere damit zusammenhängende Materien schrieben, und generell die italienischen Schriftsteller vor dem siebzehnten Jahrhundert haben bei allem, was die öffentlichen Angelegenheiten angeht, niemals die geringste Schwierigkeit, sich auszudrücken: in bezug auf Nationalökonomie, Diplomatik, Verhandlungen, Politik und jeden beliebigen Teil der Kriegskunst niemals irgendein Mangel; niemals sieht man sie auf Fremdwörter oder auch nur als fremd verdächtigte Wörter zurückgreifen; im Gegenteil, frank und frei äußern sie sich über derartige Materien, mit einem reichen, vielfältigen Wortschatz und größter Genauigkeit, haben Begriffe für jedes Ding und alle seine Teile, ja sogar mehrere Begriffe für jedes, und alle sind italienisch, so wie heutzutage die Begriffe, welche die Franzosen, wir und auch andere für diese Materien benutzen, französisch sind; und diese Wörter und Begriffe waren ganz offensichtlich weder von jenen Schriftstellern erfunden noch ihrer Einbildungskraft zu verdanken, sondern der Verwendung der damaligen italienischen Sprache, und sie waren bei uns (und nicht wenige auch außerhalb) sehr geläufig, bekannt und in ihrer Bedeutung ganz klar und eindeutig. Nachdem die meisten von ihnen seit dem siebzehnten Jahrhundert aus dem mündlichen Sprachgebrauch verschwunden sind, gingen sie folglich auch in der Schriftsprache verloren, so daß wir dieselben Dinge, die wir zu jener Zeit noch mit ganz und gar italienischen Wörtern und sogar mit mehreren Wörtern sehr klar und deutlich ausgedrückt haben, heute tatsächlich nur noch mit Fremdwörtern auszudrücken vermögen oder auch gar nicht mehr, wenn uns diese fehlen oder zu fremd sind oder noch nicht eingeführt wurden. Viele dieser alten Ausdrücke wären, wenn man sie denn benutzen würde, bei uns heute in ihrer eigentlichen und vollständigen Bedeutung noch genauso verständlich wie damals und würden keine Verwirrung stiften. Viele andere freilich wurden durch Fremdwörter ersetzt und würden sich heute als unklar erweisen, teils weil man sich an die neuen Wörter gewöhnt hat, teils weil man ihre Bedeutung nicht mehr so eindeutig verstehen würde wie damals. Und das gleiche behaupte ich von vielen Wörtern, mit denen wir Dinge ausdrücken könnten, für die wir nicht einmal Fremdwörter haben, weil sie entweder den Ausländern auch fehlen oder bei uns noch nicht eingeführt wurden. Sehr viele militärische, zivile oder politische Begriffe aus unserem vierzehnten, ja selbst noch aus dem sechzehnten Jahrhundert verstehen wir nicht, wenn wir sie bei den Alten lesen, oder nicht ohne Mühe, obwohl sie Dinge bezeichnen, die heute sehr bekannt und allgemein verbreitet sind, oder wir erkennen nicht oder nur unvollständig, jedenfalls nicht ohne viel Scharfsinn und Aufmerksamkeit, mit welchen heute gemeinhin dafür verwendeten sie übereinstimmen. Nicht selten erleben wir eine solche Unsicherheit auch bei Bezeichnungen für Gegenstände, die heute nicht mehr gebräuchlich sind, und bei diesen oft mehr noch als bei den anderen. So hat unsere Nation durch das Fehlen eigener politischer und militärischer Angelegenheiten in Italien seit dem siebzehnten Jahrhundert keine eigene moderne Sprache zur Bezeichnung der politischen und militärischen Dinge und kann sie auch nicht haben, nicht weil sie sie niemals gehabt hätte, sie besaß sie ja durchaus, sondern sie hat sie verloren oder besitzt jetzt nur noch eine alte. Und das gleiche gilt entsprechend und annäherungsweise für Spanien.

Auch für sich genommen ist die politische und militärische Bedeutungslosigkeit der Italiener und Spanier Ursache für das Fehlen einer modernen Sprache und Literatur seit dem siebzehnten Jahrhundert wie noch heute. Sie ist Ursache dafür, daß Italien und Spanien seither ihr Wesen als Nation eingebüßt haben, und deshalb auch Ursache dafür, daß Italien und Spanien seither weder eine moderne Literatur noch Philosophie usw. besitzen. Und weil es ihnen an einer eigenen modernen Philosophie und Literatur fehlt, haben sie auch keine eigene moderne Sprache. Aber warum fehlt es ihnen daran? Weil sie keine Nationen mehr sind. Und das sind sie nicht, weil sie ohne Politik und Militär keinen Einfluß mehr haben, weder auf das Schicksal anderer noch auf ihr eigenes; sie regieren weder andere noch sich selbst, und ihre Existenz oder Existenzweise ist dem übrigen Europa gleichgültig. Ihr fehlender Einfluß auf die anderen und ihre fehlende Beteiligung an den gemeinsamen Angelegenheiten Europas ist offensichtlich. Ihr fehlender Einfluß auf sich selbst und das Fehlen einer eigenen Regierung rühren daher, daß die Italiener entweder einem eindeutig ausländischen Fürsten oder einer ausländischen Regierung unterworfen sind oder daß zwar der Fürst italianisiert ist, nicht aber die Regierung, oder wenn Regierung und Fürst Italiener sind, oder in Spanien Spanier, so ist in Italien wie in Spanien die Regierung, abgesehen von dem ständigen ausländischen Einfluß, der sie bestimmt, verändert und nach Belieben dreht und wendet, letztlich aber durch italienische Hand wirkt, ihrer Form nach so beschaffen, daß die Nation in keiner Weise am Regieren beteiligt ist; die Angelegenheiten liegen in den Händen einiger weniger, die vom Rest ihrer Landsleute getrennt sind, und alles geschieht, ohne daß es der Nation überhaupt zur Kenntnis gelangt; dadurch bleibt der Nation selbst die Politik völlig unbekannt und fremd, ihre Angelegenheiten erscheinen ihr wie die von anderen, und außerdem ist die Freiheit jedes einzelnen, zumal als Privatperson, und damit die der Mehrheit und des wahren Ganzen der Nation so eingeschränkt, daß jeder nur in sehr geringem Maß sein eigenes Schicksal bestimmen und sich selbst regieren kann, vielmehr in Wirklichkeit weitestgehend von anderen regiert wird, und zwar nicht von der Nation oder dem Gemeinwesen, nicht jeder einzelne von allen, sondern alle von einem oder von wenigen einzelnen und die Öffentlichkeit sozusagen von Privatleuten. Was das Militärwesen angeht, so ist ja bekannt, daß es in Italien und Spanien seit dem siebzehnten Jahrhundert keins mehr gibt.

Diese politischen Verhältnisse in Italien und Spanien zeitigen noch heute die üblichen und unausbleiblichen Folgen: Verlust und Mangel an Literatur, Gewerbe und Gesellschaft, Künsten, Schöpferkraft und Kultur, an großen Talenten, Erfindungsgabe und Originalität, an großen lebendigen und nützlichen oder schönen und glanzvollen Leidenschaften, an jedem gesellschaftlichen Vorteil, an großen Begebenheiten und deshalb auch an großen Werken; Leblosigkeit und Erstarrung sowohl im Privatleben und in bezug auf das Private als auch in bezug auf das Öffentliche und die Bedeutungslosigkeit des Öffentlichen im Vergleich zu anderen Nationen.

Diese unmittelbaren Auswirkungen haben sich seit dem siebzehnten Jahrhundert in Italien wie in Spanien immer weiter verstärkt und heute in beiden Ländern ihren Höhepunkt erreicht, wenngleich die dafür genannten Ursachen heute vielleicht nicht wichtiger, vielleicht sogar weniger wichtig sind als zu Anfang (allerdings waren Milde und Sanftmut des Despotismus im vergangenen Jahrhundert eher Ausdruck seiner Perfektionierung, eher Gipfel und eher seine höchste als eine niedere Stufe). Dies war so, weil nichts in der Natur sprunghaft geschieht und ein tödlich getroffenes Lebewesen erst nach und nach erkaltet, weshalb es wenige Minuten nach dem Tod noch sehr viel wärmer ist als eine Weile später. Im siebzehnten und auch im achtzehnten Jahrhundert zuckte und dampfte das getötete Italien noch. Das gleiche gilt für Spanien. Jetzt sind beide reglos und erstarrt und befinden sich ganz und gar in der Gewalt des Todes.

Fest steht, und ich habe es vielerorts belegt[140], daß mit dem Wachsen aller Dinge auch die Sprache blüht und gedeiht. Doch eben deshalb bleibt mit dem Stillstand und dem Mangel an Leben die Sprache stehen, verarmt und erstirbt nahezu, wie es tatsächlich seit dem siebzehnten Jahrhundert bei den Spaniern und bei uns geschehen ist: die beiden einst überaus reichen und kraftvollen Sprachen wurden und werden nach und nach immer schwächer, beschränkter und ärmer und verlieren zunehmend ihr eigenes Wesen, wie sie auch die ihnen gemäßen, also ihnen eigenen Reichtümer einbüßen; denn die der anderen, die sie erwerben, sind völlig ungeeignet, ihre Verluste auszugleichen, und passen nicht zu ihrem Wesen. Beide Sprachen liegen wirklich im Sterben. Denn tatsächlich hatten und haben

Spanien und Italien seit dem siebzehnten Jahrhundert und besonders in den letzten Zeiten kein Leben mehr, nicht nur kein nationales, da sie ja keine Nationen mehr sind, sondern auch kein privates. Ohne tätiges Handeln, ohne Gewerbefleiß, ohne Sinn für Literatur und Künste, ohne Sinn für Gesellschaft und geselligen Umgang beschränkt sich das Leben der Spanier und der Italiener auf eine *routine* aus Trägheit, Müßiggang, alten festgelegten Gebräuchen, vom Kalender vorgegebenen Schauspielen, Festen, Gewohnheiten usw. Niemals irgend etwas Neues, weder öffentlich noch privat, das auch nur eine Spur von Lebendigkeit erkennen ließe. Alles, wozu sie imstande sind, ist, einige wenige neue Dinge, Sitten oder Gedanken als Almosen und wie einen Hauch unechten und fremden Lebens von den Ausländern zu übernehmen. Diese bewegen bei uns das ganz wenige, was wir bewegt haben. Wenn wir nach der so raschen Entwicklung des übrigen Europas nicht noch im Zustand und auf der Stufe sind, die die menschliche Kultur vor zwei oder drei Jahrhunderten erreicht hatte (und die Spanier befinden sich gewissermaßen immer noch dort, und auch wir stehen hinter den anderen Nationen zurück), dann nur dank der Ausländer. Wir haben nicht einen einzigen Schritt vorwärts gemacht, noch irgend etwas zum Vorankommen der anderen beigetragen, wie es die anderen jeweils auf ihre Art durchaus getan haben. Wir sind nicht selber gegangen, wir wurden vorwärts getragen und getrieben. Wir sind und waren völlig passiv. Deshalb ist es ganz natürlich, daß wir in der Sprache, die stets den Dingen folgt und ihnen vollständig entspricht, ebenfalls passiv sind. Wir haben sehr wenig Konversation, und diese wenige ist ausländisch; italienische Konversation gibt es nicht.

Deshalb ist es ganz natürlich, daß die Konversation in Italien nicht in italienischer Sprache erfolgt und daß alles, was dazu gehört, und das ist sehr viel und sehr vielfältig und hängt mit vielen Seiten des Lebens, mit Sitten und Gebräuchen, Literatur usw.[141] zusammen, mit Fremdwörtern ausgedrückt wird und im Italienischen weder Worte noch Formen findet, die es bezeichnen. Wir können keine eigene moderne Sprache haben, weil wir heute nicht aus uns selber leben, sondern alles, was wir leben, kommt aus anderen, wir leben mittels anderer, durch das Leben anderer, mit Herz und Kopf und Leidenschaft, die nicht unsere sind. Da das Leben für uns von anderswo herkommt, ist es ganz natürlich, daß auch die Sprache, die wir in diesem Leben benutzen, von nirgendwo anders kommt als von außen. Und das gleiche behaupte ich von der Literatur. Und was ich über Italien sage, gilt ebenso für Spanien, das allerdings seit dem siebzehnten Jahrhundert (wie auch in seiner guten Zeit) weniger lebendig ist und war als Italien; einzig und allein übrigens, weil es durch seine geringere Verbindung mit dem Ausland weniger Leben von außen aufgenommen hat, und nicht, weil es an sich weniger Lebenskraft gehabt hätte als wir; vielleicht ist es aber auf Grund seines Wesens auch weniger zu einer derartigen Verbindung und zum Aufnehmen des Lebens anderer imstande. Und vielleicht sind deshalb seine Sprache und Literatur, obwohl sie wie bei uns immer unfruchtbarer, schwächer und stumpfer wurden und immer mehr an Bedeutung verloren, trotz allem weniger verroht usw. als bei uns; wobei ich nicht weiß, was man für schlimmer oder besser usw. halten soll. (10. bis 11. Nov. 1823).[142]

Wie schon mehrfach an anderer Stelle¹⁴³ gesagt, haben Menschen und Lebewesen, die auf Grund ihres Alters, ihrer körperlichen Konstitution, des Klimas oder sonstiger Ursachen gewohnheitsmäßig oder für den Augenblick oder wie auch immer besonders stark sind, infolge ihrer größeren Lebenskraft auch mehr Eigenliebe und sind deshalb unglücklicher. Das ist einesteils wahr. Dafür haben sie andererseits eine sehr viel größere Fähigkeit zu reger, äußerer Betätigung sowie zu starken, lebhaften Freuden und sind deshalb sehr viel besser imstande, sich zu zerstreuen und zu beschäftigen und die Wirkung ihrer Eigenliebe und ihres Glücksverlangens auf Geist und Gemüt abzulenken. Diese in Tätigkeit umgesetzte Fähigkeit ist eines der wichtigsten, ja vielleicht das wichtigste Mittel, das den Lebewesen gewährt ist, um glücklich oder weniger unglücklich zu sein. (Ich betrachte die sogenannten Freuden nur dann als nützlich und als Mittel zum Glücklichsein, wenn es sich um starke Zerstreuungen und lebhafte Ablenkungen der Eigenliebe handelt (denn ansonsten sind sie tatsächlich nicht nützlich), Zerstreuungen, die um so stärker wirken, je lebhafter und stärker auch die sogenannten Freuden sind, je mehr Genuß sie bereiten und je lebhafter sie empfunden werden. Die Schwachen sind starker Freuden nicht fähig, oder nur selten und in geringer Zahl, und empfinden sie stets weniger stark als die kraftvollen Menschen, denn sie sind ihrer Natur nach nicht fähig, besonders lebhaft zu empfinden oder es als Genuß zu empfinden, wenn die Empfindungen besonders lebhaft sind.) Ist der starke Mensch in irgendeiner Weise aus irgendeinem Grund der Freuden oder hinlänglich starker Freuden und lebhafter Empfindungen beraubt und auch der Möglichkeit, seine Handlungsfähigkeit umzusetzen oder in höherem Maße umzusetzen als der schwache, dann ist er wirklich unglücklicher als der Schwache und leidet mehr. Deshalb unter anderem sind bei dem gegenwärtigen Zustand der Nationen die Jugendlichen im allgemeinen unglücklicher als die Alten, und so paßt dieser Zustand auch besser zum Alter als zur Jugend. Unter gleichem Leid und Verdruß ist der starke Mensch weniger unglücklich als der schwache; doch ist er unglücklicher, wenn er der Freuden beraubt ist oder jener Freuden, die lebhafter und häufiger sind als die des schwachen. Er ist eher fähig zu leiden, als nicht zu genießen oder, sagen wir, er ist eher unfähig, nicht zu genießen, als unfähig zu leiden.

Dabei muß man allerdings zwischen geistiger und körperlicher Stärke sorgfältig unterscheiden. Die Eigenliebe wohnt im Geist. Der Mensch ist im allgemeinen um so unglücklicher, je stärker und lebhafter in ihm jener Teil ist, der als Geist bezeichnet wird. Ist der sogenannte körperliche Teil stärker, so bewirkt das an sich noch nicht, daß der Mensch unglücklicher ist, noch steigert es seine Eigenliebe, höchstens insofern, als die größere oder geringere Körperkraft in mancher Hinsicht und auf manche Weise mit dem sogenannten geistigen Teil zusammenhängt und übereinstimmt oder in einem proportionalen Verhältnis zu ihm steht. Aber insgesamt und unter den meisten Aspekten ist die größere Körperkraft keineswegs Ursache größerer Eigenliebe und größeren Unglücks, ja naturgemäß stehen beide im umgekehrten Verhältnis zur gewohnten oder vorübergehenden eigentlichen Körperkraft, aber im direkten Verhältnis zum Bewußtsein der eigenen Lebendigkeit. Nun ist aber im allgemeinen und naturgemäß bei den körperlich Stärkeren die Lebendigkeit zwar größer, doch das Bewußtsein der eigenen Lebendigkeit geringer, und zwar um so geringer, je größer sowohl die Lebendigkeit insgesamt als auch die körperliche Stärke ist; und bei den körperlich Schwächeren umgekehrt. Oder anders und vielleicht klarer gesagt, bei den körperlich Stärkeren ist die äußere Lebendigkeit größer, aber die innere geringer; bei den körperlich Schwächeren umgekehrt. Tatsächlich ist zu beobachten, daß allgemein und unter gleichen sonstigen Umständen die körperlich schwächsten Völker und Individuen naturgemäß eher dazu neigen und weniger Hemmungen haben, sich dem Denken, Überlegen, Urteilen und Vorstellen zu widmen, als die stärkeren; und das einzelne Individuum tut dies eher in einem Zustand oder einer Phase körperlicher Schwäche oder geringerer Kraft als im Zustand körperlicher Stärke oder größerer Kraft. Die empfindlichen Menschen mit Gemüt und Einbildungskraft, also jene, die geistig rege und empfänglich, mit einem Wort lebendiger sind als die anderen, haben eine zarte, schwache Konstitution; und das trifft so allgemein zu, daß das Gegenteil, also eine hohe, außergewöhnliche Empfindlichkeit bei einem körperlich starken Menschen ein Phänomen wäre […] Lebendigkeit ist Bewußtsein des eigenen Daseins. Diese ist gänzlich in dem Teil des Menschen angesiedelt, den wir den geistigen nennen. Also müssen das Mehr oder Weniger an Lebendigkeit und folglich an Eigenliebe und Unglück an der größeren Kraft nicht des Körpers, sondern des Geistes gemessen werden. Die größere Geisteskraft besteht aber in der größeren Empfindlichkeit, Feinheit usw. der Organe, die den geistigen Funktionen dienen. Empfindliche Organe findet man schwerlich bei einer unempfindlichen

Körperkonstitution und umgekehrt. Die Empfindlichkeit des Körperinneren entspricht natürlicherweise und geht einher mit der des Äußeren. Zudem macht die Körperkraft den Menschen materieller, und deshalb im eigentlichen Sinn weniger lebendig, denn die Lebendigkeit, also das Bewußtsein des eigenen Daseins, liegt im Geist und ist geistiger Art. Das gleiche gilt für alles körperliche Tun und Leiden, alle Empfindungen, Genüsse usw., und zwar um so mehr, je stärker sie sind (was das leiblich-seelische Vermögen wie auch was die entsprechenden Gewohnheiten des Individuums angeht), im jeweiligen Moment oder für gewöhnlich. In einem starken Körper oder in einem Individuum, das durch Übung oder aus einem anderen Grund größere Körperkraft erworben hat, als es von Natur aus besaß, oder in einem schwachen Körper, der sich vorübergehend in einem Zustand außergewöhnlicher Kraft befindet, sind die materiellen Empfindungen stärker, aber deshalb nicht wirklich lebendiger, ja sogar weniger lebendig, weil sie zum Materiellen gehören; denn die Materie (also jener Teil der Dinge und des Menschen, den wir im eigentlichen Sinn Materie nennen) ist nicht lebendig, und das Materielle kann nicht lebendig sein und hat nichts mit dem Leben zu tun, sondern nur mit dem Dasein, das, als unlebendig betrachtet, weder der Eigenliebe noch des Unglücklichseins fähig ist. Die Materie ist also keiner Lebendigkeit fähig, und eine Sache, eine Handlung, eine Empfindung usw., ist um so weniger lebendig, je materieller sie ist. Kurz, je materieller und ungeistiger eine Art von Lebewesen verglichen mit anderen Arten, ein Individuum verglichen mit seinesgleichen, eine Nation verglichen mit anderen Nationen oder das einzelne Individuum in seinem natürlichen gewohnheitsmäßigen oder augenblicksgebundenen vorübergehenden Zustand verglichen mit seinen anderen Zuständen ist, desto weniger lebendig im eigentlichen Sinne sind sie, desto weniger haben sie der Quantität wie auch der Stärke und dem Ausmaß nach am Leben teil, desto geringer und schwächer ist ihre Eigenliebe, und desto weniger unglücklich sind sie. Deshalb sind unter den Lebewesen die weniger organisierten Arten auf Grund ihres materielleren Daseins und ihrer geringeren Lebendigkeit weniger unglücklich. Unter den Menschenvölkern sind die im Norden, weil körperlich stärker und geistig weniger lebendig, weniger unglücklich als die im Süden. Unter den menschlichen Individuen sind die körperlich stärkeren und geistig weniger empfindlichen weniger unglücklich. Unter den verschiedenen Zuständen der Individuen ist zum Beispiel der Zustand der Trunkenheit zwar lebendiger, was den Körper, aber weniger lebendig, was den Geist angeht (denn dieser ist währenddessen durch die Materie ebenso verdunkelt wie die geistigen Eindrücke durch die körperlichen; und auch die Betätigungen des Geistes sind dann zwar stärker usw., aber materieller als gewöhnlich); und weil das Leben deshalb materieller und also weniger lebendig im eigentlichen Sinn ist (wie während des Schlafs oder im Zustand der Lethargie, obwohl dieser träge und die Trunkenheit *bisweilen* ein Zustand größerer Wachheit und Tätigkeit ist als die Nüchternheit), ist der Mensch in diesem Zustand weniger unglücklich.

Im übrigen ist es zwar durchaus so, wie ich gesagt habe: die körperliche Kraft macht das Lebewesen materieller, schwächt und behindert sein inneres Tun und Leiden und mindert also seine eigentliche Lebendigkeit. Je größer deshalb bei einem Lebewesen körperliche

Kraft und Betätigung, Erleiden und Empfinden im einzelnen sind (sei es von Natur aus, oder durch Gewohnheit und Übung), desto geringer sind im allgemeinen seine Lebendigkeit, sein geistiges Tun und Leiden, also das eigentliche Leben. Doch das gilt nur unter Voraussetzung einer Gleichheit der sonstigen Umstände. Soll heißen, wenn der Löwe körperlich stärker ist als der Polyp, ist er darum noch nicht weniger lebendig als dieser. Denn gleichzeitig ist er sehr viel organisierter als der Polyp und besitzt folglich sehr viel mehr Lebendigkeit. Deshalb wäre es ebenso falsch, aus seiner größeren Körperkraft zu schließen, er sei lebendiger und deshalb unglücklicher als der Polyp, wie zu folgern, er sei unglücklicher als der Mensch, wie man es folgern müßte, wenn die Lebendigkeit an der Kraft überhaupt oder an der äußeren Kraft (in der der Löwe den Menschen bei weitem übertrifft) zu messen wäre und nicht an der Organisiertheit usw., worin der Mensch dem Löwen weit überlegen ist. Wenn die Frau körperlich schwächer ist als der Mann und das Weibchen als das Männchen, folgt daraus nicht, daß allgemein und von Natur aus die Frau oder das Weibchen lebendiger und unglücklicher ist als das männliche Lebewesen. Zunächst einmal müßte man feststellen, daß das weibliche Lebewesen entweder geistig stärker oder ebenso stark, also lebendig usw., ist wie das männliche; und man müßte herausfinden oder irgendwie beweisen, daß seiner im Vergleich zum männlichen Lebewesen geringeren Körperkraft nicht allgemein eine bestimmte Art der inneren Organisation, eine geringere Empfindlichkeit usw. entspricht, woraus resultieren würde, daß allgemein und von Natur aus das weibliche Lebewesen geistig schwächer und weniger lebendig ist, daß das weibliche

Lebewesen in einem bestimmten proportionalen Verhältnis zu seiner im Vergleich zum männlichen Lebewesen geringeren Körperkraft weniger innere Lebendigkeit und deshalb überhaupt weniger Lebendigkeit besitzt als das männliche. Ich glaube durchaus, daß es so ist, kurz, daß das männliche Lebewesen eigentlich (von Natur aus und im allgemeinen) lebendiger ist als das weibliche, und das hat seinen Grund usw. [...] Gleiches ist zu sagen in bezug auf die Nationen, die Individuen und die verschiedenen Zustände ein und desselben Individuums unter Berücksichtigung sowohl der körperlichen wie der geistigen Unterschiede in Natur, Charakter und Gewohnheiten[a], wobei diese Ungleichheiten und ihre unterschiedlichen Ausmaße und die verschiedenen Kombinationen von beidem in unserem wie auch in jedem anderen Zusammenhang (denn in der gesamten Natur und in allen ihren Teilen verhält es sich ähnlich) unzählige und sehr große Unterschiede in den Resultaten erzeugen. Sie alle jedoch, obwohl es unmöglich ist, alle einzeln aufzuführen und zu erläutern, und obwohl angesichts der Vielfalt und Flüchtigkeit der Dinge, die dazu beitragen, sie zu der einen oder anderen oder noch einer anderen Form zu verändern (würde eine fehlen oder nicht diese oder jene Beschaffenheit in diesem oder jenem Ausmaß oder Verhältnis zu den anderen und diese oder jene Kombination aufweisen usw., wäre das Resultat ein anderes), sie alle sind sehr oft äußerst schwer zu erklären, auf die Prinzipien zurückzuführen und als mit anderen Resultaten verwandt oder ähnlich zu erkennen, wenn man bei ihrer Betrachtung nicht sehr geschickt, sehr scharfsinnig und sehr findig ist; trotzdem entsprechen sie im wesentlichen

[a] Siehe p.*3932*.[144]

den von mir dargelegten Prinzipien und dürfen nicht als widersprüchlich zurückgewiesen werden, auch wenn unzählige von ihnen in unzähligen Fällen auf den ersten Blick und sogar nach einer sorgfältigen, aber weder geeigneten noch richtigen, noch ausreichenden Untersuchung zweifellos widersprüchlich erscheinen mögen. Es bedarf großer Erfahrung, Geschicklichkeit und Routine, um die allgemeinen Grundsätze auch auf die speziellsten und entferntesten Wirkungen anzuwenden und noch die abstrusesten, verborgensten und entlegensten Beziehungen zu entdecken, zu erkennen und aufzuspüren. Diesen Einwand möchte ich generell auch auf alle anderen Grundsätze und Aspekte meiner Naturtheorie beziehen. Siehe p. *3936*[145] [...]. (27. Nov. 1823).

Zibaldone 3928-3930

Zu p. *3784*.[146] Der Krieg und jedweder absichtliche Totschlag widerspricht sowohl der Natur der Menschen und der Lebewesen allgemein als auch der universellen Natur der Dinge und des Daseins und ist seinem Wesen nach ebenso unvereinbar mit ihr wie der Selbstmord. Denn wie jedes Individuum, so hat auch jede Art in ihrer Gesamtheit von der Natur den Auftrag, auf alle nur mögliche Weise für ihren Fortbestand zu sorgen, und strebt naturgemäß vor allem andern nach Selbsterhaltung und Glück, erst recht aber danach, nicht selber mit aller Kraft die eigene Zerstörung herbeizuführen und zu bewirken. Dieses Gesetz ist notwendig und in sich konsequent; andernfalls wäre es ein Widerspruch, wie schon an anderer Stelle[147], im Zusammenhang mit der Eigenliebe der Individuen usw., gesagt. Das Individuum, zum Beispiel der Mensch, haßt als Individuum seine Artgenossen; als Mensch liebt er sie und liebt auch die menschliche Spezies. Daher die Neigung zu seinesgleichen, die in mancher Hinsicht stärker ist als zu jeder anderen Kreatur, und gleichzeitig der Haß auf seinesgleichen, in mancher Hinsicht größer als gegenüber jeder anderen Kreatur, die alle beide auf so vielerlei Weise mit so vielfältigen Auswirkungen und in so unterschiedlicher äußerer Erscheinung bei den Lebewesen zutage treten, am meisten aber beim Menschen, der von allen am lebendigsten ist (p. *3921-7*).[148] Doch da der Haß, der nicht weniger notwendig und natürlich ist als die Zuneigung, seiner Natur nach der Selbsterhaltung und dem Glück der Art schadet, und dies andererseits der besonderen wie auch der allgemeinen Natur direkt widerspricht und die Art in ihrer Gesamtheit (gesetzmäßig) stets nach ihrer Erhaltung und ihrem Glück streben und ihnen dienen muß, blieb der Natur kein anderer Weg, als die Lebewesen gegenüber ihresgleichen in einen Zustand zu versetzen, in dem unter ihnen zwar Zuneigung aufkam und wirksam wurde, Haß sich aber nicht entwickelte, keine Wirkung zeitigte, nicht zum Ausbruch kam und tatsächlich nicht ausgelebt wurde, sondern nur als Möglichkeit vorhanden war, wie so viele andere Übel auch, die immer oder von Natur aus nur als Möglichkeit vorhanden sind und an denen die Natur deshalb keinerlei Schuld trägt. Dies aber konnte nur in einem völlig gesellschaftslosen Zustand der Fall sein oder in einer nur locker verbundenen Gesellschaft. Und am lockersten mußte sie bei jenen Arten sein, in denen der Haß der einzelnen Individuen auf ihresgleichen ihrer Natur nach am größten war und bei denen er, ausgelebt und wirksam geworden, der Erhaltung und dem Glück der Art geschadet hätte; wobei unter allen Lebewesen die Menschen auf Grund ihrer Natur mit ihrem Haß auf ihresgleichen den obersten Platz einnehmen. Damit regelte also die Natur tatsächlich in ausgewogener Weise die wechselseitigen Beziehungen und das Zusammenleben der Individuen bei den verschiedenen Arten, darunter auch den Menschen, und bestimmte, wie sie leben sollten, traf Vorsorge dafür und setzte Hindernisse, damit es nicht anders geschah. Folglich erweist sich auch durch diesen Gedankengang die festgefügte Gesellschaft, zumal unter den Menschen, ihrem eigenen Wesen und dem Grund und Wesen der Dinge nach als direkter Widerspruch nicht nur zur besonderen, sondern zur allgemeinen und ewigen Natur und Vernunft, da doch alle Arten mit allen Kräften nach Erhaltung und Glück streben und diesen dienen sollen, während die menschliche Spezies (das beweisen sowohl die Überlegung als auch die Erfahrungen aller Jahrhunderte) in einem festen Gesellschaftsgefüge der Erhaltung und dem Glück notwendig nicht nur nicht dient, sondern schadet und sozusagen selbst mit allen Kräften die eigene Zerstörung und das eigene Unglück befördert: nichts könnte in sich widersprüchlicher sein und unvereinbarer mit Grund, Ordnung, Prinzipien und Natur nicht nur der menschlichen Spezies und jeder Art von Lebewesen, sondern auch aller Dinge insgesamt, des Daseins selbst und des Lebens allgemein. (27. Nov. 1823).

Zibaldone 3932–3936

Zu p. *3802*, Ende.[149] Dennoch ist bei allem Geist, aller Erkenntnis der Wahrheit und aller Vergeistigung des Menschen [...] welche allesamt teils notwendig für die Zivilisation, teils deren natürliche Auswirkungen, teils deren Substanz und gleichsam Synonyme dafür sind, der Zustand des zivilisierten Menschen dem der noch so wilden und rohen Gesellschaften zweifellos bei weitem unterlegen, unvergleichlich viel naturferner und nicht nur in dieser Hinsicht, sondern überhaupt unendlich viel unglücklicher. Das Individuum in der zivilisierten Gesellschaft schädigt weniger die anderen, dafür um so mehr sich selbst. Und die anderen schädigt es weniger physisch als vielmehr innerlich; es schädigt sie physisch weniger, dafür innerlich auf vielfältige Weise und in vielerlei Hinsicht um so mehr. Nun ist aber beim zivilisierten Menschen das Innere, Geist, Gemüt usw., auf Grund der menschlichen Natur in diesem Zustand der wichtigste Teil und τὸ χυριώτατον[150] des Menschen, ja fast der ganze Mensch; nicht anders und nicht weniger, als beim primitiven Menschen oder in der wilden Gesellschaft der Körper der wichtigste Teil und nahezu alles ist. In der zivilisierten Gesellschaft, wo die Individuen ihresgleichen innerlich viel mehr schädigen als in der wilden und gegenseitig zu ihrem inneren Unglücklichsein beitragen, schaden sie sich daher gegenseitig nicht weniger, bereiten sich gegenseitig nicht weniger Unglück und sind nicht weniger dessen Ursache als in der barbarischen Gesellschaft, wo die gegenseitige Schädigung und das Unglück, das aus der Gesellschaft selbst herrührt, eher äußerlich als innerlich ist, weil auch ihre Subjekte, also jene Menschen, im gleichen Maße mehr Materie als Geist sind. Ja, je größer das geistige Unglück verglichen mit dem körperlichen ist, desto größer ist der innere Schaden oder der hauptsächlich auf das Innere einwirkende und das Innere in Mitleidenschaft ziehende Schaden, den die zivilisierten Menschen sich gegenseitig zufügen (auch wenn sie sich physisch und mit physischen Mitteln schädigen); und entsprechend größer ist folglich auch, verglichen mit den barbarischen oder halbbarbarischen oder halbzivilisierten Gesellschaften, das Unglück, das die einen den anderen in einer solchen Gesellschaft antun. Was die eigene Person angeht, so fügt in der wilden Gesellschaft niemand sich selbst innerlich Schaden zu, wie es in der zivilisierten Gesellschaft unvermeidlich geschieht. Schon physisch kann sich der Wilde nur aus Versehen schaden. Der Zivilisierte dagegen bringt es bis zum Selbstmord. Daraus folgt, kurz gesagt, daß alles in allem die zivilisierte Gesellschaft dem Menschen zwar ihrem Wesen nach weniger physisches und sichtbares Unglück bereitet (oder besser weniger physisches Ungemach, denn wie sie physisch schadet, im allgemeinen und besonders durch die Krankheiten, die nahezu alle durch sie verursacht sind, wurde mehrfach dargelegt)[151], doch dafür verursacht sie größeres inneres Ungemach und insgesamt sehr viel größeres Unglück, als es die wilde oder kaum zivilisierte Gesellschaft ihrem Wesen nach tut. Und in ähnlicher Weise ist sie, wägt man alles gegeneinander ab, insgesamt der Natur viel ferner, wenngleich die widernatürlichen Grausamkeiten der wilden Gesellschaft mehr ins Auge fallen, aber einzig und allein deshalb, weil sie materieller und physischer sind, wie die Menschen, aus denen eine solche Gesellschaft besteht, und wie das Ungemach und allgemeine Unglück, das daraus resultiert. Es gibt nichts Widernatürlicheres als jene Vergeistigung der menschlichen Dinge und des Menschen, die wesentliche Begleiterscheinung, Folge und Substanz der Zivilisation ist. Da in den wilden Gesellschaften mit ihrer eher physischen, ja ganz und gar physischen, materiellen Natur die widernatürlichen

Grausamkeiten, die Katastrophen und das Unglück offensichtlicher und für jeden als solche erkennbar sind, würde folglich, wenn es keine andere menschliche Gesellschaft als die wilde gäbe, kein Mensch bestreiten, daß die Gesellschaft in unserer Spezies etwas Widernatürliches, daß der Mensch nicht für die Gesellschaft geschaffen und in ihr notwendig sehr unvollkommen und unglücklich ist. In der zivilisierten Gesellschaft aber sind die Schäden und unmenschlichen Grausamkeiten mehr innerlich, geistig, was sehr angemessen ist, denn so ist der zivilisierte Mensch, und er kann auch nicht anders sein, und deshalb gibt niemand zu, obwohl diese Schäden in Wahrheit viel schlimmer und widernatürlicher und diese Grausamkeiten sehr viel unmenschlicher sind, daß die zivilisierte Gesellschaft widernatürlich, daß der Mensch nicht für sie geschaffen und daß sie zwangsläufig unglückselig ist, und schon gar nicht, daß sie ihrem eigenen Wesen nach widernatürlicher und insgesamt unglückseliger ist als die wilde Gesellschaft. Dies ist wahrlich kein Urteil kultivierter, also vergeistigter Menschen, sondern eben eines von Primitiven oder Wilden, also ungeistigen Menschen, denn es zieht nur körperliche und sinnlich wahrnehmbare Grausamkeit und ebensolches Unglück in Betracht, die ohne Überlegung als solche zu erkennen sind, und hält sie entweder stets für viel geringer als jene anderen, die sich durch Überlegung als viel größer erweisen, oder leugnet letztere überhaupt, weil nur die Überlegung zeigen kann, daß das innere Unglück größer und die geistige Grausamkeit widernatürlicher sind. Selbst die kultiviertesten und philosophischsten Menschen (fast alle, auch die hervorragendsten) bestätigen gerade mit dieser Übertreibung ihrer Kultiviertheit und Vergeistigung in hohem Maße unsere Behauptung, daß es nichts Widernatürlicheres als die Vergeistigung des Menschen und aller Dinge gibt, kurz, daß alles von Natur aus materiell ist, daß die Materie immer die Oberhand behält und daß folglich sie, diese hochkultivierten und vergeistigten Menschen, völlig verderbt sind; denn gerade durch ihr Räsonnement, mit dem sie den Zustand, der sie zu ihrem Urteil inspiriert hat, verteidigen wollen, geben sie der Materie den Vorzug und argumentieren rein materiell.

Tout homme qui pense est un animal dépravé.[152] Also sind der Mensch und die Gesellschaft im zivilisierten Zustand erst recht entartet, und zwar je zivilisierter, desto entarteter, denn sie sind kaum noch anderes als Geist und denkendes Wesen oder eine Ansammlung solcher Wesen.

Diese ganze Abhandlung stimmt mit den von mir vielfältig angeführten Beobachtungen und Beweisen überein, wonach die wahre Widernatürlichkeit und Unglückseligkeit des Menschen dem Ausmaß seiner Zivilisiertheit entspricht. Dazu siehe in der folgenden Reflexion und in der, auf welche sie sich bezieht, wie die Zivilisation ihrem Wesen nach der Natur zutiefst widerstrebt, sowohl der des Menschen als auch der Natur allgemein, und weit größeres Unglück verursacht als der wilde Zustand, gemäß der Theorie und den allgemeinen Gesetzen aller Dinge und des Daseins. (28. Nov. 1823).

Zibaldone 3936-3937

Zu p. *3927.*[153] Man kann sich unschwer vorstellen, welche weitreichenden und vielfältigen Folgen sich aus den Grundsätzen ergeben, die oben zum Beweis dessen dargelegt wurden, daß die Zivilisation, die ihrem Wesen nach den Menschen gewissermaßen ganz und gar vergeistigt [...] und folglich die Lebendigkeit im eigentlichen Sinn und die Eigenliebe steigert, ihrem Wesen nach auch das Unglück des Menschen und der Gesellschaft in höchstem Maße vermehrt. Desgleichen verschiebt sie auf tausenderlei Weise das Tun vom Materiellen ins Geistige, die Tätigkeiten, die Tatkraft usw., sie setzt der wirklichen und tatsächlichen körperlichen Betätigung tausenderlei Hindernisse entgegen (die Regierungen, die Sitten, die fehlende Notwendigkeit, die Schwächung der Kräfte, die Lust am Studieren usw.), sie schwächt Ausmaß, Stärke und Häufigkeit der Sinnesempfindungen, des körperlichen Tuns und Leidens, der Sinnesfreuden sowie der Fähigkeit dazu usw., und konzentriert dadurch gleichermaßen auf entsetzliche Weise die Eigenliebe, richtet sie ganz auf sich selbst und das eigene Innere, steigert sie folglich über alles vorstellbare Maß und beschneidet und nimmt ihr die Möglichkeit zur Ablenkung, Beschäftigung usw. usf. Der durch seinen Körper wie durch seine Sitten und seine Gesellschaft geistig und damit überhaupt weniger lebendige Wilde ist unvergleichlich viel weniger unglücklich als der Zivilisierte. Ebenso ist der rohe, unwissende, gedankenlose, harte und dumme Mensch, weil entweder von Natur oder aus Gewohnheit träge in Geist, Vorstellung, Gemüt usw., viel weniger unglücklich als der kultivierte Mensch usw. Die Zivilisation steigert beim Menschen die gesamte Lebendigkeit (im Sinne des inneren Lebens) ins Unermeßliche, während sie das Dasein (im Sinne des äußeren Lebens) im gleichen Maße schwächt. Natur ist nicht Lebendigkeit, sondern Dasein, und nach diesem strebt sie, nicht nach jener. Denn sie ist Materie, nicht Geist, oder die Materie in ihr überwiegt gegenüber dem Geist und muß überwiegen (so ist es stets in all ihren anderen belebten wie unbelebten Teilen, und dies ist, wohlgemerkt, ihre Absicht, und die Dinge im allgemeinen und im besonderen sind je nach ihrer Art, ihren Unterschieden und wechselseitigen Beziehungen, aber insgesamt in diesem Sinn geordnet), ganz anders, als es beim zivilisierten Menschengeschlecht und menschlichen Individuum auf Grund des Wesens der Zivilisation der Fall ist usw. usf. – Siehe die vorhergehende Reflexion (28. November 1823). – Weiter folgt aus diesen Grundsätzen, daß das aktive Leben, weil materieller und reicher an Dasein als an eigentlicher Lebendigkeit, also das Leben voller Sinnesempfindungen usw., naturgemäß, sowohl der eigenen wie der allgemeinen Natur nach, glücklicher ist als sein Gegenteil, das kontemplative Leben. [...]

Zibaldone 4044-4047

In ganz Europa (zumal in Italien, wo alle gesellschaftlichen Absurditäten und Ungereimtheiten größer sind als anderswo)[154] gilt es nicht als Schande, lasterhaft zu sein oder gewesen zu sein oder Verbrechen begangen zu haben (zumal wenn es sich dabei um bestimmte Laster oder Verbrechen handelt, die teilweise, auch wenn sie grausam sind, in erster Linie zur Ehre gereichen und Achtung und Respekt einflößen); wohl aber ist es eine Schmach, für ein Laster oder Vergehen, ja selbst für Tugend oder tugendhaftes Handeln, die Lob und Preis verdienen, bestraft zu werden oder bestraft worden zu sein.[a] In den Vereinigten Staaten von

---

[a] Ganz gewiß bringt die Bestrafung mehr Schande mit sich als die Schuld.

Amerika verbindet die öffentliche Meinung keinerlei Schande mit der Bestrafung, und der Schuldige, der bestraft worden ist und wieder in die Gesellschaft zurückkehrt, ist weit eher frei von Schmach als derjenige, der sich unbestraft in ihr bewegt; denn 1. ist man der Meinung, er habe seinen Fehltritt mit der Strafe abgebüßt und das Unrecht, das er der Gesellschaft angetan hat, wiedergutgemacht, Entschädigung dafür geleistet und die auf sich geladene Schuld beglichen: 2. hält man dafür, und tatsächlich trifft es gewöhnlich auch zu, daß durch die Strafe, die man dort als Buße betrachtet und bezeichnet (die Gefängnisse heißen Bußanstalten), und durch die Heilbehandlung, die währenddessen ausdrücklich vorgenommen wird, um sowohl mit physischen als auch mit geistigen Mitteln die Moral des Schuldigen zu beeinflussen, sein Charakter, seine Sitten, seine Neigungen und Grundsätze korrigiert und gebessert werden und er auf den rechten Weg zurückgeführt wird; und damit ist er rechtlich und faktisch wie auch in der öffentlichen Meinung wieder voll und ganz den anderen Bürgern und Fremden gleichgestellt. Siehe den Bericht über die Gefängnisse in New York in der Anthologie aus Florenz Nr. 37. Jan. 1824, insbesondere S. 54.[155] (11. März 1824).

Die Gesellschaft trägt heute mehr denn je Keime von Zerstörung und Eigenschaften in sich, die mit ihrer Selbsterhaltung und Existenz unvereinbar sind, und dies verdankt sie hauptsächlich der Erkenntnis des Wahren und der Philosophie. Hat doch diese in Wirklichkeit, zumal für die Menge der Menschen, fast nichts anderes getan, als negative, nicht aber positive

Zibaldone 4135-4136

Wahrheiten zu lehren und festzustellen, also Vorurteile zu zerstören; kurz, sie hat genommen, ohne zu geben.[156] Damit hat sie die Geister geläutert und sie hinsichtlich der Erkenntnis in einen Stand ähnlich dem Naturzustand zurückversetzt, in dem es noch keine oder nur sehr wenige der von ihr zerstörten Vorurteile gab. Wie kann sie also der Gesellschaft geschadet haben? Wie kann die Wahrheit, das heißt die Abwesenheit dieses oder jenes Irrtums, schaden? Schädlich mag die Erkenntnis irgendeiner Wahrheit sein, die die Natur verborgen hat; wie aber kann die Befreiung von einem Irrtum, den die Menschen von Natur aus nicht hatten und den auch das Kind nicht hat, schädlich sein? Meine Antwort: im Naturzustand lebte der Mensch ja nicht in einer festgefügten Gesellschaft. Jene Irrtümer, die der Mensch im Naturzustand nicht brauchte, können im gesellschaftlichen Zustand durchaus erforderlich sein; er hatte sie nicht von Natur aus; das beweist gar nichts; tausend andere Dinge, die er braucht, um den gesellschaftlichen Zustand zu erhalten, besaß er von Natur aus ebenfalls nicht. Die Menschen in einigen Dingen zu den natürlichen Verhältnissen zurückzuführen, sie aber gleichzeitig im gesellschaftlichen Zustand zu belassen kann ungünstig, kann sogar sehr schädlich sein; denn jener Teil der natürlichen Verhältnisse ist vielleicht mit dem Zustand der festgefügten Gesellschaft, den es ebenfalls in der Natur nicht gibt, unvereinbar. Auch viele Arzneien sind unnatürlich, aber da auch die Krankheiten, denen sie abhelfen sollen, in der Natur nicht vorkommen, mögen sie für den Menschen angesichts dieser Krankheiten durchaus richtig sein. Die Zerstörung der Illusionen, auch wenn sie nicht naturgegeben sind, hat die Liebe zu Vaterland, Ruhm,

Tugend usw. zerstört. Dadurch ist ein universeller Egoismus aufgekommen oder besser wieder aufgekommen. Der Egoismus ist naturgegeben, dem Menschen eigen: alle Kinder, alle echten Wilden sind reine Egoisten. Doch der Egoismus ist mit der Gesellschaft unvereinbar. Die tatsächliche Rückkehr in den Naturzustand in diesem Sinne ist für den gesellschaftlichen Zustand zerstörerisch. Gleiches gilt für die Religion wie auch für vielerlei andere Dinge. Daraus ziehe ich folgenden Schluß: die Philosophie, die mit tausend nicht naturgegebenen Irrtümern, welche die Gesellschaft (natürlicherweise) hatte entstehen lassen, im menschlichen Leben aufräumt, die Philosophie, die den Verstand der Menge zur natürlichen Reinheit und den Menschen in vielen Dingen zum natürlichen Denken und Handeln zurückführt, kann für die Gesellschaft schädlich und zerstörerisch sein und ist es auch tatsächlich; denn diese Irrtümer, mit denen sie in der Vergangenheit auf diese oder jene Weise und bei allen Völkern immer gelebt hat, können für den Fortbestand und Erhalt der Gesellschaft notwendig sein und sind es auch tatsächlich; jene Reinheit und jener Naturzustand sind zwar an sich vortrefflich, können für den Menschen unter gesellschaftlichen Bedingungen aber sehr schlecht sein, und die Gesellschaft kann mit ihnen vielleicht nicht oder nur sehr schlecht bestehen, wie es gegenwärtig tatsächlich der Fall ist. (18. April 1825).

Eine goldene Krone, die nach einer ungarischen Tradition vom Himmel herniedergesunken war und dem, der sie trug, ein unanfechtbares Recht auf den Thron verlieh. Robertson, *Stor. del regno dell'Imp.* *Zibaldone* 4137

Carlo V., Buch 10, aus dem Franz. ins Ital. übers., Köln 1788, Bd. 5, p. 440. Da haben wir endlich die wahre Grundlage der Thronrechte und der Legitimität aller antiken und modernen Herrscher. Sie besteht in der Krone, die sie tragen. Und wer immer ihnen diese fortnimmt und sie sich auf den Kopf zu setzen vermag, versetzt sich *ipso facto* in den Vollbesitz ihrer Rechte und ihrer Legitimität. (3. Mai 1825).

Zibaldone 4185

Die Barbarei setzt einen Ansatz von Kultur voraus, eine eingeleitete, unvollkommene Kultur, oder besser, sie schließt sie ein. Der Zustand der reinen Wildheit ist keineswegs barbarisch. Die wilden Stämme in Amerika, die sich gegenseitig in tödlichen Kriegen vernichten oder sich selber zu Tode trinken, tun dies nicht, weil sie wild sind, sondern, weil sie einen Ansatz von Kultur haben, eine höchst unvollkommene und rohe Kultur; weil sie sich auf die Zivilisation eingelassen haben, kurz, weil sie barbarisch sind. Der Naturzustand lehrt dies nicht, aber sie leben auch nicht im Naturzustand. Ihre Übel kommen aus einem Ansatz von Kultur. Gewiß ist nichts schlimmer als eine entweder gerade eingeleitete oder eine überreife, degenerierte, verderbte Kultur. Die Menschen im einen wie im anderen Zustand waren Barbaren, aber weder die einen noch die anderen waren wirklich reine Wilde. (Bologna, 7. Juli 1826).

Zibaldone 4185-4188

Es scheint völlig widersprüchlich, wenn ich in meiner Theorie des menschlichen Glücks so sehr das Handeln, das Tätigsein, die Fülle des Lebens rühme und deshalb die Sitten und Verhältnisse der Antike den modernen vorziehe, zugleich aber die Lebensweise der dümmsten Menschen, der am wenigsten lebendigen, also leblosesten Lebewesen, und die Trägheit und Untätigkeit der Wilden für die glücklichste oder am wenigsten unglückliche Lebensweise halte; kurz, wenn ich den Zustand der höchsten Lebendigkeit über alles rühme und gleichzeitig auch den Zustand größter Leblosigkeit, der noch irgend mit der Existenz eines Lebewesens vereinbar ist. Doch in Wahrheit passen diese beiden Dinge sehr gut zusammen; sie gehen von ein und demselben Grundsatz aus und sind beide gleichermaßen dessen notwendige Folgen. Erkennt man an, daß es nicht möglich ist, glücklich zu sein, man aber ebensowenig jemals aufhören kann, vor allem anderen, ja einzig und allein danach zu verlangen; erkennt man an, daß Geist und Seele notwendig nach einem Ziel streben, das unerreichbar ist; erkennt man weiter an, daß das allgemeine und notwendige Unglück der Lebewesen in nichts anderem besteht und aus nichts anderem herrührt als aus diesem Streben nach einem unerreichbaren Ziel; und erkennt man schließlich an, daß das allgemeine Unglück jedes Individuums oder jeder Art von Lebewesen um so größer ist, je stärker jenes Streben empfunden wird; dann bleibt, daß das höchstmögliche Glück oder das geringstmögliche Unglück im geringstmöglichen Empfinden jenes Strebens liegt. Die Arten und Individuen der am wenigsten empfindlichen Lebewesen haben, weil von Natur aus weniger lebendig, dieses Empfinden im geringstmöglichen Maß. Im Zustand der geringsten geistigen Entwicklung, also der geringsten inneren Lebendigkeit sind die Menschen am wenigsten empfindlich und deshalb am wenigsten unglücklich. In einem solchen Zustand befinden sich der Primitive und der Wilde. Deshalb ziehe ich den Zustand des Wilden dem des Zivilisierten vor. Doch wenn die geistige Entwicklung begonnen und einen bestimmten Punkt erreicht hat, läßt sie sich bei den Völkern wie bei den Individuen weder rückgängig machen, noch ist ihr weiterer Fortschritt aufzuhalten. Die Individuen und die Nationen Europas und eines Großteils der Welt haben seit undenklicher Zeit ihren Geist entwickelt. Sie wieder in den ursprünglichen oder wilden Zustand zurückzuführen ist nicht möglich. Doch ihre geistige Entwicklung und innere Lebendigkeit bringen eine größere Empfindlichkeit mit sich, also ein größeres Bewußtsein für das Streben nach Glück, und somit größeres Unglück. Bleibt ein einziges Heilmittel: die Ablenkung. Sie erfolgt durch eine größtmögliche Zahl von Handlungen, Betätigungen usw., die die entwickelten Fähigkeiten in Anspruch nehmen und das innere Leben ausfüllen. Auf diese Weise wird jenes Streben entweder nicht mehr wahrgenommen, wird weitgehend dunkel und verschwommen oder durch das Überdecken und Ersticken seiner Stimme zum Verschwinden gebracht. Das Heilmittel ist weit davon entfernt, dem primitiven Zustand gleichzukommen, aber seine Wirkungen sind das beste, was bleibt, und der Zustand, den es hervorruft, ist der bestmögliche, seit der Mensch zivilisiert wurde. – Das gilt für die Nationen und für die Individuen gleichermaßen. Zum Beispiel ist der glücklichste Italiener derjenige, der von Natur oder aus Gewohnheit am dümmsten, am unempfindlichsten und geistig am wenigsten rege ist. Doch ein Italiener, der von Natur oder aus Gewohnheit geistig lebendig ist, kann auf keine Weise Unempfindlichkeit erwerben oder wiedererlangen. Deshalb empfehle ich ihm, sein Empfindungsvermögen soviel wie möglich zu beschäftigen. – Aus diesem Gedankengang folgt, daß mein System sich keineswegs gegen das Tätigsein richtet, gegen den Geist der Tatkraft, der jetzt einen Großteil Europas beherrscht, oder gegen die Kräfte, die die Zivilisation voranzutreiben suchen, so daß die Nationen und die Menschen immer aktiver und beschäftigter werden, sondern es steht all dem unmittelbar und von Grund auf positiv gegenüber (dem Prinzip des Tätigseins wie auch der Zivilisation, insofern als sie Beschäftigung, Bewegung, echte Lebendigkeit und Tätigkeit fördert und ähnliche Mittel zur Verfügung stellt), obwohl in diesem System zugleich der wilde Zustand, der Zustand der geringsten geistigen Entwicklung, der geringsten Empfindlichkeit und geringsten inneren Lebendigkeit als die bestmögliche Bedingung für das menschliche Glück betrachtet wird. (Bologna, 13. Juli 1826).[157]

Der Ausspruch von Bayle, die Vernunft sei eher ein Werkzeug der Destruktion als der Konstruktion[158], paßt sehr gut zu dem, ja führt auf das zurück, was ich an anderer Stelle glaube festgestellt zu haben[159], nämlich zum einen, daß der Fortschritt des menschlichen Geistes seit dem Risorgimento[160], zumal in jüngster Zeit, hauptsächlich darin bestanden hat und bis heute darin besteht, nicht positive, sondern im wesentlichen negative Wahrheiten zu entdecken, also, mit anderen Worten, zu erkennen, daß falsch war, was man in der Vergangenheit seit mehr oder weniger langer Zeit für Gewißheit gehalten hat, oder daß man nicht weiß, was man zu wissen glaubte: wenngleich dabei, *faute de bien*

Zibaldone 4192-4193

observer ou raisonner, viele solcher negativen Entdeckungen als positiv erachtet werden. Und zum andern, daß die Alten hauptsächlich in der Metaphysik und Sittenlehre, aber auch in der Staatskunst (mit einem ihrer richtigsten Grundsätze: so viel Gewährenlassen wie möglich, so viel Freiheit wie möglich)[161] uns ebenbürtig oder uns voraus waren, einzig und allein, weil und insofern sie lebten, bevor die vermeintlich positiven Wahrheiten entdeckt und erkannt wurden, auf die wir langsam und mit größter Mühe in einem fort verzichten mußten und müssen, weil wir ihre Falschheit entdecken, erkennen und einsehen und diese neuen Entdeckungen verbreiten und populär machen. (Bologna, 1. September 1826).

Wenn erst einmal im Zuge der Zeit eine Erfindung wie die Blitzableiter (deren Nutzen, wie man zugeben muß, heute gering ist) dichter verteilt und weiter verbreitet ist, wird man sie selbstverständlicher, in größerem Umfang und allgemeiner nutzen; wenn die Luftballons und die Aeronautik ein wissenschaftliches Niveau erreichen, wird ihre Nutzung üblich werden und dann auch ihre Nützlichkeit beweisen (die heute gleich Null ist) usw.; wenn viele andere moderne Erfindungen wie die Dampfschiffahrt, die Telegrafen usw. praktische Anwendung finden und perfektioniert werden, so daß sie das Gesicht des gesellschaftlichen Lebens in hohem Maße verändern, wie es nicht unwahrscheinlich ist, und schließlich noch weitere Erfindungen zu dieser Wirkung beitragen, dann werden die künftigen Menschen in tausend Jahren das gegenwärtige Zeitalter wohl kaum zivilisiert nennen, sondern werden sagen, daß wir ständig in äußersten Sorgen und Schwierigkeiten lebten; sie werden Mühe haben zu begreifen, wie man ein Leben führen und ertragen konnte, wenn man ständig den Gefahren der Unwetter, der Blitze usw. ausgesetzt war, wie man bei so großem Risiko unterzugehen, zur See fahren, wie man über große Entfernungen hin handeln und kommunizieren konnte, da doch die Luftfahrt, die Benutzung von Telegrafen usw. unbekannt oder unvollkommen war; sie werden mit Staunen die Langsamkeit unserer gegenwärtigen Kommunikationsmittel, ihre Unzuverlässigkeit usw. betrachten. Dabei empfinden wir all diese Unmöglichkeit und Schwierigkeit zu leben, die man uns zuschreiben wird, gar nicht und nehmen sie nicht wahr: uns scheint es, als führten wir ein recht bequemes Leben, als kommunizierten wir recht leicht und schnell, als hätten wir Vergnügungen und Bequemlichkeiten im Überfluß und lebten letztlich in einem höchst verfeinerten und luxuriösen Jahrhundert. Glaubt mir nur, die Menschen, die vor der Verwendung des Feuers, der Navigation usw. lebten, dachten genauso, jene Menschen, von denen wir, besonders in diesem Jahrhundert, in großspurigem rhetorischem Geschwätz verkünden, sie seien ständig Gefahren, ständig unermeßlichen Entbehrungen, wilden Tieren, Unbilden, Hunger und Durst ausgesetzt gewesen, hätten ständig vor Angst gebebt und gezittert und fortwährend gelitten usw. Und glaubt mir, die obige Überlegung ist eine perfekte Antwort auf die alberne Frage, die wir uns stellen: Wie konnten die Menschen in jenem Zustand überhaupt leben? Wie konnte man vor dieser oder jener Erfindung überhaupt leben? (Bologna, 10. September. Sonntag. 1826).[162]

Alle neigen wir naturgemäß dazu, uns selbst gegenüber den uns Überlegenen als gleich, gegenüber den uns Gleichen als überlegen und gegenüber den uns Unterlegenen als unvergleichlich viel größer einzuschätzen, kurz, das eigene Verdienst über die Maßen und ohne Grund über das der anderen zu stellen. Das liegt in der allgemeinen Natur und entspringt einer allen gemeinsamen Quelle. Doch eine weitere, uns völlig unbekannte Quelle von Stolz und Geringschätzung anderer, die durch Gewöhnung von Kindheit an natürlich und eigentümlich geworden, ist für die Franzosen und Engländer die Hochschätzung der eigenen Nation. Auch ein noch so menschlicher, wohlerzogener und unvoreingenommener Franzose oder Engländer kann niemals umhin, wenn er mit Ausländern zusammentrifft, zutiefst und aufrichtig zu glauben, er habe es mit Geringeren zu tun (was auch immer die sonstigen Umstände sein mögen); er wird die anderen Nationen im großen und ganzen mehr oder minder verachten und sein Überlegenheitsgefühl auf die eine oder andere Weise mehr oder minder zum Ausdruck bringen. Dies ist eine ganz andere Triebfeder und Quelle von Stolz und Selbstachtung, zum Schaden und durch Erniedrigung anderer, wovon sich kein anderes unter den Kulturvölkern außer den Angehörigen der genannten Nationen einen richtigen Begriff machen kann. Die Deutschen, die mit gleichem Recht ein ebensolches Gefühl haben könnten, sind durch ihre Zersplitterung, dadurch, daß es keine deutsche Nation gibt, daran gehindert; die Russen spüren, daß sie noch halbe Barbaren, die Schweden, Dänen und Holländer, daß sie zu klein sind und wenig vermögen. Die Spanier zur Zeit Karls V. und Philipps II. hatten dieses Gefühl, wie wir aus der Geschichte ersehen, gewiß nicht weniger als heutzutage die Franzosen und die Engländer und mit gleicher Berechtigung und haben es, ohne jede Berechtigung, vielleicht heute noch; und ebenso die Portugiesen: doch wer denkt heute an die Spanier und die Portugiesen, wenn von Kulturvölkern die Rede ist? Die Italiener hatten es vielleicht (und allem Anschein nach tatsächlich) im fünfzehnten und sechzehnten Jahrhundert, zum Teil auch in dem davor und dem danach; auf Grund ihrer Kultur, von der sie sehr wohl wußten, was auch die anderen anerkannten, daß sie dem gesamten übrigen Europa überlegen war. Von den Italienern heute rede ich nicht; ich weiß nicht recht, ob sie es haben.

Das Gefühl, die Ausländer seien ihnen unterlegen, die Herablassung, mit der sie sie betrachten und behandeln, ist den Franzosen und den Engländern durch die Gewohnheit ebenso zur Natur geworden und in Fleisch und Blut übergegangen wie einem adeligen und reich geborenen Mensch die Art und Weise, mit armen, einfachen Leuten als mit von Natur aus unterlegenen Menschen zu reden und umzugehen, so daß auch der gutherzigste und vernünftigste Mensch der Welt sie unter gleichen Bedingungen so behandeln wird, wenn er nicht darauf achtgibt und sich eigens bemüht, es anders zu machen: denn sein Überlegenheitsgefühl jenen gegenüber hängt weder von seinem Verstand noch von seinem Willen ab.

Die Meinung, welche die Franzosen und die Engländer von sich haben, kann sehr nützlich sein und ist es ohne Zweifel auch. Selbst wenn sie unbegründet wäre. Hohe Selbstachtung ist die erste Grundlage der Sittlichkeit wie auch der edlen und ehrenvollen Ziele und Handlungen. Doch weil es immer unerfreulich ist, von anderen als unterlegen betrachtet zu werden und irgendeine Verachtung der eigenen Person zu erkennen, wirkt der Nationalstolz der Franzosen und Engländer auf die Ausländer zweifellos sehr unangenehm und abstoßend. Und weil Höflichkeit und Anstand gebieten, vor allem das Gefühl der eigenen Überlegenheit und die Geringschätzung derjenigen, mit denen wir zu tun haben, wie angemessen und begründet sie auch sein mag, zu verbergen, müßten doch auch die Franzosen und Engländer ihr Gefühl unter Ausländern verbergen. Die Engländer bilden sich nicht viel auf gutes Benehmen ein, eher darauf, keins zu haben, eher auf schlechtes Benehmen: aber über sie wundern wir uns ja auch nicht. Die Franzosen bilden sich nicht nur viel darauf ein, sondern wollen das wohlerzogenste Volk der Welt sein, glauben es zu sein und sind es sicher auch. Ja darauf stützt sich sogar zum großen Teil ihr Überlegenheitsgefühl. Deshalb mutet es seltsam an, daß es nicht einmal dem wohlgeratensten Franzosen gelingt und in den Sinn kommt, zu vermeiden, Ausländern gegenüber beim Schreiben oder Reden auf die eine oder andere Weise (aber deutlich) zu verstehen zu geben, daß er sie unstrittig geringer achtet als sich selbst. In den Büchern, die sie publizieren, sogar sehr viel geringer.

Noch seltsamer mutet dies an, wenn man die große Empfindlichkeit der Franzosen und ihre Angst vor Lächerlichkeit bedenkt. Denn wenn ihre Überheblichkeit schon jemandem wie mir, der sie für begründet hält, lächerlich erscheint, andererseits aber nützlich und lobenswert, wie lächerlich muß sie erst auf jene wirken, die nicht so weit denken oder sie für absolut eitel, übertrieben usw. halten? Das trifft natürlich auf viele zu, aber unbedingt auf die Engländer. Denn jeder zur Schau getragene Dünkel ist, wenngleich berechtigt, der Lächerlichkeit ausgesetzt, weil es eben lächerlich ist, Dünkel zur Schau zu tragen. Weniger seltsam wäre es, würden sie sich vor solcher Lächerlichkeit gegenüber den Ausländern bei sich zu Hause nicht hüten, wo sie die stärkeren sind, weil die öffentliche Meinung für sie ist, ihre Überlegenheit als Axiom hingenommen wird und das Publikum ganz auf ihrer Seite steht. Aber daß sie sich (wie es ja wirklich der Fall ist) nicht einmal auf Reisen, unter Fremden, gegenüber ihren Gastgebern davor hüten, das ist an den Franzosen wirklich seltsam. Aber noch viel seltsamer ist, daß sie sich bei uns aufspielen, uns ihre Verachtung zeigen, sich in unserer Gegenwart (nicht erst, wenn sie wieder zu Hause sind) über uns lustig machen, ohne daß sie dafür den geringsten Spott oder die kleinste Spitze einstecken müßten, weder wenn wir hier mit ihnen zu tun haben, noch in Briefen, noch in Druckschriften. Woran liegt das? An der Gutmütigkeit der Italiener, an ihrer Einfältigkeit, ihrer Angst oder woran sonst? (25. März 1827).[163]

Wenn es die Absicht der Natur war, den Menschen schwach und wehrlos zu machen, damit er durch die geistige Vorsorge für sein Leben und Wohlergehen den Zustand der Zivilisation erlangte, warum haben dann viele Hunderte von wilden und barbarischen Völkern in Amerika, in Afrika, im asiatischen Ozeanien ihn noch nicht erreicht, auch nichts unternommen, um ihn zu erreichen, und werden ihn gewiß auch niemals erreichen, noch jemals auf irgendeine Weise zivilisiert sein (oder wären es nie geworden), wenn wir sie nicht

Zibaldone 4265-4266

dazu machen (oder gemacht hätten)? Dabei stellen diese Völker gut die Hälfte oder mehr des natürlichen Menschengeschlechts dar. Warum hat andererseits, da ja alle zivilisierten Völker zusammen die Gesamtheit aller nicht zivilisierten und auch nie zivilisiert gewesenen Völker an Zahl der Menschen übertreffen, die Zivilisation eine solche Menschenmenge zur Folge und begünstigt somit die Vermehrung der Spezies und die Zunahme der Bevölkerung. War die Natur denn so dumm und so wenig vorsorglich, daß sie ihre Absicht bei mehr als der Hälfte *missed* hat?[164] (Recanati, 30. März, letzter Freitag, 1827).[165]

Zibaldone 4279-4280

Mutmaßungen über eine künftige Zivilisation der Tiere, zumal einiger Arten wie etwa der Affen, die langfristig von den Menschen in die Wege zu leiten wäre; haben doch die zivilisierten Menschen auch viele barbarische oder primitive Völker zivilisiert, die gewiß nicht weniger wild und vielleicht sogar weniger intelligent waren als die Affen, insbesondere einige Affenarten; und schließlich strebt die Zivilisation ja naturgemäß danach, sich auszubreiten, immer neue Eroberungen zu machen, kann nicht stillstehen und an keiner Grenze haltmachen, zumal was ihre Ausweitung angeht, solange es noch zivilisierbare Lebewesen gibt, die in den großen Zusammenhang der Zivilisation, in das große Bündnis der vernunftbegabten Wesen gegen die Natur und gegen die nicht vernunftbegabten Dinge aufgenommen werden könnten. Ist vielleicht nützlich für den *Brief an einen jungen Mann im 20. Jahrhundert*[166].[167]

Der Anblick des eigenen Spiegelbilds und die Vorstellung, es gebe ein anderes, ihm gleichendes Lebewesen, erregt bei Tieren Wut, Raserei und heftigsten Schmerz.[168] Vgl. das Affenweibchen in der Erzählung *Joco* von Pougens[169], *Nuovo Ricoglitore di Milano*, März 1827, S. 215/6. Auch bei unseren Kindern ist das so. Siehe Roberti, *Brief eines 16 Monate alten Kindes.*[170] Unsere großartige naturgegebene Liebe zu unseresgleichen!! (Recanati, 13. April, Karfreitag 1827). Siehe p. *4419.*[171]

Zibaldone 4280

Uns bleibt noch viel von der antiken Kultur zurückzugewinnen, ich meine von der Kultur der Griechen und Römer. Man denke nur an all die alten Einrichtungen und Gewohnheiten, die in jüngster Zeit wiederaufgenommen wurden: Unterricht und Praxis der Leibesübungen, Anwendung von Bädern und dergleichen. In der körperlichen Ertüchtigung während der Jugend und im Kindesalter, in der gesunden Lebensführung im Mannes/ wie in jedem Alter, in allen Aspekten der praktischen Körperpflege, in allen Belangen der Körperkultur, siehe p. *4291*[172], sind uns die Alten immer noch weit überlegen: kein kleiner, wenn ich mich nicht täusche, und kein unwichtiger Bereich. Das Streben nach Verbesserung der Gesellschaft, in den letzten Jahren entschiedener denn je, brachte und bringt in physischer, politischer wie geistig/sittlicher Hinsicht ein Wiederaufleben vieler alter Dinge mit sich, die durch die Barbarei, die wir noch nicht ganz überwunden haben, aufgegeben wurden und in Vergessenheit geraten sind. Der gegenwärtige kulturelle Fortschritt ist abermals eine Wiedergeburt: er besteht abermals zum

Zibaldone 4289

großen Teil aus einer Rückgewinnung des Verlorenen. (18. September 1827).

Zibaldone 4289/4290

Mit der Verfeinerung der Sitten, der Verbreitung des Wissens und der Kultivierung der Umgangsformen in den unteren Ständen sowie dem allgemeinen kulturellen Fortschritt sehen wir die großen Verbrechen entweder verschwinden oder seltener werden. Ob es dann, wenn es keine großen Verbrechen und großen Laster mehr gibt, noch zu großen Tugenden und großen Taten kommt, ist eine Frage, die sich mit den Auswirkungen und Erfahrungen der heutigen Zivilisation zum erstenmal entscheiden wird. – Im Gespräch mit einem berühmten und wortgewaltigen neapolitanischen Anwalt, dem Baron Poerio, der mit einer großen Zahl von Kriminalfällen in der Hauptstadt und in den Provinzen des Königreichs Neapel zu tun gehabt hat, mußte ich bei diesem halbbarbarischen oder besser halbzivilisierten Volk über eine Menge unvorstellbar grausamer Verbrechen staunen, aber auch über sehr viele mutige Heldentaten (oft im Zusammenhang mit denselben Verbrechen), die selbst das kälteste Gemüt (wie das meine) erregen. Gewiß gibt es in den weniger barbarischen Gegenden Italiens und im übrigen Europa nichts oder nur wenig Vergleichbares, weder in der einen noch in der anderen Hinsicht. (Florenz, 18. September 1827).[173]

Zibaldone 4300

Sonderbar und bemerkenswert, wenn man sich mit der Geschichte der menschlichen Ansichten über Rechte und Pflichten vertraut machen und daraus auf deren Wert schließen will, ist, daß man in den vergangenen Jahrhunderten glaubte, die Neger hätten die gleiche Abstammung und gehörten zu derselben Familie wie die Weißen, daß die Weißen aber trotz dieser Ansicht die naturgegebene rechtliche Ungleichheit von Negern und Weißen, die Unterlegenheit der Neger und die Rechtmäßigkeit ihrer Knechtschaft, ja Sklaverei und Unterdrückung verfochten: heute hat man erkannt, daß die Neger eine gänzlich andere Abstammung haben und deshalb auch einer anderen Familie angehören als die Weißen; trotzdem behauptet man, sie seien uns sozial und rechtlich gleich, hält ihre Versklavung, Mißhandlung oder Unterwerfung für völlig ungerecht und die frühere Ansicht in dieser Hinsicht für absurd. (Pisa, 14. Januar 1828).[174]

BRIEF AN PIETRO GIORDANI.

Schließlich widert mich allmählich die hochmütige Verachtung an, die man hier allem Schönen und aller Literatur gegenüber bekundet: zumal mir nicht in den Kopf will, daß der Gipfel des menschlichen Wissens in der Politik und Statistik liegen soll.[175] Ja, wenn ich ganz abgeklärt die nahezu völlige Nutzlosigkeit der gelehrten Studien betrachte, mit denen man seit Solons Zeiten die Vollkommenheit der zivilisierten Staaten und das Glück der Völker zu erlangen sucht, muß ich diesen Übereifer an Berechnungen und politischen und gesetzgeberischen Spitzfindigkeiten doch ein wenig belächeln; und bescheiden frage ich, ob es denn ein Glück der Völker ohne das Glück der Individuen geben kann.[176] Diese sind durch die Natur zum Unglück verdammt, nicht durch die Menschheit oder durch den Zufall: und als Trost in ihrem unvermeidlichen Unglück taugen meiner Ansicht nach vor allem anderen das Studium des Schönen, die Gefühle, die Einbildungen und die Illusionen. Deshalb kommt mir denn auch das Unterhaltsame nützlicher vor als alles Nützliche[177] und die Literatur wahrlich und gewißlich nützlicher als alle jene knochentrocknen Disziplinen, die, selbst wenn sie ihren Zweck erfüllen würden, den Menschen, die ja Individuen und keine Völker sind, kaum zu echtem Glück verhelfen könnten; doch außerdem, wann erreichen sie diese Ziele schon? Das wüßte ich gern von einem unserer Professoren für *Geschichtswissenschaft*. Ich bin der Ansicht (und nicht von ungefähr), daß die menschliche Gesellschaft Ursachen der Unvollkommenheit notwendig in sich trägt und daß die jeweiligen gesellschaftlichen Zustände mehr oder weniger schlecht sind, aber keiner wirklich gut sein kann. Jedenfalls halte ich es für ein wahres Verbrechen an der Menschheit, die Menschen des Vergnügens an ihren Studien zu berauben [...] (24. Juli 1828).

Zibaldone 4368

Die Vervollkommnung der Gesellschaft und der Fortschritt der Zivilisation sind zwar für die Massen ein Gewinn, für die Individualität jedoch ein Verlust[178]: ein Verlust an Kraft, an Bedeutung, an Vollkommenheit und deshalb auch an Glück; und das ist bei den Modernen im Vergleich zu den Alten der Fall. Diese Meinung teilen alle echten, gründlichen modernen Denker, selbst die eifrigsten Anhänger der Zivilisation. So ist denn die Vervollkommnung des Menschen die der Kapuziner, der Weg der Buße. (5. Sept. 1823).[179]

Zu p. *4280*.¹⁸⁰ Ich habe mit eigenen Augen einen zahmen und sehr zutraulichen Kanarienvogel gesehen, der, vor einen Spiegel gesetzt, sogleich außer sich geriet über sein Ebenbild und es, die Flügel spreizend, mit hochgerecktem Schnabel angriff.

Zibaldone 4419

In diesem so gesetzgeberischen Jahrhundert ist noch niemand auf den Gedanken gekommen, als Utopie, aber in aller Form, einen zivil- und strafrechtlichen Gesetzeskodex zu verfassen, der als Muster an Vollkommenheit ein Maßstab für alle anderen Kodices zu sein hätte, so daß man deren Qualität danach beurteilen könnte, wie weit sie mit ihm übereinstimmten oder nicht; ein Kodex, der außerdem mit geringfügigen, nur durch die örtlichen und zeitlichen Umstände erforderlichen Änderungen und Ergänzungen von jeder Nation übernommen werden könnte, zumindest unter einer gegebenen Regierungsform, zumindest von den Kulturnationen im gegenwärtigen Jahrhundert usw. (17. Januar 1829).

Zibaldone 4439

BRIEF AN FANNY TARGIONI TOZZETTI.

Sie wissen, daß ich die Politik verabscheue, weil ich glaube, nein sehe, daß die einzelnen Menschen unter jeder Regierungsform unglücklich sind¹⁸¹; Schuld der Natur, die die Menschen zum Unglücklichsein geschaffen hat; und ich lache über das Glück der *Massen,* weil mein kleines Hirn sich keine glückliche Masse vorstellen kann, die aus lauter nicht glücklichen Individuen besteht.¹⁸² Über literarische Neuigkeiten kann ich erst recht nichts berichten, denn ich gestehe Ihnen, daß ich in großer Sorge bin, durch die Entwöhnung vom Lesen und Schreiben das ABC zu verlernen. Meine Freunde sind empört: sie tun ja recht daran, nach Ruhm zu streben und den Menschen Wohltaten zu erweisen; aber ich, der ich nicht den Anspruch erhebe, mich nützlich zu erweisen, und nicht nach Ruhm trachte, tue nicht unrecht, den ganzen Tag auf dem Sofa zu liegen, ohne auch nur einen Lidschlag zu tun. Und ich finde die Gewohnheit der Türken und anderen Orientalen sehr vernünftig, die sich damit begnügen, den ganzen Tag auf ihren Beinen zu hocken und stumpfsinnig dieses lächerliche Dasein anzuglotzen[183] [...] (5. Dez. 1831).

KOMMENTAR
UND ANMERKUNGEN

¹ Ursprung des Handelns ist, nach einem Leitmotiv sehr vieler Reflexionen Leopardis, die *Illusion*. Im Altertum, vor der »Vergeistigung« der Dinge und davon unbeeinträchtigt, brachte sie naturgemäß große Taten hervor; in der Neuzeit und Gegenwart zeitigt sie, genährt von »mystischen Flausen«, nur flüchtige und unsinnige Ereignisse. Ein Beweis dafür ist der Fall des deutschen Theologiestudenten Karl Ludwig Sand, der am 23. März 1819 in Mannheim den Dramatiker August von Kotzebue erstach, weil er ihn als Agenten im Dienste Rußlands und deshalb als Vaterlandsverräter verabscheute (die Nachricht erschien am 4. April 1819 in der *Gazzetta di Milano*). Als Gegner der Romantik – weil Gegner der Moderne – in der Literatur ist Leopardi auch ein Gegner der Romantik in der Politik. Im Hinblick auf Stellenwert und Bedeutung der Ermordung Kotzebues mag ein Vergleich mit dem Urteil Carl Schmitts von Interesse sein, der in diesem »politisch lächerlichen« Verbrechen ein typisches Beispiel »romantischer Politik« sieht (*Politische Romantik*, Berlin ³1968, S. 205/7).

² »Vor Jesus Christus oder bis zu der Zeit und auch noch danach hat man aus heidnischer Sicht die Gesellschaft ihrem Wesen nach niemals ausdrücklich als Widersacherin der Tugend betrachtet und als so beschaffen, daß auch der beste und edelste Mensch in ihr ganz sicher und unausweichlich der Verderbnis anheimfällt oder doch größte Gefahr läuft, zum Schlechten verleitet zu werden. Und tatsächlich war die Gesellschaft bis dahin auch nicht ausgesprochen und vollständig so geartet. Man denke nur an die Autoren der Antike; nirgends findet man bei ihnen die Vorstellung von der *Welt als Widersacherin des Guten*, der man im Neuen Testament und bei den modernen, selbst den weltlichen Autoren auf Schritt und Tritt begegnet. Vielmehr hielten sie (und damals zu Recht) die Gesellschaft und das Vorbild für natürlicherweise geeignet, zur Tugend anzuspornen und auch den nicht Tugendhaften zur Tugend hinzuführen; kurz, das Gute und die

Gesellschaft erschienen ihnen nicht nur als durchaus vereinbar, sondern als naturgemäß einander gewogen und miteinander verbunden.« (4. Februar 1827).

Die Vorstellung eines unaufhebbaren Gegensatzes zwischen dem (an sich guten und glücklichen) Individuum und der (unabwendbar bösartigen und korrumpierenden) Gesellschaft, die in gleicher Form auch in den *Pensieri (Gedanken)* LXXXIV und LXXXV wiederaufgenommen wird, stammt eindeutig von Rousseau und findet sich auch im *Ortis* von Foscolo (Brief aus Ventimiglia vom 19. und 20. Februar 1799), doch ihren ersten Ursprung sieht Leopardi in Christus und im Christentum, die zugleich für die historische Scheidelinie zwischen der alten und der modernen Welt stehen.

[3] Vgl. Montesquieu, *Considérations sur les causes de la grandeur des romains et de leur décadence,* VI: »Wenn sie einigen Städten die Freiheit beließen, so ließen sie dort zugleich zwei Parteien entstehen: die eine verteidigte die Gesetze und die Freiheit des Landes, die andere behauptete, daß kein anderes Gesetz als der Wille der Römer gälte. Und da diese letztere Partei immer die mächtigere war, ist offensichtlich, daß eine solche Freiheit nur ein Name war.« (*Betrachtungen über die Ursachen von Größe und Niedergang der Römer,* Bremen 1958, dt. u. hg. v. L. Schuckert, S. 51). Leopardi zitiert die *Considérations* (1734) in der Amsterdamer Ausgabe von 1781 (der Band enthält außerdem *Un dialogue de Sylla et d'Eucrate, Le Temple de Gnide* und den *Essai sur le goût*). In den *Disegni letterari,* IX (in: *Poesie e Prose,* hg. von R. Damiani und M. A. Rigoni, mit einem Aufsatz von C. Galimberti, Mailand 1987-88, Bd. II: *Prose,* S. 1214) taucht der Plan für einen Kommentar zu den *Considérations* auf, und in den *Disegni letterari,* V (a. a. O.) erwähnt Leopardi unter den Themen für ein künftiges politisches Buch »die Notwendigkeit, das Interesse am Staat zu einem individuellen Interesse zu machen, was ein Grund für die Größe der antiken Völker war. Montesquieu sagt es fortwährend von den Römern« (vgl. C. Rosso, *Leopardi et Montesquieu,* in: *Etudes sur Montesquieu,* Paris 1970, S. 92).

[4] Vgl. Montesqieu, *Considérations,* XI: »Dieser Umstand veranlaßte ihn zu drei in gleicher Weise verderblichen Maßnahmen: er bestach das Volk mit Geld und bezahlte bei den Wahlen jeden Bürger für seine Stimmabgabe. Sodann bediente er sich des Pöbels, um die Magistrate in ihrer Amtsführung zu stören, da er

hoffte, daß die Klugen, die es satt hatten, in anarchischen Zuständen zu leben, ihn aus Verzweiflung zum Diktator machen würden.« (*Betrachtungen,* a.a.O., S. 86/87).

⁵ Mit den angeführten Beispielen Rom und Frankreich bezieht sich Leopardi auf die *Considérations* von Montesquieu, doch der Gedanke geht direkt auf Platon, *Der Staat,* VIII, 563e/564a zurück: »In der Tat bewirkt ja das Übermaß gerne einen heftigen Umschwung in das Gegenteil. So ist es beim Wetter, bei den Pflanzen und (lebendigen) Leibern und nicht zum wenigsten auch bei den Verfassungen. [...] Die übergroße Freiheit schlägt offenbar in nichts anderes um als in übergroße Knechtschaft, sowohl für den Einzelnen als auch für die Stadt. [...] Es ist also wahrscheinlich, daß die Tyrannis aus keiner anderen Verfassung hervorgeht als aus der Demokratie, aus der höchsten Freiheit also, meine ich, die größte und härteste Knechtschaft.« (*Der Staat,* Zürich u. München 1991, dt. v. R. Rufener, S. 375).

⁶ Ein erster Hinweis auf die Verknüpfung zwischen philosophischem Fortschritt und politischem Niedergang der Staaten (sowohl in ihrem Innern als auch im Verhältnis zu den anderen), die Gegenstand vieler Reflexionen sein wird. *Zib.,* 148, hier S. 12 bis 13; *Zib.,* 252, hier S. 22; *Zib.,* 274/276, hier S. 22/24; *Zib.,* 866 bis 867, hier S. 66/67; *Zib.,* 2331/2355, hier S. 128/130. Zu dem Thema, seinen Quellen und seiner langen kulturellen Tradition s. Nachwort, S. 282/287 u. Anm. 59.

⁷ Vgl. *Dialogo:* ... *Filosofo greco, Murco senatore romano, Popolo romano, Congiurati* (*Dialog:* ... *Griechischer Philosoph, Murco, ein römischer Senator, römisches Volk, Verschwörer*), in: *Operette morali,* hg. v. C. Galimberti, Neapel 1977, ⁴1990, S. 556.

⁸ »Ultraphilosophie« ist ein lexikalischer Hapax bei Leopardi, bezeichnet aber sehr eindrucksvoll und prägnant einen umfassenden Zug seines Denkens: die Hoffnung, daß die moderne Aufklärung, sich selbst überwindend, zur Antike und zur Natur zurückführen könne. In gleichem Sinn wird Leopardi später sagen: »Uns bleibt noch viel von der antiken Kultur zurückzugewinnen [...] Der gegenwärtige kulturelle Fortschritt ist abermals eine Wiedergeburt: er besteht abermals zum großen Teil aus einer Rückgewinnung des Verlorenen.« (*Zib.,* 4289, hier S. 231 bis 232); und »die Alten waren uns hauptsächlich in der Metaphysik und Sittenlehre, aber auch in der Staatskunst [...] entweder ebenbürtig oder voraus, einzig und allein weil und insofern sie lebten,

bevor die vermeintlich positiven Wahrheiten entdeckt und erkannt wurden, auf die wir langsam und mit großer Mühe in einem fort verzichten mußten und müssen, weil wir ihre Falschheit entdecken, erkennen und einsehen und diese neuen Erkenntnisse verbreiten und populär machen.« (*Zib.*, 4192-4193, hier S. 223 f.).

Die »Ultraphilosophie« ist ein Traum, den Leopardi unwissentlich mit den großen deutschen Romantikern von Friedrich Schlegel bis Hölderlin teilt, die alle das Ziel im Auge hatten, auf dem obligaten Weg der Reflexion die antiken und natürlichen Verhältnisse wiederherzustellen; allerdings unterscheidet er sich deutlich von ihnen durch eine gegensätzliche Einschätzung vom Wert und den Möglichkeiten des Denkens wie auch durch das Fehlen jeder »dialektischen« Sicht, so daß ihm dieser Traum als unrealisierbar erscheint.

[9] Vgl. den Gedanken in *Zib.*, 1816-1818, hier S. 122-124.

[10] Leopardi spielt auf den folgenden Absatz der *Considérations*, XIII an: »Dio bemerkt sehr richtig, daß es seit dem Beginn der Kaiserzeit sehr schwer wurde, Geschichte zu schreiben. Alles wurde geheim, alle Nachrichten aus den Provinzen wurden in das Arbeitszimmer des Kaisers geleitet, und man erfuhr nicht mehr als das, was die Torheit und die Unverschämtheit des Tyrannen nicht verbergen wollte, oder das, was die Historiker vermuteten.« (*Betrachtungen*, a.a.O., S. 113).

[11] Hier S. 65 f.

[12] ἔρις, »Streit«.

[13] Hesiod, *Werke und Tage*, V. 17-26

[14] In dieser wie in den beiden folgenden Reflexionen werden die typischen Eigenschaften der Neuzeit im allgemeinen auf den spezifischen Bereich von Politik und Gesellschaft bezogen, also jene Mittelmäßigkeit und Gleichförmigkeit (zusammen mit der egoistischen Vereinzelung des Individuums), die Leopardi wenige Monate zuvor in der Canzone *Ad Angelo Mai* beklagt hatte: »Sieh, alles ist sich gleich« (V. 99); »Wir leben / Faul und zufrieden nun, / Vom Mittelmaß gelenkt: der Weise stieg / Herab, der Pöbel auf, daß alle Welt / Gleich sei.« (V. 171-75) (*An Angelo Mai*, in: Giacomo Leopardi, *Canti – Gesänge*, a.a.O., S. 37 u. 41, dt. v. M. Engelhard).

Die allgemeine Gleichförmigkeit der Nationen in der Welt der Gegenwart wird auch von Rousseau und Constant betont. In den *Considérations sur le gouvernement de la Pologne* schreibt Rousseau:

»Es gibt heute, was immer man auch behauptet, keine Franzosen, Deutschen, Spanier, ja selbst Engländer mehr; es gibt nur noch Europäer. Alle haben die gleichen Vorlieben, Leidenschaften, Sitten, weil kein Volk durch eine ihm eigentümliche Einrichtung eine nationale Gestalt bekommen hat. Alle werden unter gleichen Umständen Gleiches tun; alle sich uneigennützig nennen und Spitzbuben sein; alle vom Gemeinwohl reden und nur an sich selbst denken [...] Was kümmert es sie, welchem Herrn sie gehorchen, welchen Staates Gesetze sie befolgen?« (*Betrachtungen über die Regierung von Polen und ihre beabsichtigte Reformierung*, in: *Kulturkritische und politische Schriften*, hg. v. M. Fontius, Bd. II, Berlin 1989, S. 441, dt. v. J. Meinert). Und Constant bemerkt in *De la liberté des anciens comparée a celle des modernes*, einer Schrift von 1819, die verschiedene Passagen aus *L'esprit de conquête et de l'usurpation* wörtlich wiederaufnimmt: »Während früher jedes Volk eine Familie für sich und der geborene Feind aller anderen Familien war, gibt es heute große Menschenmassen, die zwar unter verschiedenem Namen und ungleichen politisch-gesellschaftlichen Organisationsformen leben, aber ihrer Natur nach innerlich homogen sind.« (*Über die Freiheit der Alten im Vergleich zu der der Heutigen*, in: Benjamin Constant, *Werke*, Berlin 1972, hg. v. A. Blaeschke u. L. Gall, Bd. IV: *Politische Schriften*, dt. v. E. Rechel-Mertens, S. 371). Doch da Constant die Verhältnisse in der Antike nicht übermäßig idealisiert, schmäht er auch die modernen nicht, sondern beschränkt sich auf eine Analyse der Vor- und Nachteile der einen wie der anderen in ihrer jeweiligen, unvergleichlichen Andersartigkeit. (Bekanntlich kommt er zu dem Schluß, daß die »den freien Völkern des Altertums fast völlig unbekannt« gebliebene repräsentative Regierung »die einzige« sei, »in deren Schutz wir heute etwas wie Freiheit und Ruhe finden können«, ebd., S. 365). Was Leopardi als »individuelle Vereinzelung« anprangert, ist für Constant »persönliche Selbständigkeit«; was Leopardi gemeinsam mit Rousseau als »Egoismus« bezeichnet, ist für Constant »Sicherheit im privaten Genuß«. Umgekehrt ist die antike Gemeinschaft in der Vaterlandsliebe und der Teilhabe am einheitlichen Ganzen der Nation, von der Leopardi schwärmt, für Constant sogar »die vollständige Unterordnung des einzelnen unter die Herrschaft der Gesamtheit« (ebd., S. 368), »die Unterwerfung des privaten Daseins unter den kollektiven Willen« (ebd., S. 369): »das Individuum verlor sich in gewisser

Weise in der Nation, der Bürger ging in seiner Stadtgemeinschaft auf« (ebd., S. 370). Constant stellt fest, »daß wir jener Freiheit der Alten, die in der aktiven, ständigen Teilhabe an der kollektiven Gewalt bestand, uns nicht mehr erfreuen können. Unsere Art von Freiheit muß in dem friedlichen Genuß der persönlichen Unabhängigkeit bestehen.« (Ebd., S. 376). In dieser Hinsicht hätte Constant, der für die Faszination der antiken Welt alles andere als unempfänglich war, durchaus Grund gehabt, sich mit Leopardi zu verbünden, wenn er Rousseau und Mably die illegitime und gefährliche Anwendung des ethischen, gesellschaftlichen und politischen Modells der Alten auf die Gegenwart vorwirft. »Ich werde vielleicht eines Tages das System des berühmtesten dieser Philosophen, nämlich Jean-Jacques Rousseaus, einer eingehenden Untersuchung unterziehen und darlegen, daß dieser erhabene Genius, der von der reinsten Liebe zur Freiheit beseelt war, indem er ein Maß an gesellschaftlicher Macht, an kollektiver Souveränität, die in andere Jahrhunderte gehörte, in unsere modernen Zeiten überführen wollte, für mehr als eine Form der Tyrannei verhängnisvolle Vorwände geliefert hat [...] Wie Rousseau und wie viele andere hatte der Abbé de Mably, den Alten folgend, die Macht der Gemeinschaft für Freiheit gehalten [...] Sparta, das republikanische Formen mit der gleichen Versklavung des Individuums verband, regte diesen Philosophen zu noch lebhafterem Enthusiasmus an. Dieses große Kloster erschien ihm als das Ideal einer freien Republik [...] Montesquieu, der ein schärferer Beobachter, weil nicht im gleichen Maße ein Feuerkopf war, ist diesen Irrtümern nicht so gänzlich zum Opfer gefallen.« (ebd., S. 379-381). Richtig ist allerdings auch, daß Leopardi seinen Traum von der Antike und seine Kritik an der Gegenwart nicht in eine konkrete politisch-institutionelle Form umsetzt, und wenn es ganz selten doch geschieht, schließt er sich Montesquieu und dem europäischen Liberalismus an (vgl. *Zib.*, 163, hier S. 17; 925 bis 926, hier S. 106 f.; 2668-2669, hier S. 141 f.; 4192, hier S. 224).

[15] Leopardi hat die Französische Revolution stets positiv beurteilt, weil sie, wenn auch nur kurzfristig, die Natur, die Illusionen, die Leidenschaften wie auch die »Nation« neu habe aufleben lassen: Vgl. *Zib.,* 671 (17. Februar 1821); 911, hier S. 104; 1084 (24. Mai 1821); 2334-2335, hier S. 129 f. Sein entschiedener Widerstand richtet sich jedoch gegen die Urheber und Gesetzgeber der Revolution, die von der absurden Absicht getrieben sind, »alles

der reinen Vernunft zu unterwerfen«, »ein streng philosophisches und vernünftiges Volk zu schaffen« (*Zib.*, 358, hier S. 35) und eine trostlose »Geometrisierung der Welt« zu betreiben (*Zib.*, 870, 26. März 1821). Damit trifft er genau das Element, das die Französische Revolution von allen vorangegangenen Revolutionen in der Geschichte unterscheidet, nämlich jene doktrinäre, spekulative, metaphysische Gesinnung, die bereits von Burke bemerkt wurde (*Reflexions on the Revolution in France*, 1790) und später in Italien auch von Cuoco (*Saggio storico sulla rivoluzione napoletana del 1799*, 1801). Es ist klar, daß Leopardis Auffassung im schärfsten Widerspruch dazu stehen mußte, sich andererseits aber doch auch aus verschiedensten Quellen der Aufklärung nährt. Eine davon waren die Schriften Friedrichs II. von Preußen, die er im *Zibaldone* mehrfach wegen ihrer gegen die »philosophes« gerichteten Äußerungen zitiert. Auf diese berief sich auch Haller (freilich von einem reaktionären Standpunkt aus), als er daran erinnerte, daß der König »öffentlich vor dem Projekt dieser Philosophen [warnte], Frankreich in eine Republik zu verwandeln, die von ihnen regiert werden solle und in welcher ein Meßkünstler (Condorcet) der Gesetzgeber sein würde. Ein andermal nannte er jene Philosophen geradezu Narren [...] und pflegte zu sagen, daß eine Provinz nicht ärger gezüchtigt werden könnte, als wenn man sie den Philosophen zur Regierung übergeben würde.« (C. L. von Haller, *Restauration der Staatswissenschaft*, 1820-1834, Neudruck Aalen 1964, Bd. I, S. 191-92). Siehe auch Anm. 73 und allgemein zu diesem Thema den Artikel von R. Damiani, *Leopardi e la rivoluzione francese*, in: *Lettere italiane*, XLI, 4, Oktober-Dezember 1989, S. 532-53.

[16] »Das Komitee für Erziehung und Bildung wurde angewiesen, ein Projekt vorzulegen mit dem Ziel, den katholischen Kultus durch einen Kultus der Vernunft zu ersetzen!« Lady Sidney Morgan (um 1785 bis 1859), eine irische Schriftstellerin, hielt sich zweimal in Frankreich auf und schrieb darüber zwei Bände mit dem Titel *France*, erschienen 1817 und 1830.

[17] Vgl. *Dialogo: ... Filosofo greco, Murco senatore romano, Popolo romano, Congiurati*, in: *Operette morali*, a.a.O., S. 556-57.

[18] Hier S. 34 f.

[19] Mit Ausdrücken wie »mittlere Zeiten« [tempi di mezzo] und ähnlichen (s. im folgenden »niedere Zeiten« [tempi bassi]) bezeichnet Leopardi das Mittelalter.

[20] Leopardi teilt also mit der Geschichtsschreibung der Aufklärung das entschieden negative Urteil über das Mittelalter, steht allerdings insofern in radikalem Gegensatz zu ihr, als er eine wesentliche Kontinuität zwischen Mittelalter und Neuzeit in der allgemeinen »Vergeistigung« sieht, die die europäische Kultur kennzeichnet.

[21] Vgl. Montesquieu, *Considérations*, IX: »Man hört bei den Autoren immer nur von den Uneinigkeiten reden, die Rom zugrunde gerichtet haben. Aber man sieht nicht, daß diese Uneinigkeiten notwendig waren, daß sie stets in Rom bestanden hatten und immer dort sein mußten. Allein die Ausdehnung der Republik verursachte das Unglück und verwandelte die Unruhen des Volkes in Bürgerkriege. Es mußte in Rom Uneinigkeiten geben, und die draußen so stolzen, so wagemutigen und so furchtbaren Krieger konnten nicht in der Stadt mäßig und gelassen sein. In einem freien Staate Menschen zu verlangen, die im Kriege kühn und im Frieden furchtsam sind, heißt Unmögliches fordern. Man kann es als eine allgemeine Regel gelten lassen, daß man, wenn man in einem Staate, der sich Republik nennt, jedermann ruhig vorfindet, sicher sein kann, daß dort keine Freiheit herrscht. Was man bei einem politischen Gebilde als Einheit bezeichnet, ist eine sehr unbestimmte Sache.

Die wahre Einheit ist harmonische Einheit, die bewirkt, daß alle Teile, so entgegengesetzt sie auch immer erscheinen mögen, zum allgemeinen Wohle der Gesellschaft beitragen, so wie alle Dissonanzen in der Musik zum vollen Akkord sich vereinigen. Es kann in einem Staate, in dem man nur Unruhe wahrzunehmen glaubt, Einigkeit geben, d. h. eine Harmonie, aus der das Glück entspringt, das allein der wahre Friede ist.« (*Betrachtungen*, a.a.O., S. 76/77).

Außerdem *Considérations*, XI: »Die römischen Gesetze hatten die Staatsgewalt auf eine große Anzahl von Magistraturen weise verteilt, die sich gegenseitig stützten, eingrenzten und milderten. Und da sie alle nur eine engbegrenzte Macht gewährten, war jeder Bürger geeignet, zu ihnen zu gelangen. Das Volk, das zahlreiche Männer nacheinander die Ämter verwalten sah, gewöhnte sich an keinen von ihnen allen.« (ebd., S. 84/85). Schließlich *De l'esprit des lois*, II, II; *Lettres Persanes*, CXXXVI, wo in einem Hinweis der Zusammenhang Uneinigkeit–Freiheit auf England bezogen wird. Das Thema, das auf Machiavelli zurückgeht (*Discorsi sopra la prima deca di Tito Livio,* I, II/IV) war auch schon von Alfieri erörtert worden (*Della tirannide,* XI).

[22] Zur Rückführung der Gesellschaft auf Kain vgl. auch den *Inno ai patriarchi (Hymne an die Patriarchen),* V. 43/56, wo der erste Mörder als Begründer der Zivilisation in ihrem spezifisch urbanen Aspekt betrachtet wird.

[23] Hier S. 7/8.

[24] Das Fragment (dessen Titel nicht von Leopardi, sondern von seinen ersten Herausgebern stammt) wird auf die Zeit Januar bis August 1820 datiert.

[25] Siehe die in England angesiedelte exemplarische Episode, die am Ende der *Scommessa di Prometeo (Wette des Prometheus)* erzählt wird, in: *Werke,* Bd. I, a.a.O., S. 324/325.

[26] Vgl. *Zib.,* 194: »Die Politik darf nicht nur die Vernunft, sondern muß auch die Natur in Betracht ziehen, ich meine die echte Natur, nicht die künstliche oder entartete«; und vor allem *Disegni letterari,* V: »Unsere Rückkehr zu den Illusionen. Und doch bleibt die Politik immer auf der gleichen Stufe mechanischen Kalküls. Anwendung der Erkenntnis über Mensch und Natur im allgemeinen auf die Politik steht noch aus.« (In: *Poesie e prose,* a.a.O., Bd. II, S. 1212).

[27] Buch Rut, 1,19.

[28] Die oder eine wahrscheinliche Quelle der positiven Bewertung des »napoleonischen Systems«, weil es die Aktivität im Innern förderte und die Anerkennung von Initiative und Verdienst gewährleistete, ist das *Manuscrit venu de Sainte-Hélène d'une manière inconnue,* wo dies gerade eines der Motive ist, das der nicht mit Sicherheit identifizierte Verfasser des pseudonapoleonischen Büchleins hervorhebt.

»Meine Autorität vermittelte sich nicht wie in den alten Monarchien über ein System von Kasten und Schichten. Sie war unmittelbar und beruhte allein auf sich selbst; denn es gab im Kaiserreich nur die Nation und mich. Doch in dieser Nation waren alle gleichermaßen aufgerufen, öffentliche Aufgaben zu übernehmen. Die soziale Herkunft stellte für niemanden ein Hindernis dar. Es herrschte eine allgemeine Aufwärtsbewegung im Staat. Diese Bewegung war meine Stärke [...] Der alte Adel existierte nur dank seiner Vorrechte; meiner hatte nur Macht. Der alte Adel hatte lediglich Ansehen, weil er exklusiv war. Zu dem neuen hatte jeder Zugang, der sich hervortat: er war nichts weiter als ein staatsbürgerliches Ehrenzeichen. Das Volk verband nichts anderes damit. Jeder hatte ihn durch seine Arbeit verdient; alle konnten ihn zum gleichen Preis erlangen: er war für niemanden eine Beleidigung. Im Kaiserreich herrschte der Geist des Aufstiegs: das ist das Wesen von Revolutionen. Er versetzte die gesamte Nation in Bewegung. Sie erhob sich, um aufzusteigen. Oben an die Spitze dieser Bewegung setzte ich große Belohnungen. Sie wurden nur durch öffentliche Anerkennung gewährt. Diese hohen Würden entsprachen immer noch dem Geist der Gleichheit, denn der kleinste Soldat konnte sie durch glanzvolle Taten erlangen.« (*Manuscrit venu de Sainte-Hélène d'une manière inconnue*, Paris 1974, S. 77 und 92-93).

Vgl. außerdem die Bemerkungen von Napoleon selbst in bezug auf das ihm zugeschriebene Büchlein: »Es ist richtig, daß der von mir geschaffene Adel aus dem Volke kam: ich nahm einen Bauernsohn, und wenn ich gewahr wurde, daß er Talent hatte, machte ich ihn zum Herzog oder zum Marschall. Es ist richtig, daß ich ein System einsetzen wollte, das auf der Gleichheit aller gründete, und es ist richtig, daß alle in jeden Rang beförderbar sein sollten, unabhängig von ihrer Herkunft, vorausgesetzt, sie hatten das nötige Talent.« (Abgedruckt im Anhang zur italienischen Ausgabe: *Il manoscritto pervenuto misteriosamente di Sant'Elena*, Mailand 1982, S. 142).

Leopardi hat das *Manuscrit* (erschienen in London 1817 und auf italienisch in Neapel 1820) sofort gelesen, denn er zitiert es in *Zib.*, 135 (24. Juni 1820) als »der Staël zugeschrieben«.

Dem napoleonischen Kaiserreich kommt auch Leopardis teilweise positives Urteil über die Französische Revolution in *Zib.*, 2334-2335, hier S. 129 f. zugute, obgleich Napoleon danach »das Beispiel für die vielleicht äußerste Perfektionierung des Despotismus« darstellt (*Zib.*, 906, hier S. 99).

[29] Hier S. 22.

[30] Hier S. 9.

[31] Vgl. Montesquieu, *Considérations*, X: »Ich bin der Meinung, daß die Sekte des Epikur, die sich gegen Ende der Republik in Rom verbreitete, viel dazu beitrug, Empfinden und Denken der Römer zu verderben.« (*Betrachtungen*, a.a.O., S. 79).

[32] Vgl. Montesquieu, *Considérations*, VI: s. oben, Anm. 3.

[33] Hier S. 8.

[34] Hier S. 113.

[35] In dieser Reflexion weist Leopardi der Politik (verstanden als πολιτεία, als Gesamtheit und staatliche Verfaßtheit eines Volkes) einen tatsächlichen Vorrang gegenüber der Moral zu, da die Moral als Axiom eine Abstraktion bleibt, wenn sie nicht durch die konkrete Realität der Politik zum Tragen kommt. Gleichzeitig gibt er zu verstehen, daß die Moral nur in der Antike eine zugleich praktische und kollektive Bedeutung hatte, während sie in der modernen Welt, wo die Beziehung zwischen dem einzelnen und der Nation, zwischen Volk und Regierung abgebrochen ist (vgl. *Zib.*, 148/149, hier S. 13; 872/911, hier S. 70/104), zur bloßen »Theorie« verkommt. Luporini verweist in seinem Aufsatz *Leopardi progressivo* (in: *Filosofi vecchi e nuovi*, Firenze 1947 ff., Bd. I, neu aufgelegt als eigener Band unter dem gleichen Titel, Rom 1981, S. 35, Anm. 7) in diesem Zusammenhang auf eine Passage bei Rousseau, *Confessions,* IX: »[...] hatte sich meine Einsicht noch beträchtlich durch das Studium der Geschichte der Moral geweitet. Ich hatte gesehen, daß alles völlig von der Staatskunst abhing und daß jegliches Volk, wie man es auch anstellen wollte, niemals etwas anderes sein würde als das, wozu die Natur seiner Regierung es machte« (*Bekenntnisse,* Frankfurt a. M. u. Leipzig 1985, dt. v. E. Hardt, S. 566/67). Siehe auch Madame de Staël (*De l'Allemagne,* III, XIII): »Was würde indes aus dem menschlichen Geschlechte werden, wenn die Moral nichts anderes wäre als ein altes Weibermärchen, gut genug, die Schwachen bis zu dem Zeitpunkte zu trösten, wo sie die Stärkeren geworden sind? Wie könnte sie für Privatverhältnisse in Ehren bleiben, wenn man darüber einig wäre, daß der Gegenstand aller Blicke, die Regierung, ohne sie fertig werden könnte?« (Anne Germaine de Staël, *Über Deutschland,* Frankfurt 1985, dt. v. F. Buchholz, S. H. Catel, J. E. Hitzig, S. 608). Und weiter: »Die politische Wissenschaft der Alten war mit der Religion und der Moral auf das innigste gekoppelt. Der gesellschaftliche Zustand war ein Körper voll Leben. Jedes Individuum betrachtete sich als ein Mitglied desselben [...] Nimmt man die sehr geringe Zahl der freien Regierungen aus: so haben die Größe der Staaten bei den Modernen und die Konzentration der Gewalt in den Personen der Monarchen die Politik, sozusagen, ganz ins Negative gewendet.« (ebd., S. 614) Und schließlich, in den posthum veröffentlichten *Considérations sur les principaux événements de la révolution française,* bekräftigt Madame de Staël, als sie die Unzulänglichkeit der kirch-

lichen Moralerziehung kritisiert: »Allein das wirksamste Mittel für die Gründung der Sittlichkeit sind die politischen Einrichtungen.« (Frau von Staël, *Betrachtungen über die vornehmsten Begebenheiten der französischen Revolution,* Heidelberg 1818, dt. v. A.W. Schlegel, Bd. I, Teil 2, S. 374).

[36] Hier S. 22.

[37] Dies ist natürlich eine Anspielung auf Napoleons Spanienfeldzug und auf die Französische Revolution.

[38] »Die Meinungen hatten sich in Spanien in eine andere Richtung entwickelt als im übrigen Europa. Das Volk, das sich überall auf die Höhe der Revolution erhoben hatte, war dort weit zurückgeblieben; die Aufklärung war nicht bis in den zweiten Stand der Nation durchgedrungen. Sie war an der Oberfläche stehengeblieben, also bei den oberen Klassen. Diese empfanden die Erniedrigung ihres Vaterlandes und erröteten vor Scham, daß sie einer Regierung gehorchten, die ihr Land zugrunde richtete. Man nannte sie die Liberalen. So kam es, daß in Spanien die Revolutionäre jene waren, die durch die Revolution etwas zu verlieren hatten; doch jene, die aus ihr Gewinn haben sollten, wollten nichts davon wissen.« (Vgl. *Manuscrit venue de Saint-Hélène...,* a.a.O., S. 111/12).

[39] Die »mittlere Zivilisiertheit« [*civilizzazione media*] oder »mittlere Kultur« [*civiltà media*] (oder »halbzivilisierte« oder auch »mäßig zivilisierte Kultur« [*mezzana civiltà* oder *mediocre civiltà*], wie Leopardi sie nennt) bezeichnet ein Zivilisationsstadium, das gleich weit von der Barbarei wie von einem Übermaß an Zivilisation entfernt ist, einen Zustand des Gleichgewichts zwischen »Natur« und »Vernunft«. Er ist charakteristisch für die Welt des Altertums und stellt für den Menschen, »so wie er [durch die Verderbnis] geworden ist«, den Idealzustand dar (*Zib.,* 404. Vgl. auch *Zib.,* 162, hier S. 16, und 421/433, 18. Dezember 1820). Mit diesem Begriff verknüpft ist der Begriff *mezza filosofia* [»Halbphilosophie«], dazu vgl. *Zib.,* 520/522, hier S. 36/38.

Es wurde noch nicht untersucht, und ich vermag es nicht zu sagen, ob Begriff und Gedanke der *civiltà media* von Leopardi selbst stammen oder eine Übernahme darstellen. Ein französischer Philosoph und Zeitgenosse von Leopardi, Théodore Jouffroy, verwendet die Formulierung *civilisation moyenne* als Bezeichnung für »das, was geschah, wenn die wilden Völkerschaften des Nordens in den zivilisierten Völkern des Südens aufgingen. Es stellte sich gewissermaßen ein Gleichgewicht zwischen der Barbarei der einen und der Zivilisiertheit der anderen her, und daraus entstand eine mittlere Form von Zivilisiertheit [*civilisation moyenne*], die Misch‚ kultur.« (*Du rôle de la Grèce dans le développement de l'humanité*, in: *Le Globe*, 16. Juni 1827, neu aufgelegt in: *Mélanges philosophiques*, Paris‚Genf 1979, S. 98). Jouffroys Definition ist interessant, weil sie eine Beziehung zwischen Barbarei und Kultur herstellt in Begriffen, die nicht weit von denen Leopardis entfernt sind; allerdings handelt es sich bei dem einen um einen historischen Begriff (noch dazu bezogen auf ein Zeitalter – das Mittelalter –, das Leopardi verurteilt), bei dem anderen dagegen um eine eher allgemeine Kategorie, gestützt auf die Abmilderung der Vernunft durch die Natur.

40 Einige Jahre später ist Leopardis Urteil über Spanien, das hier, analog zu Rom und Athen, als ein Beispiel der *civiltà media* betrachtet wird, ein deutlich anderes. Im *Discorso sopra lo stato presente dei costumi degl'italiani* (*Abhandlung über den gegenwärtigen Zustand der Sitten der Italiener*, in: *Schade um Italien!*, a.a.O., S. 64‚68) polemisiert er offen gegen die von Chateaubriand for‚ mulierte Analyse und Voraussicht, der in *Génie du christianisme* (III, 3, 5) geschrieben hatte: »Das von den anderen Nationen isolierte Spanien stellt sich dem Historiker noch als ursprüng‚ licher dar: der Stillstand der Sitten, in dem es gleichsam verharrt, wird ihm vielleicht eines Tages von Nutzen sein; und wenn der‚ einst die europäischen Völker durch die Korruption verbraucht sind, wird allein Spanien in allem Glanz von neuem die Bühne der Welt betreten können, weil die Grundlage seiner Sitten bei ihm noch besteht.« (*Essai sur les révolutions. Génie du christianisme*, hg. v. M. Regard, Paris 1978, S. 842).

Nach Leopardis Auffassung besitzt Spanien ganz im Gegen‚ teil keineswegs die Frische und die Kraft der antiken Staaten, sondern hat in hohem Maße das Erbe der Barbarei und der mit‚ telalterlichen Verderbnis bewahrt. Doch hätten Spanien und ähnliche Länder dessen ungeachtet »trotzdem eine gewisse rest‚ liche Grundlage der öffentlichen und privaten Moral, außer in der Gewalt, in den Vorurteilen selbst [...], in der Unkenntnis so vieler Dinge, welche die moderne Aufklärung enthüllt hat, und den nicht geringen Überbleibseln der mittelalterlichen Barbarei. Diese Grundlage fehlt Italien, ohne daß sie durch das ersetzt wird, was die moderne Zivilisation den Nationen Europas und Ameri‚

kas bietet, die gesellschaftlicher und lebhafter als Italien sind.« (*Abhandlung über den gegenwärtigen Zustand der Sitten der Italiener*, a.a.O., S. 69. Vgl. Nachwort, S. 295f.). Über Leopardis Interesse an Spanien (ein Interesse, das sich bereits bei Montesquieu findet) kenne ich keine gründliche Untersuchung.

[41] Vgl. Nachwort, S. 283.

[42] Die Hervorhebungen sind Zitate aus Félicité-Robert de Lamennais, *Essai sur l'indifférence en matière de religion*, den Leopardi in der italienischen Übersetzung von Pater Angelo Bigoni besaß und las (*Saggio sull'indifferenza in materia di religione dalla francese nella italiana favella*, Fermo 1819-20). Vgl. *Œuvres complètes*, hg. v. L. Le Guillou, Genf 1980 (Reprint der Ausgabe Paris 1836-1837), Bd. I: *Essai sur la différence en matière de religion*, zum ersten Zitat Teil 1, Kap. II, S. 21; zum zweiten Zitat *ebd.*, Kap. I, S. 4; zum dritten und vierten Zitat *ebd.*, Kap. II, S. 26 und Anm. Die Band- und Seitenangaben nach dem Bolingbroke-Zitat beziehen sich auf *The Complete Works, Essay the Fourth Concerning Authority in Matters of Religion*, London 1799. Die Auffassung von der wichtigen gesellschaftlichen und politischen Funktion der Religion war, wenn auch mit unterschiedlicher Perspektive, im achtzehnten und frühen neunzehnten Jahrhundert allgemein verbreitet: von Montesquieu (*Dissertation sur la politique des Romains dans la religion; Considérations*, X; *De l'esprit des lois*, VIII, XIII und XXIV, VIII) und Vico (*Scienza nuova*, 1744, Schlußkapitel und passim, bis zu Rousseau, *Contrat social*, IV, 8); von Chateaubriand (*Essai sur les révolutions; Génie du christianisme*) bis zu Tocqueville (*De la démocratie en Amérique*, II, 1, IV). Der Topos, der auch bei Machiavelli vorkommt (*Discorsi sopra la prima deca di Tito Livio*, I, XI-XV), geht auf Cicero zurück (*De Legibus*, II, 4-5; *In C. Verrem*, IV, 132) und noch davor auf Polybios (*Geschichten*, VI, 56), Plutarch (*Adversus Colotem*, 1125 I d) und Platon (*Über die Gesetze*, IV, 712b-719a).

[43] Homer, *Ilias*, VIII, 517.

[44] Lamennais, *Essai sur l'indifférence...*, a.a.O., Bd. I, Teil 2, Kap. IV, S. 77.

[45] *Ebd.*, Kap. V, S. 94.

[46] De Staël, *Über Deutschland*, a.a.O., S. 19.

[47] Hier S. 48f.

[48] Lamennais, *Essai sur l'indifférence...*, a.a.O., Bd. I, Teil 2, Kap. V, S. 125 Anm.

[49] Leopardi verweist hier auf eine Passage bei Montesquieu, *Considérations,* VI: »Auf solche Art war Rom, genaugenommen, weder eine Monarchie noch eine Republik, sondern das Haupt eines Körpers, der von allen Völkern der Welt gebildet wurde [...] Die Völker bildeten nur durch ihren gemeinsamen Gehorsam ein Ganzes, und ohne Mitbürger zu sein, waren sie doch alle Römer.« (*Betrachtungen,* a.a.O., S. 59/60). Unterschiedlich interpretieren allerdings beide Autoren die Ursache für den Untergang Roms, den Montesquieu der Ausdehnung des Imperiums und der Größe der Stadt zuschreibt (*Considérations,* IX), Leopardi hingegen der philanthropischen und kosmopolitischen Haltung (vgl. A. Pavan, *Leopardi e la storia antica,* in: *Il pensiero storico e politico di Giacomo Leopardi,* »Atti del VI Convegno internazionale di studi leopardiani, Recanati, 9./11. September 1984«, Florenz 1989, S. 38/40).

[50] Vgl. *Dialogo:* ... *Filosofo greco, Murco senatore romano, Popolo romano, Congiurati,* a.a.O., S. 556.

[51] Leopardis veränderte Beurteilung dieser Personen im Vergleich zu der einige Monate früher geäußerten (vgl. *Zib.,* 274, hier S. 22f.) ist dem Begriff der »Halbphilosophie« geschuldet, wie Sebastiano Timpanaro bemerkt hat: *Leopardi e i filosofi antichi,* in: *Classicismo e illuminismo nell'Ottocento italiano,* Pisa 1965, 2. erweiterte Aufl. 1969, S. 196/97.

[52] Vgl. Antoine-Yves Goguet, *De l'origine des lois, des arts et des sciences et de leur progrès chez les anciens peuples,* Paris 1758, Bd. I, S. 9f. Auf das Werk von Goguet (1716/1758), das er in italienischer Übersetzung las (*Della origine delle leggi, delle arti e delle scienze, e de i loro progressi appresso gli antichi popoli,* 3 Bde., Lucca 1761), verweist Leopardi oft in seiner hochgelehrten *Storia dell'astronomia,* die er mit fünfzehn Jahren schrieb.

[53] Vgl. Goguet, a.a.O., Bd. II, S. 49: »Wie man aus meinen Ausführungen über die Anfänge der griechischen Geschichte ersehen kann, war die erste Regierungsform bei jenen Völkern die monarchische. Diese Tatsache wird von allen Schriftstellern der Antike bestätigt.«

[54] πλεονεξία, »Vorrang«. Im folgenden jedoch in der Bedeutung »Begehrlichkeit«.

[55] Vgl. *Zib.,* 121 (10. Juni 1820).

[56] Dies ist die längste, vollständigste und geschlossenste geschichtstheoretische Abhandlung, die Leopardi den verschiede-

nen Staatsformen (absolute Monarchie, Republik, konstitutionelle Monarchie) gewidmet hat. Sie soll die allgemeine Behauptung beweisen, daß die Natur der Vernunft und der Kunst überlegen ist und daß »die Regierungsformen wie auch alle anderen Dinge, die ursprünglich und von Natur aus vollkommen waren oder wären, ohne die Natur nicht mehr vollkommen sein [können], trotz aller Mühen von Vernunft, Wissenschaft und Kunst.« (*Zib.*, 579, hier S. 64). Die absolute Monarchie, die gewöhnlich für »die schlechteste aller Regierungsformen« gehalten wird (*Zib.*, 545, hier S. 40), war in Wirklichkeit die »erste, richtige und natürliche, dem wahren Wesen der Gesellschaft entsprechende Regierungs'form« (*Zib.*, 560, hier S. 50), kurz, »die vollkommenste« (*Zib.*, 545, hier S. 40), denn zur Verwirklichung des Gemeinwohls braucht die Gesellschaft eine einzige, absolute Befehlsgewalt. Gleichzeitig ist einleuchtend, daß es dazu eines »nahezu vollkommenen« Herr'schers bedarf (*Zib.*, 550, hier S. 44). Wenn und falls durch die Ver'derbtheit der Zeiten diese Eigenschaft des Souveräns schwindet, verliert auch die monarchische Institution ihren guten und nütz'lichen Charakter. Dann wird die Einheit der Macht aufgeteilt, und es entstehen die Republiken. Unter Bedingungen, die nicht mehr die ursprünglichen sind, aber die Kraft zu Illusionen noch hinlänglich bewahrt haben, ist die auf Gleichheit, Tugend und Verdienst gegründete volksnahe, demokratische Staatsform der Republiken die glücklichste. Sie bestand in Griechenland bis zu den Perserkriegen (5. Jahrhundert v. Chr.) und in Rom bis zu den Punischen Kriegen (2. Jahrhundert v. Chr.). Doch da die vollkommene Gleichheit als Grundlage der Demokratie nicht auf Dauer aufrechtzuerhalten ist und Luxus, Egoismus und Philo'sophie an die Stelle von Armut, Tugend und Unwissenheit treten, gehen die Demokratien unter, und die Monarchie kehrt zurück. An diesem Punkt der historisch'gesellschaftlichen Entwicklung stellt die absolute Monarchie nicht mehr die ursprünglich ideale politische Form von Gesellschaft dar, sondern sie verwandelt sich schlicht und einfach in Tyrannei (vgl. auch *Zib.*, 3889'3890, 17. November 1823), die eben nichts anderes ist als »eine absolute Monarchie ohne Natur« (*Zib.*, 574, hier S. 60). »In diesem Zu'stand«, stellt Leopardi fest, »ist die Welt seit Beginn des römischen Kaiserreichs mehr oder weniger dahingesiecht bis in unser Jahr'hundert« (*Zib.*, 574, hier S. 61), das dann den Übergang von der absoluten zur konstitutionellen Monarchie erlebte. Doch auch der Verfassungsstaat, selbst wenn er für die Gegenwart vielleicht die beste Lösung darstellen mag, bleibt trotzdem eine völlig willkürliche und äußerliche Staatsform, »ein unerläßliches Übel, um ein noch größeres Übel zu bekämpfen oder zu verhindern« (*Zib.*, 578, hier S. 64). Wichtig, abgesehen von all diesen Inhalten, ist Leopardis Reflexion sowohl wegen der Relevanz, die er der Politik beimißt, »der die wichtigste und bedeutendste Rolle zukommt, weil sie den größten und allgemeinsten Einfluß auf die menschlichen Angelegenheiten hat« (*Zib.*, 575, hier S. 61), als auch wegen des Skeptizismus, der sie durchzieht und der in den folgenden Jahren noch drastischer zum Ausdruck kommen wird: »in dem Zustand, in den der Mensch [...] geraten ist«, kann es »keine Regierungsform geben, die nicht höchst unvollkommen ist, die nicht notwendig die Keime des Bösen und des mehr oder minder großen Unglücks der Völker und der Individuen in sich trägt« (*Zib.*, 543, hier S. 39).

[57] Hier S. 11.

[58] Hier wird die Vorstellung von der häufigen Falschheit und Nutzlosigkeit der Geschichtswissenschaft in der Neuzeit aufgegriffen und weiterentwickelt, derzufolge die großen Ereignisse von winzigen Fakten abhängen können, die, weil rein zufällig und privat, dunkel und unzugänglich sind. Geschichte mit ihren »größten Ereignissen«, ihren »größten Wundern« als Biographie, Anekdote, *Vaudeville!*

[59] »Die Geschichte des Menschen«, bemerkt Leopardi in *Zib.*, 403, »ist nichts anderes als ein fortlaufender Übergang von einer Zivilisationsstufe zur nächsten, bis zu einem Übermaß an Zivilisation und schließlich zur Barbarei, und dann beginnt alles von vorn«. Man vergleiche in diesem Zusammenhang den Schluß des *Essai sur les révolutions* von Chateaubriand, ein Werk, das den historischen und gesellschaftlichen Fortschritt leugnet zugunsten einer periodischen Wiederkehr der Ereignisse und der Staatsformen, einer ständigen »Revolution« im astronomischen Sinn des Begriffs, nach einem Modell, das sich bereits in den *Réflexions critiques sur la poésie et la peinture* (1719) von Jean-Baptiste Dubos findet (vgl. den von Jean Dagens zitierten Passus in seinem Artikel über die Geschichtsphilosophie Voltaires, *La marche de l'histoire suivant Voltaire*, in: *Romanische Forschungen* 70, 1958, S. 244). Bezogen auf die Zukunft der Nationen hält Chateaubriand folgende Hypothese für die wahrscheinlichste: »[...]

durch partielle Revolutionen innerlich zerrissen, werden sie nach langen Bürgerkriegen und einer schrecklichen Anarchie eines nach dem andern zur Barbarei zurückkehren. Im Laufe dieser Wirren werden sich einige von ihnen, weniger vorangeschritten in der Verderbnis und der Aufklärung, auf den Trümmern ersterer erheben und ihrerseits Opfer ihrer Zwistigkeiten und verderbten Sitten werden: daraufhin werden die zuerst in die Barbarei gefallenen Nationen von neuem wieder daraus hervorgehen und ihren Platz auf dem Erdball einnehmen und so fort in einer Revolution ohne Ende.« (*Essai sur les révolutions,* a.a.O., S. 430). Es ist sehr unwahrscheinlich, daß Leopardi Chateaubriands *Essai,* dessen Veröffentlichung in London 1797 nahezu unbemerkt blieb, gekannt hat; sehr viel wahrscheinlicher ist dagegen, daß ihm Vicos Theorie der *corsi* und *ricorsi* [wiederkehrende Zivilisationszyklen] in der Geschichte gegenwärtig war, obwohl die *Scienza nuova* im *Zibaldone* lediglich im Zusammenhang mit der »Homer-Frage« erwähnt wird. Einer zyklischen Geschichtsauffassung, wie sie wiederholt auch von Machiavelli (*Discorsi sopra la prima deca di Tito Livio,* I, Vorwort; I, II und II, Vorwort; *Istorie fiorentine,* V, 1; *Asino d'oro,* V, Vers 31-127) und Guicciardini (*Ricordi politici e civili,* LXXVI; *Del reggimento di Firenze,* I) dargelegt wird und letztlich auf Polybios (*Geschichten,* VI, 9) zurückgeht, pfropft er jedenfalls die Vorstellung von der Überlegenheit des Barbaren gegenüber dem Zivilisierten auf, die eine sehr lange Tradition im abendländischen Denken hat (von Tacitus bis zu Cioran) und ihm vielleicht durch den *Discours sur les sciences et les arts* von Rousseau (vgl. Nachwort, S. 286 und Fußn. 1) vermittelt wurde. Hinzuweisen ist hier insbesondere auf den folgenden Passus, der auch geeignet ist, die analoge Überlegung in *Zib.,* 2331-2335, hier S. 128-130 zu verdeutlichen:

»Nehmt Ägypten, diese erste Schule der Welt, sein so fruchtbares Klima unter einem ehernen Himmel, dieses berühmte Stück Erde, von dem einst Sesostris auszog, die Welt zu erobern. Es wurde die Mutter der Philosophie und der schönen Künste, aber bald darauf ein Raub des Kambyses, dann der Griechen, der Römer, der Araber und schließlich der Türken.

Nehmt Griechenland, einst von Helden bewohnt, die Asien zweimal besiegten, das eine Mal vor Troja, das andere Mal auf eigenem Boden. Die junge Gelehrsamkeit hatte noch nicht die Verderbtheit in die Herzen seiner Bewohner gepflanzt; aber der

Fortschritt der Künste, der Zerfall der Sitten und das Joch des Makedoniers folgten dicht aufeinander, und Griechenland, das immer gelehrte, immer wollüstige und immer versklavte Griechenland, erlebte seine Revolutionen nur noch als Wechsel der Herren. Alle Beredsamkeit des Demosthenes konnte einen Körper niemals wieder beleben, den der Luxus und die Künste entkräftet hatten.

Zur Zeit des Ennius und des Terenz begann Rom, von einem Hirten gegründet und durch Bauern berühmt geworden, zu entarten. Doch nach einem Ovid, einem Catull, einem Martial und dieser Menge obszöner Autoren, deren Namen allein Scham erregen, wird Rom, einst der Tempel der Tugend, zum Schauplatz des Verbrechens, zur Schande der Nationen und ein Spiel der Barbaren. Die Hauptstadt der Welt fällt schließlich unter das Joch, das sie so vielen Völkern aufgezwungen. Und der Tag ihres Falls ging jenem anderen voraus, an dem man einem ihrer Bürger den Titel eines *arbiter elegantiae* verlieh.

Was soll ich erst von jener Metropole des morgenländischen Imperiums sagen, die durch ihre Lage zur Hauptstadt der ganzen Welt bestimmt schien, von diesem Asyl der Wissenschaften und Künste, als jene im übrigen Europa vielleicht eher aus Klugheit denn aus Barbarei vertrieben waren. Alles, was Ausschweifung und Verderbtheit an Schändlichstem, Verrat, Mord und Gift an Finsterstem und alle Verbrechen im Wettstreit miteinander an Gräßlichstem hervorbringen – daraus ist die Geschichte Konstantinopels gewebt, das ist der reine Quell, aus dem uns die Erkenntnisse entsprungen sind, deren unser Jahrhundert sich rühmt.

Doch warum in weit zurückliegenden Zeiten nach Beweisen für eine Wahrheit suchen, von welcher Zeugnisse unter unseren Augen fortbestehen. In Asien gibt es ein weites Gebiet, wo die Gelehrsamkeit geschätzt wird und zu den höchsten Würden des Staates führt. Würden die Wissenschaften die Sitten läutern, die Menschen lehren, ihr Blut für das Vaterland zu vergießen, würden sie den Mut befördern, dann müßten die Völker Chinas weise, frei und unbesiegbar sein. Da es hingegen kein Laster gibt, das sie nicht beherrsche, kein Verbrechen, das ihnen fremd wäre – da weder die Aufgeklärtheit der Minister noch die vermeintliche Weisheit der Gesetze, noch die Menge der Bewohner dieses ausgedehnten Reiches es vor dem Joch des unwissenden, grobschlächtigen Tataren bewahren konnte – wozu sind ihm dann alle seine Gelehrten nütze gewesen? Welchen Anteil hat es an den Ehren gehabt, mit denen jene überhäuft wurden? Den vielleicht, daß es von Sklaven und Bösewichtern bevölkert wird?

Halten wir diesen Bildern das der Sitten jener kleinen Zahl von Völkern entgegen, die, bewahrt vor der Ansteckung eitlen Wissens, kraft ihrer Tugend ihr eigenes Glück gemacht haben und den übrigen Nationen ein Beispiel geben. Solcherart waren die ersten Perser, ein einzigartiges Volk, wo man die Tugend erlernte, wie man bei uns die Wissenschaft erlernt. Ein Volk, das Asien mit solcher Leichtigkeit unterwarf und dem als einzigem der Ruhm zuteil wurde, daß die Geschichte seiner Institutionen als philosophischer Roman gegolten hat. Solcherart waren die Skythen, von denen uns so herrliches Lob überliefert ist. Solcherart die Germanen; eine Feder, die es leid war, die Verbrechen und Ruchlosigkeiten eines gebildeten, wohlhabenden und wollüstigen Volkes aufzuzeichnen, erleichterte sich in der Schilderung ihrer Einfalt, Unschuld und ihrer Tugenden. So war selbst Rom, zu Zeiten seiner Armut und Unwissenheit.« (*Über die Wissenschaften und die Künste,* in: *Kulturkritische und politische Schriften,* a.a.O., Bd. I., S. 59/61, dt. v. K. Barck).

⁶⁰ Diese Seiten bieten Gelegenheit, Leopardis Geschichtsphilosophie in ihren Grundzügen zu erläutern. Nach einem Schema, das auf das achtzehnte Jahrhundert oder noch weiter, auf Machiavelli, Guicciardini und Polybios, zurückgeht (vgl. die vorhergehende Anmerkung), folgt die Geschichte einem zyklischen Verlauf von der Barbarei über die Zivilisation bis zu einem Übermaß an Zivilisation, um dann erneut in die Barbarei zurückzufallen: daher die Möglichkeit, in Analogie zu den wechselnden Geschicken der Völker in der Antike zumindest allgemeine »Vorhersagen« zu formulieren, wie in *Zib.,* 867, hier S. 66 f. und 2332/2333, hier S. 129 f. Dabei gleicht oder wiederholt sich die Entwicklung allerdings eher in ihrer formalen Struktur als in ihrem besonderen Inhalt, der in Verbindung mit der unendlichen Vielfalt der zeitlichen, anthropologischen und psychologischen Umstände, die von Fall zu Fall dazutreten, jeweils unterschiedlich ist. Mit anderen Worten, die zyklische Abfolge der historischen Phasen ist immer die gleiche, doch die einzelne Phase oder einzelne Form von Barbarei und Zivilisation wechselt unaufhörlich. Die Barbarei, bemerkt Leopardi, »nimmt unterschiedliche Aspekte an, je nach Art der Gesellschaft, aus welcher sie hervorgeht und an deren Stelle sie tritt, und je nach Art der Zeiten und der Völker« (*Zib.,*

1101, 28. Mai 1821). Gleiches gilt für den Menschen: Niemand war stärker als Leopardi davon überzeugt, daß der Mensch der Antike dem modernen Menschen von Grund auf unähnlich war, und das bestätigt er auch hier. Wenn diese Sicht die historische Verschiedenartigkeit einschließt oder sogar reklamiert, heißt das allerdings nicht, daß er einen »Fortschritt« anerkennt. Damit ein solcher stattfinden könnte, müßte sich die Geschichte nicht nur linear entwickeln, sondern auch einen Sinn haben, was Leopardi leugnet oder jedenfalls nicht in Betracht zieht.

[61] Vgl. Rousseau, in einer Anmerkung zum *Discours sur l'origine et les fondements de l'inégalité parmi les hommes:* »Zu alledem muß man noch die Anzahl ungesunder Berufe hinzudenken, die das Leben verkürzen oder die Lebenslust zerstören, Tätigkeiten wie die Arbeit unter Tage, die verschiedenen Arten der Aufbereitung von Metallen und Mineralien [...] auch die gefahrvollen Handwerke, die täglich so viele Arbeiter das Leben kosten [...] und man wird in der Einführung und Vervollkommnung der Gesellschaft die Gründe für den Rückgang der menschlichen Gattung erblicken, der von mehr als einem Philosophen beobachtet worden ist.« (*Abhandlung über den Ursprung und die Grundlagen der Ungleichheit unter den Menschen,* in: *Kulturkritische und politische Schriften,* a.a.O, Bd. I., S. 289, dt. v. B. Burmeister). Doch vielleicht stammt die Anregung auch von Xenophon (*Oikonomikus* IV, 2-3 und VI, 5-6), auf den Leopardi verweist, als er in *Zib.,* 2454 (3. Juni 1822) auf das Thema zurückkommt.

[62] Hier auf S. 106f.

[63] Vgl. Zanolini, *Lexicon Hebraicum ad usum Seminarii Patavini,* Padua 1732, S. 72. Antonio Zanolini (1693-1762), ein berühmter Orientalist, lehrte Hebräisch an der Universität von Padua.

[64] Vgl. den Entwurf mit dem Titel *Novella: Senofonte e Niccolò Machiavello (Novelle: Xenophon und Machiavelli)* und den Zusatz *Per la novella Senofonte e Machiavello,* hier S. 133-140.

[65] Vgl. Montesquieu, *Considérations,* VI: »Es ist die Torheit der Eroberer, allen Völkern die eignen Gesetze und Sitten aufdrängen zu wollen: das taugt zu nichts, denn unter jeder Regierungsform ist man fähig zu gehorchen.

Da jedoch Rom keine allgemeingültigen Gesetze vorschrieb, kam es zu keinen gefährlichen Bündnissen. Die Völker bildeten nur durch ihren gemeinsamen Gehorsam ein Ganzes, und ohne Mitbürger zu sein, waren sie doch alle Römer.

Man wird vielleicht einwenden, daß die Reiche, die auf den Lehensgesetzen gegründet sind, niemals dauerhaft und mächtig waren. Aber es gibt auf der Welt nichts so Verschiedenes wie den Plan der Römer und jenen der Barbaren. Um nur eines anzuführen: der eine war das Werk der Stärke, der andere das der Schwäche. Bei dem einen war die Unterwerfung extrem, bei dem anderen die Unabhängigkeit. In den von den germanischen Nationen eroberten Ländern war die Macht in den Händen der Vasallen und nur das Recht in der Hand des Fürsten. Genau das Gegenteil war bei den Römern der Fall.« (*Betrachtungen*, a.a.O., S. 60).

[66] Hier S. 35 f.

[67] Vgl. Platon, *Der Staat*, V, 469 b ff. Entscheidend in der nicht wörtlich und vollständig übersetzten, sondern nur zusammengefaßten Stelle bei Platon ist, wie Piero Treves bemerkt hat, »die Unterscheidung zwischen στάσις und πόλεμος, als sei der Krieg unter Griechen ›Bürgerkrieg‹, aber der eigentliche und deshalb einzig legitime Krieg der Krieg der Griechen gegen den Barbaren« (*Lo studio dell'antichità classica nell'Ottocento*, hg. v. P. Treves, Mailand-Neapel 1962, S. 508, Anm. 1). Zu der gleichen Stelle vgl. C. Schmitt, *Der Begriff des Politischen*, Berlin 1963, ³1991, S. 29, Anm. 5: »Für Platon ist nur ein Krieg zwischen Hellenen und Barbaren (die ›von Natur Feinde‹ sind) wirklich Krieg, dagegen sind für ihn die Kämpfe zwischen Hellenen στάσεις [...] Hier ist der Gedanke wirksam, daß ein Volk nicht gegen sich selbst Krieg führen könne und ein ›Bürgerkrieg‹ nur Selbstzerfleischung, nicht aber vielleicht Bildung eines neuen Staates oder gar Volkes bedeute.«

[68] Vgl. *Zib.*, 150-151 (3. und 4. Juli 1820); 457-458, hier S. 35 f.; 541-542 (22. Januar 1821).

[69] Vgl. *Zib.*, 1100-1101 (28. Mai 1821), wo Leopardi von den letzten anderthalb Jahrhunderten Geschichte spricht als von der »wahren und einzigen Epoche der Perfektion des Despotismus, vornehmlich infolge einer gewissen Mäßigung, die ihn universell, allumfassend und dauerhaft macht«.

[70] Vgl. Voltaire, *Le Siècle de Louis XIV*, XXIX: »Infolge aller dieser Bemühungen besaß er [Ludwig XIV.] vom Jahre 1672 an hundertachtzigtausend Mann regulärer Truppen und hatte schließlich, indem er seine Streitkräfte in dem Maße vermehrte, wie die Zahl und die Macht seiner Feinde wuchs, die Seesoldaten

mitgezählt, vierhundertfünfzigtausend Mann unter den Waffen. Man hatte vor ihm noch keine so starke Armeen gesehen. Seine Feinde stellten ihm kaumhin ebenso beträchtliche entgegen und mußten sich zu diesem Zweck immer erst vereinigen.« (*Das Zeitalter Ludwig XIV.,* Leipzig o. J., dt. von R. Habs, S. 21).

[71] Hier S. 95.

[72] Diese Bemerkungen haben auch für das Frankreich von heute noch Gültigkeit, obwohl es die von Leopardi prophezeite Vorrangstellung nicht wieder zurückgewonnen hat.

[73] Die Französische Revolution (vgl. dazu Anm. 15) stellt für Leopardi die unzulängliche Wiedergeburt aus einer Zeit tiefster Verderbnis und Barbarei dar, die von der Mitte des siebzehnten Jahrhunderts bis ins folgende Jahrhundert dauerte. Das negative Urteil über das Zeitalter und das despotische Regime Ludwigs XIV. findet sich auch bei Madame de Staël, einer historiographischen Tradition folgend, die auf Boulainvilliers zurückgeht (vgl. Frau von Staël, *Betrachtungen über die vornehmsten Begebenheiten der französischen Revolution,* a.a.O., Bd. I, Teil 1, S. 35ff.), und steht natürlich in völligem Gegensatz zur Bewertung dieser Epoche durch Voltaire in *Le Siècle de Louis XIV.*

[74] »Der Hof in Neapel führte die längst zum Gespött gewordenen Krinolinen wieder ein: und die Damen fanden nicht leicht Gnade, wenn sie nicht als Ungeheuer auftraten, die mehr in die Breite als in die Höhe gingen. Rom mußte erleben, wie in seiner Prachtstraße menschliche Gliedmaßen mit Stricken auseinandergerissen wurden; und dem Kardinal Consalvi gelang es erst nach abermaliger Entrüstung, sich mit seiner Menschlichkeit und seinem Ruf durchzusetzen. In einigen Gegenden Italiens erscheinen die Geister von Klausurmönchen. In anderen kehren Fideikommiß, Primogenitur und sogar die verhaßte Feudalität wieder, gegen die Europa fünfundzwanzig Jahre gekämpft und derenthalben es sich mit Blut befleckt hatte; die Luganer (schändlich als Italiener wie als Schweizer) wüten gegen die Angeklagten mit barbarischen Foltermethoden, die das Jahrhundert nicht einmal zu erwähnen duldet; in Mailand werden die von der Regierung verabscheuten Grausamkeiten und Widersinnigkeiten von manchen frommen Eiferern geradezu vermißt, die sich nicht schämen zu drucken, es sei ein Verlust für die Allgemeinheit, der Inquisition beraubt zu werden.« (Vgl. Monti, *Proposta di alcune correzioni ed aggiunte al Vocabolario della Crusca,* Mailand 1817-1826, Bd. I,

Teil 2, S. 261, wo Leopardi Gelegenheit hatte, den Brief Giordanis zu lesen).

⁷⁵ Für das Thema des »Vorurteils« zeigte Leopardi schon frühzeitig Interesse, als er den *Saggio sopra gli errori popolari degli antichi* (1815) schrieb, und er kam immer wieder darauf zurück, bis hin zu der entscheidenden Reflexion in *Zib.*, 4135-4136, hier S. 217 bis 219. Zentrale Bedeutung bekam das bereits von Bayle aufgeworfene Thema des Vorurteils und seiner Notwendigkeit für Leben und Gesellschaft in der philosophischen Debatte im achtzehnten Jahrhundert, aus der Leopardi es übernimmt (vgl. M. A. Rigoni, *La vertigine della lucidità*, in: *Saggi sul pensiero leopardiano*, Neapel ²1985, S. 116-17 und Anm. 10). Eine eloquente Apologie des Vorurteils fand er andererseits auch bei Lamennais, der sich sogar auf die Meinung seiner Gegner berief (vgl. *Essai sur l'indifférence en matière de religion*, a.a.O., Bd. I, 1. Teil, Kap. 2, S. 31-33): zu Leopardis Haltung gegenüber der Philosophie der Restauration siehe jedoch Nachwort, S. 283, Fußn. 1.

⁷⁶ Zahlreich sind die Seiten im *Zibaldone* (von 222-223, 23. August 1820, bis 2567-2568, 18. Juli 1822), die die aufklärerische (aber später auch romantische) These von der »Vervollkommnungsfähigkeit des Menschen« widerlegen oder verspotten sollen, jene These, wie sie exemplarisch von Condorcet dargelegt wurde in seiner *Esquisse d'un tableau historique des progrès de l'esprit humain* (posthum ersch. 1794): »Dies ist die Absicht des Werkes, das ich in Angriff genommen habe; und sein Ergebnis wird sein, durch Vernunftschlüsse und den historischen Fakten gemäß darzutun, daß die Natur der Vervollkommnung der menschlichen Fähigkeiten keine Grenze gesetzt hat; daß die Fähigkeit des Menschen zur Vervollkommnung tatsächlich unabsehbar ist; daß die Fortschritte dieser Fähigkeit zur Vervollkommnung, die inskünftig von keiner Macht, die sie aufhalten wollte, mehr abhängig sind, ihre Grenze allein im zeitlichen Bestand des Planeten haben [...]« (*Entwurf einer historischen Darstellung der Fortschritte des menschlichen Geistes*, hg. v. W. Alff, dt. v. W. Alff u. H. Schweppenhäuser, Frankfurt 1976, S. 31).

Der Terminus *perfectibilité* [Fähigkeit zur Vervollkommnung] wurde wahrscheinlich 1750 von Turgot geprägt und vor allem von Rousseau verbreitet (vgl. A. O. Lovejoy, *The Supposed Primitivism of Rousseau's Discours on Equality*, in: *Essays in the History of Ideas*, Westport 1948, Reprint 1978, S. 25).

Zu dem Gedanken und seiner Verbreitung in der italienischen Kultur in den ersten Jahrzehnten des neunzehnten Jahrhunderts s. die Zusammenfassung von Francesca Rigotti (*L'umana perfezione*, Neapel 1981), die allerdings auf Leopardi nicht eingeht. Eine ebenso scharfe wie brillante Polemik gegen die menschliche Vervollkommnungsfähigkeit wird zu Leopardis Zeiten in Frankreich von Charles Nodier geführt (vgl. *De la perfectibilité de l'homme, et de l'influence de l'imprimerie sur la civilisation; De l'utilité morale de l'instruction pour le peuple; De la fin prochaine du genre humain; De la palingénésie humaine et de la résurrection,* in: *Œuvres,* Genf 1968, Bd. V, S. 239-389, Nachdruck der Pariser Auflage der *Œuvres,* 1882-1837).

[77] Genesis 4, 1-8.

[78] Es handelt sich um den Brief aus Bologna vom 6. Juni 1821, in dem Brighenti über seine Armut und sein Unglück klagt, nicht ohne gewisse Andeutungen auf Selbstmordabsichten (vgl. *Epistolario di Giacomo Leopardi,* hg. v. F. Moroncini u. G. Ferretti, Florenz 1934-1941, Bd. II, 1820-1823, S. 132-34).

[79] P. Brighenti, *Elogio di Matteo Babini,* Bologna 1821.

[80] Hier S. 25.

[81] Vgl. *Zib.,* 301, hier S. 24f.

[82] Vgl. *Zib.,* 892, hier S. 85f.

[83] Vgl. auch Nachwort, S. 294 u. Fußnote 3.

[84] Die Frage, mit der diese Reflexion endet, ist wie die vorhergehende zum großen Teil, wenn nicht gänzlich rhetorisch. Dem *Zufall* sind nicht nur die wichtigsten Entdeckungen und Erfindungen, sondern die gesamte Zivilisation und der Mensch selbst zu verdanken. In *Zib.,* 835-838 (21. März 1821) schloß Leopardi daraus, daß »der bloße, schlichte Zufall ins ursprüngliche System der Natur Eingang fand«, und beklagte die »unglaubliche Nachlässigkeit«, mit der die Natur »einem so unzuverlässigen Mittel den vornehmsten Zweck der vornehmsten Art der Lebewesen, nämlich das Glück der Menschen, überließ«.

[85] A. Rocca, *Memoiren aus dem spanischen Freiheitskampfe 1808 bis 1811,* Hamburg 1908. Albert-Jean Michel de Rocca (1788-1818) war ein Schweizer Offizier im Dienste Frankreichs und heiratete 1810 heimlich Madame de Staël. Er nahm im zweiten Husarenregiment am Deutschland- und auch am Spanienfeldzug teil und hinterließ über letzteren einen Memoiren-Band, erschienen in Paris 1814, der großen Erfolg in Europa hatte. Das Buch ist schon

deshalb sehr interessant, weil es mit großer Klarheit von den ersten Zeilen an den Unterschied zwischen beiden Feldzügen erfaßt, nämlich zwischen einem Krieg mit regulären Truppen, die für gewöhnlich an dem Ziel, für das sie kämpfen, nur wenig Anteil zu nehmen pflegen, und dem Widerstandskampf, den eine Nation den Kolonnen eines Eroberungsheeres entgegenzusetzen vermag. Der spanische Guerillakrieg ist in der Tat, wie Carl Schmitt feststellt, das erste historische Beispiel eines Partisanenkriegs (*Theorie des Partisanen*, Berlin 1963, ³1992, S. 11f.); das erklärt das Vorkommen von bewaffneten Bauern in Roccas *Memoiren* und in dem Hinweis von Leopardi, dessen Reflexion jedoch in eine andere Richtung geht und eine andere Absicht verfolgt.

⁸⁶ Leopardis kühnem Kommentar zu dem Gebot in Lukas 10, 27-28 kann man die Interpretation gegenüberstellen, die Schmitt für das andere Gebot in Lukas 6,27 liefert, das auch in Matthäus 5, 44 vorkommt: »Die vielzitierte Stelle ›Liebet eure Feinde‹ [...] heißt ›diligite *inimicos* vestros‹, ἀγαπᾶτε τοὺς ἐχθροὺς ὑμῶν, und *nicht:* ›diligite *hostes* vestros‹; vom politischen Feind ist nicht die Rede. Auch ist in dem tausendjährigen Kampf zwischen Christentum und Islam niemals ein Christ auf den Gedanken gekommen, man müsse aus Liebe zu den Sarazenen oder den Türken Europa, statt es zu verteidigen, dem Islam ausliefern. Den Feind im politischen Sinne braucht man nicht persönlich zu hassen, und erst in der Sphäre des Privaten hat es einen Sinn, seinen ›Feind‹, d. h. seinen Gegner, zu lieben. Jene Bibelstelle berührt den politischen Gegensatz noch viel weniger, als sie etwa die Gegensätze von Gut und Böse oder Schön und Häßlich aufheben will. Sie besagt vor allem nicht, daß man die Feinde seines Volkes lieben und gegen sein eigenes Volk unterstützen soll.« (*Der Begriff des Politischen*, a.a.O., S. 29-30).

⁸⁷ Diese Argumentation und andere ähnliche (vgl. *Zib.*, 1637 bis 1645, 5.-7. September 1821; 2263-2264, 20. Dezember 1821) zielen darauf, die absolute Gültigkeit oder geradezu die Existenz der Moral zu bestreiten, welche vom persönlichen Willen Gottes abhängt, der darüber völlig frei nach seinem Belieben verfügt, wie es »der Unterschied zwischen dem Gesetz vor Moses, dem Gesetz Mose und dem Christi« zeigt (*Zib.*, 1639). Eine unwandelbare Grundlage hätte die Moral nur dann, wenn es »unabhängig von Gott die Ideen Platons, die ewigen, ihrem Wesen innewohnenden Urbilder der Dinge« gäbe. (*Zib.*, 1638).

[88] Vgl. *Pensieri*, XXVIII: »Das Menschengeschlecht und, mit alleiniger Ausnahme des Einzelwesens, schon der kleinste Teil davon zerfällt in zwei Lager: die einen haben die Gewalt, und die anderen müssen gehorchen. Kein Gesetz, keine Gewalt, kein Fortschritt der Philosophie und der Gesittung wird je verhindern können, daß der Mensch entweder zu den einen oder zu den anderen gehört, und so bleibt nur übrig, daß, wer wählen kann, wähle. Freilich dies können nicht alle und nicht immer.« (*Gedanken*, Leipzig 1922, dt. v. G. Glück u. A. Trost, S. 30) Der Vergleich mit Manzoni drängt sich auf: »was bleibt / als Unrecht tun oder es erleiden. Grausam hält / eine Gewalt in Besitz die Welt und führt den Namen / Recht« (*Adelchi*, V. Akt, Szene VIII, V. 353-56).

[89] Dies ist ein Hinweis auf die Notwendigkeit, daß die Politik von der Erkenntnis des Allgemeinen zur Erkenntnis des Besonderen, des *Individuums*, übergehen muß, was im übrigen erstes und letztes Ziel von Leopardis gesamtem Denken ist. Vgl. auch *Disegni letterari* V: »Anwendung der Erkenntnis über Mensch und Natur im großen auf die Politik steht noch aus« (in: *Poesie e prose*, a.a.O., Bd. II, S. 1212).

[90] Hier S. 127.

[91] Hier S. 126.

[92] Platon, *Timaios*, 22b (vgl. *Zib.*, 928, 10. April 1821).

[93] Dieser Vergleich zwischen der Situation der Russen gegenüber dem Westen mit der der alten Germanen gegenüber dem römischen Reich kehrt einige Jahrzehnte später bei Herzen wieder (vgl. A. Walicki, *W kręgu konserwaty watywnej utopii. Struktura i przemiany rosyjskiego slowiano-filstwa*, Warschau 1964), dem russischen Schriftsteller, bei dem das Thema der Zukunftsträchtigkeit der slawischen Welt im Gegensatz zur Erschöpfung der europäischen Kultur kulminiert, ein Thema, das in unterschiedlichen Perspektiven und mit unterschiedlicher Betonung bei so vielen Autoren vor und nach ihm vorkommt, von Kirejewski bis Tocqueville, von Custine bis Thiers, von Donoso Cortés bis Nietzsche. Zu den allererseten Prognosen über den Aufstieg Rußlands, zu denen man auch die Leopardis zählen muß, siehe R. Rémond, *Les Etats-Unis devant l'opinion française, 1815-1852*, Paris 1962-1963, Bd. I, S. 379, Anm. 19, aber vor allem M. Cadot, *L'image de la Russie dans la vie intellectuelle française (1839-1856)*, Paris 1967, S. 173-75, 500-502, 505 und 516. Als erster machte

Napoleon auf Sankt Helena (1816, 1818) auf die russische *Gefahr* aufmerksam und später Dominique de Pradt, der Rußlands Hang zur Eroberung wie auch den Gegensatz Rußland-Amerika prophezeite und zwischen 1817 und 1828 wiederholt auf diese Themen zurückkam. Obwohl die verhängnisvolle Niederlage Napoleons und die Ankunft der Kosaken in Paris in den Jahren 1814 und 1815 großen Eindruck auf das Volk wie auch auf die Literaten gemacht hatten (vgl. P. Michel, *Un mythe romantique. Les Barbares, 1789-1848,* Lyon 1981, S. 105-16), stellt Cadot in der *Introduction* zu seiner eindrucksvollen und reich dokumentierten Arbeit fest: »Doch *zwischen 1815 und 1825* wird Rußland *gemeinhin* nicht mehr als bedrohliches Rätsel betrachtet, einmal wegen der Person des Zaren Alexander I., dessen Rolle auf dem Wiener Kongreß bei vielen Franzosen Dankbarkeit auslöste, zum andern weil zahlreiche in ihre Heimat zurückgekehrte französische Emigranten den Beweis dafür lieferten, daß Rußland sich gastfreundlich zu zeigen wußte. Die Reisenden jener Zeit [...] verstärkten diesen günstigen Eindruck, und die Warnungen vor dem russischen Eroberungsgeist [...] bestimmten nicht das allgemein verbreitete Gefühl [...] Ab 1825 beginnen sich die Dinge zu ändern.« (A.a.O., S. 9-10; Hervorh. M. A. Rigoni).

Cadots Feststellung läßt sich – mit noch größerer Berechtigung – auf die anderen europäischen Länder übertragen, ganz besonders auf Preußen, angesichts der ausgezeichneten Beziehungen, die dieses mit dem Reich des Zaren unterhielt. Das erklärt neben anderen objektiven wie subjektiven Elementen den vertraulichen, wenn nicht geradezu optimistischen Ton, in dem Hegel in einem Brief aus Berlin an den estländischen Adeligen Boris von Uexküll vom 28. November 1821 von der »ungeheure[n] Möglichkeit von Entwicklung« der »intensiven Natur« Rußlands im Gegensatz zu den europäischen Staaten spricht, deren historische Aufgabe bereits erfüllt sei (vgl. *Briefe von und an Hegel,* hg. v. J. Hoffmeister, Hamburg 1952-1960, Bd. II, 1813-1822, S. 297 bis 98, Nr. 406). Leopardi war ein alles verschlingender und frühzeitiger Leser von Büchern wie von Zeitungen, doch ist es äußerst gewagt, Vermutungen darüber anzustellen, ob er von den Ansichten des Abbé de Pradt Kenntnis haben konnte; der *Zibaldone* verzeichnet von de Pradt lediglich einen Ausspruch über Spanien, noch dazu ungesichert und indirekt (vgl. *Zibaldone, 3578,* 1.-2. Oktober 1823); andererseits konnten die Vorhersagen über

Rußland noch nicht in den Bänden von de Pradt enthalten sein, die Leopardi in seinem Brief an Antonio Fortunato Stella vom 6. Dezember 1816 erwähnt. (»Die drei armen Bände von de Pradt konnten den Pranken der Polizei von Ancona noch nicht entrissen werden.«)

Als, wenn auch entfernte, Vorläufer wären hier die Prophezeiungen von Rousseau im *Contrat social*, II,8 zu erwähnen (vgl. die Hinweise von A. Lortholary, *Les ›Philosophes‹ du XVIIIe siècle et la Russie. Le mirage russe en France au XVIIIe siècle*, Paris 1951, S. 68-69 und 244-45) und noch früher von Algarotti im sechsten Brief der *Viaggi di Russia* (1739, 1764). Rousseau: »Das russische Reich wird Europa unterwerfen wollen und wird selbst unterworfen werden. Die Tataren, seine Untertanen oder seine Nachbarn, werden zu seinem und unserem Herrn werden: diese Revolution scheint mir unausbleiblich zu sein. Alle Könige Europas arbeiten einmütig daran, sie zu beschleunigen.« (*Vom Gesellschaftsvertrag oder Prinzipien des Staatsrechts,* in: *Kulturpolitische Schriften,* a.a.O., Bd. I, dt. v. V. v. Wroblewsky, S. 418f.) Algarotti: »Spanien und Rußland sind vielleicht die beiden Länder in der besten Position, um Herren der Welt zu werden: das eine, zwischen Ozean und Mittelmeer gelegen, als natürlicher Herr der Meerenge und nach hinten durch die Pyrenäen geschützt, hat in der modernen Welt die gleichen Vorteile wie Italien in der Antike. Rußland, zwischen Asien und Europa gelegen, von verschiedenen Seiten unzugänglich, dessen Stärke zudem die Schwäche seiner Nachbarn ist, kann sich leicht über jenen Bereich hinaus ausdehnen, wenn dies ihm größeren Nutzen brächte. Doch was kann das eine mit sechs bis sieben Millionen Einwohnern schon ausrichten? Auch das andere kann nicht sonderlich viel unternehmen, solange seine Bevölkerung nicht einmal so groß ist wie die Frankreichs, obwohl es zwanzigmal größer ist als dieses [...] Ist es nicht natürlich, daß diese beiden Nationen letztlich in Europa das Feld beherrschen und untereinander um die Herrschaft kämpfen müssen, zwei Nationen, die ihrer schützenden Grenzen wegen von ihren Nachbarn nichts oder wenig zu fürchten haben, die über eine zahlenmäßig starke und wohldisziplinierte Truppe verfügen, deren Regierung dem Kriegswesen zugeneigt ist und deren paar Millionen Einwohner alle dieselbe Sprache sprechen und sich zu derselben Religion bekennen? Einen solchen Zweikampf werden vielleicht unsere Nachkommen erleben; wir haben bereits gesehen, wie sie gegeneinander die Waffen wetzen.« (F. Algarotti, *Viaggi di Russia,* hg. v. W. Spaggiari, Mailand 1991, S. 92 u. 95).

⁹⁴ Dem Hinweis auf die kurze Dauer des französischen Kaiserreichs, bezogen auf den »beschleunigten Gang der menschlichen Dinge« in der Neuzeit, kann man die außergewöhnliche Erklärung Napoleons am Tag nach seiner Krönung gegenüberstellen: »Ich bin zu spät gekommen: die Menschen sind zu aufgeklärt. Es ist nicht mehr möglich, große Taten zu vollbringen. Denkt an Alexander.« (Zitiert bei F. Markham, *Le guerre napoleoniche e la Restaurazione, 1793-1830,* in: *Storia del Mondo Moderno,* Mailand 1967-1972, Bd. IX, 1969, S. 339).

⁹⁵ Man wird bemerken, daß diese Reflexion über den Wechsel der Reiche in der Herrschaft über die Welt das historiographische Modell aus *Zib.,* 866-867, hier S. 66f., wiederaufnimmt (vgl. Anm. 59). Allerdings wird der Verlauf ihres Auf- und Abschwungs hier im Licht der Begriffe »Vaterland« und »Nation« interpretiert und begründet, die als eigene Realitäten der »mittleren Kultur« betrachtet werden. »Vaterland« und »Nation« sind das Lebens- und Expansionsprinzip eines Volkes, der Grund seines historischen Erfolgs.

⁹⁶ Dies entspricht fast wörtlich dem Hobbesschen *bellum omnium contra omnes* (*De cive,* I, 12; *Leviathan,* XIII), der in Leopardis Werk verschiedentlich wiederkehrt, vor allem im *Zibaldone* und in den *Pensieri,* aber auch anderswo (vgl. den Brief an Pietro Brighenti, hier S. 111f.).

⁹⁷ Die gleiche Vorstellung und das gleiche physikalische Bild wie in *Zib.,* 930 (11. April 1821) und in *Pensieri,* CI. Allerdings ist in dem Passus, den wir in diese Anthologie aufgenommen haben, die Reflexion nicht nur umfassender und detaillierter als in den beiden anderen Textstellen, sondern erklärt ebenso und vor allem, wie es möglich ist, daß die Gesellschaft, trotz der unaufhörlich und überall in ihr wirkenden an sich destruktiven Kräfte, nicht explodiert und zersplittert: nämlich weil der wechselseitige Schub und Druck ihrer einzelnen Bestandteile sich die Waage halten und so letztlich ein Gleichgewicht entsteht, das paradoxerweise die Erhaltung des »Systems« in seiner Gesamtheit ermöglicht.

⁹⁸ Dies ist ein Zusatz vom 13. Juni 1822 zu dem wahrscheinlich 1820 verfaßten Entwurf mit dem Titel *Novella: Senofonte e Niccolò Machiavello* (*Novelle: Xenophon und Machiavelli),* in dem es um die Entscheidung geht, wer von beiden, Xenophon oder Machiavelli,

einen neugeborenen Prinzen der Unterwelt, der dazu ausersehen ist, über die Erde zu herrschen, in der Kunst des Regierens unterweisen soll. Von dem Verfasser der *Kyropädie* und dem des *Principe* wird natürlich letzterem der Vorzug gegeben.

[99] *Les aventures de Télémaque* (1699), Hauptwerk von Fénélon (1651-1715), geschrieben für den Dauphin Louis, den Herzog von Burgund.

[100] Adolf Knigge (1752-1796), Verfasser des 1788 veröffentlichten Handbuchs *Über den Umgang mit Menschen.*

[101] Dies ist die beste Darlegung der Grundlage des Leopardischen »Machiavellismus«: »Während in dem Entwurf *Novella: Senofonte e Niccolò Machiavello* [...] Machiavellis Theorie als die einzig praktikable und tatsächlich praktizierte Politik aller Zeiten dargestellt wird, ist der Zusatz *Per la novella Senofonte e Machiavello* (1822) von zwei Überzeugungen beherrscht [...]: daß *Il principe* lediglich einen seit jeher bestehenden Zustand der Dinge sichtbar gemacht habe, der zum Wesen des Menschen und der Gesellschaft gehört, und daß es weder möglich noch zulässig sei, jene Feststellungen und Regeln auf den Bereich der Politik zu beschränken.« (Galimberti, *Fanciulli e più che uomini*, in: *Pensieri*, a.a.O., S. 178). Die Ausweitung von Machiavellis Prinzipien auf den Bereich der privaten Beziehungen ist das, was man als »gesellschaftlichen Machiavellismus« bezeichnet (vgl. dazu die Gedanken im *Zibaldone*, zusammengestellt im *Indice del mio Zibaldone di pensieri* unter dem Stichwort »Machiavellismo di società«, die *Disegni letterari*, XI und XII und die einhundertelf *Pensieri*).

[102] Vgl. Ugo Foscolo in *Ultime lettere di Jacopo Ortis* (1802), Brief aus Ventimiglia vom 19. und 20. Februar 1799: »Jeder Einzelne ist von Geburt an ein Feind der Gesellschaft, weil die Gesellschaft notwendig Feindin der Einzelnen ist.« (*Letzte Briefe des Jacopo Ortis*, dt. v. H. Luden, neu durchgesehen v. R. Erb, Leipzig 1984, S. 130). Bevor Leopardi Rousseau las, hatte er zwischen 1817 und 1818 den *Ortis* gelesen und war davon beeinflußt worden (vgl. A. Patanè, *Leopardi, Foscolo e Rousseau*, in: *Athenaeum*, V, 1, 1917, S. 1-19). Man beachte außerdem, daß der Anfangssatz fast wörtlich Pascal aufnimmt: »Alle Menschen hassen einander von Natur aus« (vgl. Pascal, *Pensées 134*, in: *Œuvres complètes*, Paris 1954, S. 1126).

[103] Dies ist vielleicht die früheste und drastischste Leugnung des gesellschaftlichen Fortschritts bei Leopardi, weil sie historisch

wie theoretisch jede Ausnahme auszuschließen scheint, selbst die der nur »sehr lose zusammenhängenden, sehr lockeren« Urgesellschaft, wie sie in einer ähnlichen Reflexion in *Zib.*, 3773-3774, hier S. 153 f., noch am Horizont steht.

[104] Man beachte die merkwürdige Übereinstimmung dieses Gedankens mit der berühmten Beteuerung von Henry David Thoreau in *Civil Disobedience* (1849): »Ich habe mir den Wahlspruch zu eigen gemacht: ›Die beste Regierung ist die, welche am wenigsten regiert.‹ Und ich sähe gerne, wenn schneller und gründlicher nach ihm gehandelt würde. Wenn er verwirklicht wird, läuft es auf dies hinaus, und daran glaube ich auch: ›Die beste Regierung ist die, welche gar nicht regiert‹ [...] die Regierung ist ein Instrument, mit dessen Hilfe sich die Menschen endlich gegenseitig in Ruhe lassen könnten; und sie ist, wie gesagt, um so nützlicher, je mehr die Regierten von ihr in Ruhe gelassen werden. [...] Wenn sie nicht aus Gummi wären, könnten Handel und Wirtschaft niemals die Hindernisse überspringen, welche die Gesetzgeber ihnen unaufhörlich in den Weg legen.« (*Über die Pflicht zum Ungehorsam gegen den Staat und andere Essays*, Zürich 1967, 1973, S. 7 u. 8, dt. v. W. E. Richartz).

[105] Vgl. *Zib.*, 574-575, hier S. 59-61.

[106] »Die Statue der Telesilla stand auf einer Säule vor dem Venustempel. Statt den Blick auf einige zu ihren Füßen dargestellte Bücher zu richten, läßt sie ihn wohlgefällig auf einem Helm verweilen, den sie in der Hand hält und gerade aufsetzen will.« Leopardi bezieht sich auf *Voyage du jeune Anacharsis en Grèce* von Jean-Jacques Barthélemy (*Voyage du jeune Anacharsis en Grèce dans le milieu du quatrième siècle avant l'ère vulgaire*, Paris ²1789, Bd. IV, Kap. LIII), wo er die zitierte Stelle aus Pausanias las (II, 20, 8). Er hat das Wort *figure*, das in *Voyage* steht, durch *statue* ersetzt (im griechischen Original, das Barthélemy mißversteht und das Leopardi natürlich nicht vor Augen hatte, ist von einer Stele mit einer Reliefdarstellung der Telesilla die Rede).

[107] Zu dieser Reflexion s. Nachw., S. 287 und Fußnote 2.

[108] Hier S. 170.

[109] »[...] wie jene sich in ihrer Aussicht betrügen, welche in einem Freistaat auf Eintracht hoffen. Wahr ist es, daß manche Meinungsverschiedenheiten dem Gemeinwesen schaden, andere ihm nutzen. Jene schaden, welche Sekten und Parteiwesen hervorrufen; solche nutzen, die sich davon frei erhalten. Da nun der

Stifter einer Republik nicht hindern kann, daß Feindschaften in ihr entstehen, so sollte er wenigstens von vornherein Sekten entgegenzuarbeiten suchen.« (*Geschichte von Florenz*, a.a.O., VII, 1, S. 420).

¹¹⁰ Plutarch, *Moralia*, 91f./92a.

¹¹¹ Zum Mythos des goldenen Zeitalters bei Leopardi vgl. G. Costa, *La leggenda dei secoli d'oro nella letteratura italiana*, Bari 1972, S. 216/28.

¹¹² Hier geht es um die vielfach in Leopardis Werk vorkommende, hier jedoch extrem formulierte Vorstellung, daß die Aufgabe der Vernunft und der Philosophie darin besteht, sich selbst zu zerstören, um den Zustand (des Kindes oder des Wilden) zu erreichen, der »das *Denken* nicht kennt« und der mit dem der höchsten Weisheit zusammenfällt. Die besondere Bezugnahme auf den bereits im *Inno ai Patriarchi* (V. 104/17) idealisierten »Wilden in Kalifornien« erklärt sich aus der zu Leopardis Zeiten verbreiteten Meinung, jener Volksstamm sei einer der ursprünglichsten, der sich der europäischen Zivilisation besonders stark widersetze (vgl. *Annotazioni alle dieci canzoni stampate a Bologna nel 1824*, in: *Poesie e Prose*, a.a.O., Bd. I, S. 200).

¹¹³ »In Wirklichkeit, mein lieber Freund, kennt die Welt ihre wahren Interessen nicht. Ich räume ein, daß, wenn man so will, die Tugend wie alles Schöne und alles Große nur eine Illusion ist. Doch wenn diese Illusion Allgemeingut wäre, wenn alle Menschen an die Tugend glaubten und tugendhaft zu sein versuchten, wenn sie mitfühlend, wohltätig, großmütig, edel und voller Begeisterung, mit einem Wort, wenn sie sensibel wären (ich mache in der Tat keinerlei Unterschied zwischen Sensibilität und dem, was man Tugend nennt), wären wir dann nicht glücklicher? Fände dann nicht jeder einzelne vielfache Unterstützung in der Gesellschaft? Und müßte es diese sich nicht angelegen sein lassen, die eigenen Illusionen soweit irgend möglich zu verwirklichen, da doch in der Wirklichkeit selbst der Mensch sein Glück nicht finden kann?«

¹¹⁴ Vgl. *Zib.*, 2065, 7. November 1821 (»Italien, das leider im Unterschied zu Deutschland weder eine Nation noch ein Vaterland ist«); den Brief aus Rom an seinen Bruder Carlo vom 18. Januar 1823: »[...] in Rom, in diesem Misthaufen von Literatur, Meinungen und Sitten (oder besser Gewohnheiten und Gebräuchen, denn die Römer und vielleicht auch die Italiener

haben keine Sitten«) (*Epistolario di Giacomo Leopardi*, a.a.O., Bd. II, 1820/23, 1935, S. 237); *Abhandlung über den gegenwärtigen Zustand der Sitten der Italiener*, a.a.O., S. 69.

¹¹⁵ Sehr viele große Denker und Schriftsteller des neunzehnten Jahrhunderts prangern das Erziehungs- und Bildungssystem an, von Nietzsche bis Burckhardt und Taine. Für Leopardi ist allerdings (nach einem Leitmotiv seines gesamten Werkes, das auch in dieser Reflexion zum Ausdruck kommt) das Wissen als solches, noch vor der gesellschaftlichen Form seiner Vermittlung, eine Ursache von Unglück und Verderben.

¹¹⁶ Die »Mährischen Brüder« gehören zur Unität der Böhmischen Brüder, einer religiösen Sekte, die sich von den hussitischen Utraquisten abspaltete, als die *Prager Kompaktaten*, die den Utraquisten den *Laienkelch* (Eucharistie in beiderlei Gestalt auch für die Laien) gewährt hatten, 1462 annulliert wurden. Auf die Gemeinde der »Mährischen Brüder« wird auch im *Discorso sopra lo stato presente dei costumi degl'italiani* hingewiesen als Beispiel für »Einrichtungen und Sitten«, die nur »in Deutschland und im hohen Norden« überdauern können und »mit unseren Zeiten unvereinbar und beinahe Aufpfropfungen der Antike auf unsere Zeiten« zu sein scheinen (*Abhandlung über den gegenwärtigen Zustand...*, a.a.O., S. 76).

¹¹⁷ Diese Seiten sind Variationen, Anwendungen und – mit ihrer besonderen Bezugnahme auf Deutschland – Fortführungen der bei Montesquieu (*De l'esprit des lois*, XIV-XVII) kulminierenden Klimatheorie, die Leopardi durch Madame de Staël kannte (vgl. N. Serban, *Leopardi et la France*, Paris 1913, S. 150ff.) und die er im *Zibaldone* wie auch im *Discorso sopra lo stato presente dei costumi degl'Italiani* verschiedentlich verwertet. Sie stellen mit der Verknüpfung Antike–Freiheit–Republik–Norden auch eine letzte Abwandlung des Topos von der Freiheit Germaniens dar, der von Tacitus bis zu Montesquieu reicht. Zu diesem Thema vgl. die Arbeiten von Gustavo Costa, *Le antichità germaniche nella cultura italiana da Machiavelli a Vico*, Neapel 1977 und *Montesquieu, il germanesimo e la cultura italiana dal Rinascimento all'Illuminismo*, in: *Storia e ragione*, hg. v. A. Postigliola, Neapel 1987, S. 47-90, mit einer sehr sorgfältigen Bibliographie, in der allerdings Leopardi nicht erwähnt wird. Völlig ignoriert wird dagegen die Tradition des Mythos vom Germanismus bei Manfred Lentzen in seiner kompilierenden Schrift *I Tedeschi e la Germania nello »Zibal-*

done« di Giacomo Leopardi, in: *Il pensiero storico e politico di Giacomo Leopardi*, a.a.O., S. 319/28.

[118] Leopardi hält die Absage an die angeborenen Ideen bei Locke und den »modernen Ideologen« für richtig (*Zib.*, 209/210, 14. August 1820; *Zib.*, 1616/1619, 3. September 1821; *Zib.*, 2707 bis 2708, 21. Mai 1823), mit all den unabsehbaren Konsequenzen, die sie nach sich zieht: Negation der Existenz Gottes und allgemein jedes absoluten Prinzips oder Werts, wie auch des »Naturgesetzes« und der »Vervollkommnungsfähigkeit des Menschen«. Der Zusammenbruch des metaphysischen Systems, das eine absolute Stütze nur in Platons Ideen finden kann (vgl. Rigoni, *Il materialista e le Idee*, in: *Saggi sul pensiero leopardiano*, a.a.O., S. 61/63), erschüttert dann allerdings auch die Grundfesten der Macht, die jede theoretische Legitimation verliert: »... [es kann] kein Prinzip [geben], aus dem irgend jemand das Recht herleiten könnte, über wen auch immer zu befehlen«. Die Bezugnahme auf Voltaire ist dadurch gerechtfertigt, daß der französische Schriftsteller und Philosoph mehrfach ausführlich auf die Frage der angeborenen Ideen im Verhältnis zur Existenz der Moral eingegangen ist (Brief vom 15. Oktober 1737 an Friedrich von Preußen; *Métaphysique de Newton*, V; *Dictionnaire philosophique*, Art. *Juste*; *Le philosophe ignorant*, XXXI/XXXV). Voltaire war der Auffassung, es gebe keine angeborenen Ideen, aber Gott habe den Menschen mit der Möglichkeit zum Erwerb der Vorstellungen von Recht und Unrecht ausgestattet, weil andernfalls die Gesellschaft nicht überleben könnte.

[119] Aristoteles, *Politik*, 1260 b 30; 1273 b 30; 1274 b 15; 1266 a 35; 1288 b 35 bis 1289 a 20; 1298 a 10.

[120] Aristoteles, *Politik*, 1260 b 27 ff.

[121] *Über die Gesetze* oder *Gesetze*.

[122] Vgl. *Zib.*, 2709/2710 (21. Mai 1823), wo es heißt, »die alten Philosophen wollten alle stets lehren und aufbauen«, während »die modernen Philosophen immer nur wegnehmen, aber nichts an die Stelle setzen«.

[123] Vgl. *Zib.*, 120, hier S. 11.

[124] Vgl. oben, Anm. 102; *Zib.*, 877 ff., hier S. 73 ff.; *Zib.*, 2204 bis 2206 (1. Dezember 1821); *Zib.*, 2644, hier S. 140 f.; *Zib.*, 3921 bis 3927, hier S. 201 ff.

[125] Ist der Mensch schon von Natur aus kein soziales Wesen, wird er im engen Zusammenleben der »festgefügten Gesellschaft«

[società stretta] noch unendlich viel antisozialer, so das besondere Thema dieser sehr langen Reflexion, die – Hobbes und den Rousseau des zweiten *Discours* miteinander vermischend – letztlich *jedwede historische* Gesellschaft als unabänderlich schlecht anprangert. Der partielle und gemäßigte »Primitivismus« Rousseaus (s. dazu die Präzisierungen bei Lovejoy in dem zitierten Aufsatz) wie auch aller anderen vorangegangenen Philosophen verblaßt im Vergleich zu der radikal pessimistischen und regressiven Haltung, die Leopardi hier zum Ausdruck bringt: Der Mensch erscheint von Anfang an von einer so ungeheuerlich finsteren Selbstsucht beherrscht, daß die idealen Lebensbedingungen, unter denen diese neutralisiert werden könnte, nicht mehr auf der Stufe einer »mittleren Kultur« verortet werden, auch nicht in einem Stadium der Wildheit (da auch diese, mit Ausnahme der Kalifornier, bereits zu weit entwickelt und zu korrumpiert ist), sondern in einer »nur sehr lose verbundenen, sehr weitläufigen Gesellschaft [...] noch weniger verbunden, noch weitläufiger, als bei vielen anderen Arten von Lebewesen«.

Der Extremismus von Leopardis Position ist von vielen Forschern hervorgehoben worden. Zu ihrer Einschätzung im Unterschied zu Rousseau siehe insbesondere M. Sansone, *Leopardi e la filosofia del Settecento*, in: *Leopardi e il Settecento*, »Atti del 1 Convegno internazionale di studi leopardiani, Recanati, 15./16. September 1962«, Florenz 1964, S. 153/54 und Anm. 10; L. Baldacci, *Due utopie di Leopardi: la società dei castori e il mondo della »Ginestra«*, in: *Antologia Vieusseux*, XVIII, 67, Juli/Sept. 1982, S. 10 bis 11 und Anm. 4.

[126] Arrianus, *Historia Indica*, XIII.

[127] Vgl. *Zib.*, 2499 (26. Juni 1822).

[128] Hier S. 156f.

[129] Die eckigen Klammern stammen aus der Handschrift.

[130] Hier S. 142.

[131] Hier S. 164f.

[132] Bereits in den Anmerkungen und in der Bibliographie zu seiner *Storia dell'astronomia dalla sua origine fino all'anno MDCCCXI* von 1813 zitiert Leopardi verschiedene ethnographische Quellen über Amerika. Zwischen Oktober 1823 und Oktober 1824 kommen weitere Lektüren hinzu: die *Parte primera de la Chronica del Perú* von Pedro Cieza de León, der *Saggio sopra l'impero degl'Incas* von Algarotti und die *History of America* von William Robertson.

Vgl. dazu M. Capucci, *I popoli esotici nell'interpretazione leopardiana*, in: *Leopardi e il Settecento*, a.a.O., S. 241-52.

[133] Vgl. *Zib.*, 2388-2389 (6. Februar 1822); *Zib.*, 2669, hier S. 141; *Zib.*, 2670 (7. Februar 1823); *Zib.*, 3641-3643 (9. Oktober 1823).

[134] Leopardi unterscheidet durchaus zwischen dem Barbaren und dem Wilden oder Primitiven: vgl. *Zib.*, 118 (9. Juni 1820): »Der Barbar ist bereits verdorben, der Primitive ist noch nicht reif«, und *Zib.*, 4185, hier S. 220.

[135] Hier S. 210f.

[136] Hier S. 153.

[137] Vgl. *Zib.*, 85-86; *Zib.*, 486-488 (10. Januar 1821); *Zib.*, 2471 bis 2472 (10.-11. Juni 1822).

[138] J. Milton, *Paradise lost*, VIII, V. 383-84.

[139] »Italien brachte im sechzehnten Jahrhundert usw. viele berühmte Heerführer hervor, wie Trivulzio, Montecuccoli usw.; sie dienten entweder ihrem jeweiligen eigenen italienischen Staat oder einem anderen italienischen Staat (wie der Republik Venedig, die oftmals italienische Generäle aus anderen Staaten als Befehlshaber der eigenen Wasser- und Landstreitkräfte anwarb) oder ausländischen Fürsten, die damals ihre Heere häufig von italienischen Generälen oder Offizieren führen ließen und sie auch mit großen Truppen in ihren Dienst nahmen [...]« (*Zib.*, 3887, 17. Nov. 1823).

[140] Vgl. *Zib.*, 754-756 und 780-783 (8.-14. März 1821); *Zib.*, 794 bis 795 (16. März 1821), usw.

[141] Vgl. *Abhandlung über den gegenwärtigen Zustand der Sitten der Italiener*, a.a.O, S. 59-62.

[142] Diese genaue und trostlose Diagnose des zugleich politisch-militärischen, gesellschaftlichen und sprachlich-literarischen Niedergangs in Italien wie auch in Spanien seit Beginn des siebzehnten Jahrhunderts ist in der allgemeinen Geisteshaltung und in einigen besonderen Themen eine Vorwegnahme des *Discorso sopra lo stato presenti dei costumi degl'italiani*.

[143] Vgl. *Zib.*, 1382 (24. Juli 1821); *Zib.*, 2410 (1. Mai 1822); *Zib.*, 2736-2739 (31. Mai-1. Juni 1823); *Zib.*, 3921 ff. (28. August 1823); *Zib.*, 3835-3836 (5. November 1823); *Zib.*, 3906 (24. November 1823).

[144] Hier S. 210f..

[145] Vgl. *Zib.*, 3936, hier S. 214f.

[146] Vgl. *Zib.*, 3784, hier S. 164.

[147] Vgl. *Zib.*, 181-182 (12.-23. Juli 1820).

[148] Vgl. *Zib.*, 3921-3927, hier S. 201-208.

[149] Vgl. *Zib.*, 3802, hier S. 184.

[150] τὸ κυριώτατον, »der dominierende Teil«.

[151] Vgl. *Zib.*, 3179-3182 (17. August 1823); *Zib.*, 3643 (9. Oktober 1823); *Zib.*, 3773, hier S. 153.

[152] Der denkende Mensch ist ein entartetes Tier: Bereits in *Zib.*, 56 zitiert und bestätigt Leopardi die skandalöse Maxime aus dem zweiten Discours von Rousseau (*Abhandlung über den Ursprung und die Grundlagen der Ungleichheit unter den Menschen,* in: *Schriften zur Kulturkritik,* a.a.O., Bd. I, S. 214) — eine genaue Umkehrung der berühmten *Pensées* von Pascal (210; 257-258 in der zitierten Ausg.). Der Satz wurde, natürlich um widerlegt zu werden, auch im *Essay* von Lamennais zitiert (a.a.O., Bd. I, 1. Teil, Kap. III, S. 58).

[153] Vgl. *Zib.*, 3927, hier S. 207f.

[154] Vgl. *Abhandlung über den gegenwärtigen Zustand der Sitten der Italiener,* a.a.O., S. 64.

[155] Leopardi bezieht sich auf *La prison de New York* von Antoine Jay (1770-1854), einen Bericht über die moralische und soziale Rehabilitation eines Verurteilten, insbesondere auf die Feststellung eines Aufsehers in der Strafanstalt: »Sie beurteilen uns immer mit Ihren üblichen europäischen Vorurteilen. Wir betrachten als Schande das Laster und nicht die Wiedergutmachung, die die Gesellschaft für den Schaden verlangt, der ihr zugefügt wurde. Sobald die Tat wiedergutgemacht ist, vorausgesetzt, der Schuldige zeigt sich ehrlich und anständig und erfüllt seine Pflichten gegenüber sich selbst und den anderen, ist alles vergessen.« In: *Œuvres littéraires,* Paris 1831, Bd. II, *Nouvelles américaines,* S. 33.

[156] Über die rein negative oder destruktive Bedeutung der modernen Philosophie s. *Zib.*, 2711-2712, hier S. 145f., *Zib.*, 4192 bis 4193, hier S. 223f.; Rigoni, *Leopardi e l'estetizzazione dell'antico,* in: *Saggi sul pensiero leopardiano,* a.a.O., S. 26-27 und Anm. 41-44; S. 31-33 und Anm. 56.

[157] Dies ist eine Variante der in *Zib.*, 3921-3927, hier S. 201-208, dargelegten »Theorie des Glücks« unter besonderer Bezugnahme auf die Völker, die Nationen und die moderne Kultur Europas. Sie ist wichtig, weil sie einerseits bezeugt, daß diese Theorie auch in Leopardis politischem Denken von zentraler Bedeutung ist, und andererseits klare Rechenschaft über einen ebenso auffälligen wie nur scheinbaren Widerspruch ablegt, nämlich daß Leopardi

Seinszustände rühmt, die auf individueller wie auf kollektiver Ebene einander diametral entgegengesetzt sind.

Zu Leopardis Reflexion über *felicità* [Glück] oder *piacere* [Lust, Freude, Genuß] (beide Begriffe sind für ihn synonym) vgl. den Artikel von Luigi Derla, *La teoria del piacere nella formazione del pensiero di Leopardi*, in: *Rivista critica di storia della filosofia*, XXVII, 2, April-Juni 1972, S. 148-69.

[158] Vgl. P. Bayle, *Dictionnaire historique et critique*, Amsterdam, ^{4}1730, Bd. III, S. 306, Anm. D, und Rigoni, *Leopardi e l'estetizzazione dell'antico*, a.a.O., S. 32-33, Anm. 56.

[159] Vgl. *Zib.*, 2705-2709 (21. Mai 1823), *Zib.*, 2709-2711 (21. Mai 1823), *Zib.*, 2711-2712, hier S. 145f.

[160] »Risorgimento« ist der noch aus dem achtzehnten Jahrhundert stammende Begriff, den Leopardi als Bezeichnung für die Renaissance benutzt.

[161] Vgl. Montesquieu, *De l'esprit des lois*, XIX, v: »Sache des Gesetzgebers ist es, dem Geist der Nation entgegenzukommen, falls dieser nicht im Gegensatz zu den Regierungsprinzipien steht. Denn was wir freiwillig und unserer natürlichen Veranlagung gemäß tun, machen wir besser als alles andere.« (*Vom Geist der Gesetze*. Eingel., ausgew. und übersetzt v. K. Weigand, Stuttgart 1965, S. 289). Eine analoge Freiheit, aber bezogen auf den besonderen Bereich der Wirtschaftspolitik, empfiehlt Leopardi in *Zib.*, 2668-2669, hier S. 141f.

[162] Leopardi weist die angebliche Fähigkeit zur Vervollkommnung nicht nur in moralischer, sondern auch in physischer und materieller Hinsicht zurück. In *Zib.*, 830-832 (20./21. März 1821) stellt er fest, daß die Vermehrung der Bedürfnisse nicht Ergebnis der Natur, sondern der Gewöhnung oder geradewegs der Verderbnis ist, weshalb ihre fortschreitende Befriedigung nicht gleichzeitig einen höheren Grad tatsächlichen Wohlbefindens bezeichnet: wenn die Menschen in der Vergangenheit nicht über die Erfindungen, die Ressourcen und den materiellen Wohlstand verfügten, die wir genießen, lebten sie deshalb noch nicht schlechter, da sie keinen Bedarf daran hatten und auch kein Bedürfnis danach verspürten. Unter diesem Aspekt ist also keine Stufe oder Phase der Zivilisation mit den vorhergehenden und den nachfolgenden vergleichbar, einem gewissen historisch-anthropologischen Relativismus zufolge, der an Herder erinnert (vgl. dazu Lovejoy, *Herder and the Enlightenment Philosophy of History*, in: *Essays on the History of*

Ideas, a.a.O., S. 169-70, 181 und I. Berlin, *Vico and Herder. Two Studies in the History of Ideas,* London 1976).

[163] Auch der Nationalstolz (typisch für die Engländer und Franzosen, über die Leopardi Beobachtungen anstellt, die noch heute aktuell sind) hat Teil an der Illusion und ihrer unvermeidlichen Ambivalenz: einerseits ist er nützlich und lobenswert als Antrieb zum Handeln und zur Selbstbehauptung, andererseits eitel und lächerlich, wie dem entzauberten Blick jeder »Dünkel« erscheinen muß, der aus übertriebenem Selbstbewußtsein entsteht. Für die Haltung der Verachtung und Süffisanz, die die Fremden damals und teilweise auch heute noch Italien entgegenbrachten und -bringen, rächte sich Leopardi später, als er sich einen Augenblick lang selbst der Illusion hingab, nämlich in den *Paralipomeni della Batracomiomachia* (I, 24-31).

[164] Vgl. *La scommessa di Prometeo* (*Die Wette des Prometheus,* in: *Werke,* Bd. I, a.a.O., S. 322-24).

[165] Diese Reflexion und andere ähnliche decken sich mit der von Rousseau im *Discours sur l'origine et les fondements de l'inégalité parmi les hommes,* wo er davon spricht, daß »in der Entwicklungsgeschichte menschlicher Fähigkeiten jene Epoche, die die goldene Mitte zwischen der Trägheit des ursprünglichen Zustands und der unbändigen Aktivität unserer Selbstsucht hielt, das glücklichste und dauerhafteste Zeitalter gewesen sein [muß].

Je mehr man darüber nachdenkt, desto deutlicher wird einem, daß jener Zustand am wenigsten störbar und für den Menschen am besten gewesen ist und daß er ihn nur infolge irgendeines unglückseligen Zustands, der zum Wohle aller besser niemals eingetreten wäre, hat verlassen können.

Das Beispiel der Wilden, die man fast alle auf dieser Entwicklungsstufe angetroffen hat, scheint zu bestätigen, daß die Menschheit dafür gemacht war, ewig darin zu verharren, daß dieser Zustand die wahrhafte Jugend der Welt ist und alle späteren Fortschritte scheinbar zur Vervollkommnung des einzelnen, tatsächlich aber zum Verfall der Gattung geführt haben.« (*Abhandlung über den Ursprung und die Grundlagen der Ungleichheit unter den Menschen,* in: *Schriften zur Kulturkritik,* a.a.O., Bd. I, S. 248-49). Und weiter: »Wären diese armen Wilden so unglücklich, wie man behauptet, durch welche unbegreifliche Urteilstrübung würden sie sich dann fortwährend weigern, unsere Zivilisation nachzuahmen und zu lernen, glücklich unter uns zu leben?« (A.a.O., S. 310).

¹⁶⁶ Vgl. *Disegni letterari*, IX, in: *Poesie e Prose*, a.a.O., Bd. II, S. 1215.

¹⁶⁷ Diese »Mutmaßungen«, in Inhalt und Ton der Utopie in *Ginestra (Der Ginster oder die Blume der Wüste)* verwandt, sind die einzige Passage im *Zibaldone*, die mit ihrer anderen Vorstellung von Zivilisation als der bei Leopardi üblichen vielleicht eine »fortschrittliche« Interpretation erlaubt – worin man Luporini durchaus folgen kann (*Leopardi progressivo*, a.a.O., S. 98 der Neuauflage). Doch sie muß im Kontext des übrigen Werks gesehen und damit verglichen werden, angefangen mit der Reflexion, die im *Zibaldone* und auch in dieser Anthologie anschließend folgt.

¹⁶⁸ Vgl. *Pensieri*, XLVIII.

¹⁶⁹ Marie-Charles-Joseph de Pougens (1775-1833), natürlicher Sohn des Fürsten von Conti, verfaßte Gedichte, Erzählungen, moralistische und philosophische Schriften und zwei lexikographische Werke: den *Trésor des origines ou Dictionnaire grammatical raisonné de la langue française* (1819) und die *Archéologie française ou Vocabulaire des mots anciens tombés en désuétude* (1821-1825), die Leopardi häufig im Rahmen seiner zwischen Oktober 1825 und Oktober 1826 verfaßten sprachwissenschaftlichen Aufzeichnungen zitiert.

Ioco, 1827 in Fortsetzungen im *Nuovo Ricoglitore* in Mailand veröffentlicht (XXV, S. 62-65; XXVII, S. 212-16; XXIX, S. 380 bis 84; XXXI, S. 643-57), ist angeblich – der Präsentation in der Zeitschrift zufolge – »eine aus einem portugiesischen Manuskript übersetzte indische Erzählung« und handelt von der Freundschaft eines Europäers mit einem Ioco-Affenweibchen (daher der Titel), das er auf einer ungenannten Insel, wo er sich aufhielt, im Wald getroffen hat. Die Geschichte entbehrt nicht philosophischer Ansatzpunkte, die Leopardi interessieren mußten, angefangen mit der Verwandtschaft und – in mancher Hinsicht – Überlegenheit des Tiers gegenüber dem Menschen; doch in dieser Passage des *Zibaldone* wird sie nur zitiert wegen der Episode, in der der Portugiese die Unvorsichtigkeit begeht, seiner Affenfreundin einen kleinen Spiegel zu zeigen. »Ich hatte einen kleinen Spiegel mitgebracht, ohne eine bestimmte ausdrückliche Absicht übrigens: ich zog ihn aus der Tasche und hielt ihn plötzlich vor sie. Sofort zeigten sich Überraschung, Erschrecken und eine wütende Eifersucht in ihren Blicken, und mit dem ganzen Ungestüm der Wut warf sie sich auf jene Gestalt, um sie zu zerreißen. Da sie sie nicht packen konnte, ging sie oder besser stürzte sie hinter den Spiegel, kam wieder nach vorn und streckte einen Arm nach der anderen Seite aus; dann stürzte sie von neuem nach hinten und wiederholte mehr als zwanzigmal dieses qualvolle Manöver. Man erkühnt sich heute zu behaupten, die Tiere könnten nicht abstrahieren [...] Nun denn, weiser Locke, antworten Sie!«

[170] Giovanni Battista Roberti (1719-1786) ist ein Schriftsteller aus Bassano, von dem Leopardi fünf Stücke in seine Prosa-Anthologie *Crestomazia italiana* aufgenommen hat (man vergleiche in diesem Zusammenhang die Anmerkung und die Beobachtungen von Giulio Bollati in G. Leopardi, *Crestomazia italiana*, hg. v. G. Bollati und S. Savoca, 2 Bd., Turin 1968: Bd. I, *La prosa*, hg. von G. Bollati, S. 578-79).

In *Lettera di un bambino di sedici mesi* (mit einem anschließenden ausführlichen philosophischen Kommentar) wird die Vorstellung entwickelt, daß die Seele eines sechzehn Monate alten Kindes mit Namen Giuseppino einen Brief an seinen Vater schreibt, in dem es, angefangen mit dem Aufenthalt im Mutterleib, seine Erfahrung mit dem Körper und der Welt erzählt. Zu den Empfindungen des Kindes, als es zum erstenmal vor einen Spiegel gestellt wird und sein Spiegelbild mit dem eines »Bruders« verwechselt, gehören natürlich Egoismus und Eifersucht, weil es glaubt, die Nahrung reiche nicht für beide und die Mutter ziehe ihm das Neugeborene vor. »Eines Tages schließlich ging mein Giuseppino so nah heran, daß er den falschen vertreiben konnte; denn er legte seine Stirn an den Spiegel und sah ihn nicht mehr. Kaum hatte er allerdings die Stirn ein kleines Stück abgehoben, kam das schlaue Kerlchen, das sich vielleicht aus Angst vor dem echten versteckt hatte, kühn wieder zum Vorschein und fuhr fort, ihn zum Narren zu halten, indem es wie vorher alle seine Bewegungen nachahmte. All dies verwunderte und ärgerte den kleinen Giuseppino: jetzt, da er groß ist und den anderen weder jemals hinter dem Spiegel hat hervorkommen noch seine Milch trinken, seinen Brei essen oder die Küsse seiner Mutter einheimsen sehen, lebt er fröhlich und weiß, daß er allein auf der Welt ist« (*Lettera di un bambino di sedici mesi colle Annotazioni di un filosofo: Giuseppe Pallavicini al suo dolcissimo padre Gian Luca Pallavicini dimorante in Genova: da Bologna il dì primo di Giugno 1758*, in: *Opere dell'abate Giambattista Roberti*, Bassano 1789, Bd. III, S. 91).

[171] Hier S. 235.

[172] »– in der Körperkultur sozusagen oder, wenn wir so wollen, in dem, was die Vervollkommnung oder Vollkommenheit des Körpers betrifft –«.

[173] Eine Reflexion im Stil Stendhals (man vergesse nicht, daß Paolina Leopardi eine enthusiastische Stendhal-Leserin war und daß Giacomo selbst ihm begegnet ist), die begrifflich allerdings auch einen gewissen Bezug zum *Discorso sopra lo stato presente dei costumi degl'italiani* hat. Der erwähnte Poerio ist Giuseppe (1775 bis 1843), der Vater des berühmteren Alessandro. Er wurde wegen seiner Teilnahme an der Neapolitanischen Republik verurteilt und verbannt. Unter der Regentschaft von Murat hatte er öffentliche Ämter inne und trug den Titel Baron. Als Abgeordneter im neapolitanischen Parlament während der Aufstände von 1820/21 wurde er verhaftet und wegen seiner antiösterreichischen Haltung nach Graz ins Exil geschickt. Nach seiner Rückkehr nach Italien im Jahr 1823 ließ er sich in Florenz nieder, und hier traf Leopardi ihn zum erstenmal. Nach neuerlicher Verbannung im Jahr 1830 kehrte er 1833 nach Italien zurück und übte auf brillante Weise seinen Beruf als Anwalt in Neapel aus, wo Leopardi Gelegenheit hatte, wieder Verbindung mit ihm aufzunehmen.

[174] Vgl. *Pensieri*, LXVI.

[175] Zu der Polemik gegen die Wissenschaften der Politik, der Statistik und der Wirtschaft vgl. den *Dialog zwischen Tristan und einem Freund*, in: *Werke*, Bd. I, a.a.O., S. 479/481; *Zib.*, 2668/2669, hier S. 141 f. *Ad Angelo Mai*, V. 149; *Palinodia al Marchese Gino Capponi*, V. 233/34.

[176] Vgl. die *Palinodia al Marchese Gino Capponi*, V. 197/205: »Doch haben des Jahrhunderts / Erlauchte Geister nun hiegegen neuen, / Fast göttlich hohen Rat gefunden: da sie / Auf Erden niemand glücklich machen können, / Vergaßen sie den Menschen ganz und suchten / Ein allgemeines Glück; und dies ward leicht / Gefunden, und nun schufen sie aus lauter / Beklagenswerten und betrübten Wesen / Ein froh und glücklich Volk...« (*Palinodie an den Marchese Gino Capponi*, in: Giacomo Leopardi, *Canti – Gesänge*, a.a.O., S. 242/43). Voltaire hatte in der *Epitre sur le désastre de Lisbonne, ou examen de cet axiome: tout est bien* die sarkastische Vorstellung formuliert: »Ainsi du monde entier tous les membres gémissent: / nés tous pour les tourments l'un par l'autre ils périssent: / et vous composerez, dans ce chaos fatal, / des malheurs de chaque être un bonheur général!« V. 117/20. Leopardi

zitiert den Vers 120 in *Zib.*, 4175 (22. April 1826) mit der Bemerkung, »man begreift nicht, wie aus dem Unglück aller einzelnen Individuen ohne Ausnahme das Gute der Allgemeinheit hervorgehen kann; wie aus der Vereinigung und der Gesamtheit vieler Übel und nichts anderem ein Gutes hervorgehen kann.«

[177] Die gleiche Formulierung steht in der Vorrede zum »Spettatore fiorentino« (vgl. *Poesie e prose*, a.a.O., Bd. II, S. 1012). Vgl. auch *Zib.*, 4469 (26. Februar 1829): »Den Studien, der Welt der Kultur die schöne Literatur zu nehmen ist, wie dem Jahr den Frühling, dem Leben die Jugend zu nehmen.«

[178] Das Verschwinden der Individuen angesichts der Massen wird auch im *Dialog zwischen Tristan und einem Freund*, in: *Werke*, Bd. I, a.a.O., S. 479, beklagt.

[179] Die Betonung liegt abermals auf der Individualität als dem Anfang und Ende von allem und auf der Erinnerung an die Verhältnisse in der Antike, im Vergleich zu der dem modernen Menschen nichts weiter bleibt als »der Weg der Buße«.

[180] Vgl. *Zib.*, 4280, hier S. 231.

[181] Vgl. die *Palinodia al Marchese Gino Capponi*, V. 69-96, siehe Nachw., S. 302, Fußn. 1.

[182] Vgl. oben, Anm. 176.

[183] Es fehlt bei Leopardi nicht an »orientalischen« Reminiszenzen oder auch Attitüden. Die Türken, auf die hier verwiesen wird, werden auch schon im *Zibaldone* (172; 3848, 7. November 1823) erwähnt wegen der »lethargischen Berauschtheit« durch das Opium, die es ihnen erlaubt, dem unglücklichen Lebensgefühl zu entfliehen. In dem Brief an Targioni Tozzetti dienen sie als Beispiel für Untätigkeit und Passivität, die einen der beiden Pole darstellen, zwischen denen im Grunde Leopardis Vorstellungen allesamt hin- und herschwanken, seine gesamte Theorie des Glücks, seine gesamte politische und Geschichtsphilosophie.

NACHWORT

Es ist gemeinhin wenig bekannt, daß Leopardis Reflexionen über Geschichte und Politik ebenso umfassend und in mancher Hinsicht ebenso bedeutsam sind wie seine Gedanken über Metaphysik und Ästhetik, mit denen sie im übrigen vielfältige Gemeinsamkeiten aufweisen.

Leopardis gesamtes philosophisches Denken dreht sich, auch in historisch-politischer Hinsicht, um eine zentrale Vorstellung, eine Diagnose der Zivilisation, die er unwissentlich mit der großen Bewegung der *Romantik** teilt, obwohl er sich von dieser durch eine gleichermaßen antiidealistische wie antidialektische Sicht unterscheidet: der *natürliche* Zustand des Menschen und der Welt mit seinem ganzen Reichtum an Materialität und äußeren Erscheinungen, an Lebendigkeit, Tatkraft und schönem Schein wurde durch einen universellen Prozeß der *Vergeistigung,* durch die verhängnisvolle Entwicklung von Bewußtsein, Innerlichkeit, Gelehrsamkeit und Wissenschaft zerstört. Dieses »Ereignis« mit seinen unermeßlichen Folgen wird bei Leopardi, abstrakt oder absolut gesehen, mit der »Ursünde« gleichgesetzt, die er unorthodox als Emanzipation des Geistes vom Körper, der Vernunft von der Natur interpretiert, wie sie in zahlreichen Mythen versinnbildlicht werde (in der Erzählung von Adams Sündenfall in der Genesis, in der griechischen Sage von Psyche); relativ oder historisch

* Im Original deutsch. A.d.Ü.

gesehen, entspricht es einer Vielzahl von Erscheinungen, unter denen das Ende der Antike und damit der Anbruch des christlichen Zeitalters zweifellos die wichtigste ist.[1] Doch im Rahmen dieser Konzeption, die selbst durch die Entdeckung eines dem ursprünglichen, bleibenden Sein der Dinge innewohnenden *Bösen* kaum angetastet wird, erkennt Leopardi sofort einen – übrigens schon bei Bayle und in der französischen Aufklärung[2] vorhandenen – Grundzug, der immer stärker den Charakter einer bestürzenden Evidenz annimmt: die Identität von Fortschritt und Niedergang, Entwicklung und Zerstörung, Wahrheit und Ohnmacht, Bewußtsein und Bedeutungslosigkeit. Ein unheilvoller Grundzug auf individueller[3] wie auf kollektiver Ebene: der Einfluß der Vernunft paralysiert den einzelnen ebenso wie Gruppierungen aller Art (Parteien, Schulen, Sekten), die nur aus dem Vorurteil die Kraft und die Stärke zum Handeln und damit die notwendige Voraussetzung für jedes erfolgreiche Wirken gewinnen. Die

---

[1] Eine ausführlichere Darlegung dieser Themen findet sich in meinem Aufsatz *Leopardi e l'estetizzazione dell'antico,* in: *Saggi sul pensiero leopardiano,* Neapel ²1985, S. 11-13, 19-29 und passim.

[2] Vgl. ebd., S. 117, Anm. 10.

[3] Siehe auch die Betrachtungen im *Zibaldone,* auf die Leopardi in dem von ihm selbst erstellten Register unter dem Stichwort »Vernunft. Ihre Ohnmacht hinsichtlich unserer Handlungen« verweist, und außerdem die in *Zib.,* 595-597 (1. Februar 1821) wiedergegebenen Sentenzen klassischer Autoren (Thukydides, Lukian, Plinius, der heilige Hieronymus); den Brief an Jacopssen vom 23. Juni 1823 (»l'habitude de réfléchir, qui est toujours propre des esprits sensibles, ôte souvent la faculté d'agir et même de jouir« [die empfindsamen Gemütern stets eigene Gewohnheit nachzudenken beraubt sie häufig der Handlungs-, ja selbst der Genußfähigkeit]; den *Dialogo della Natura e di un anima,* in: *Operette morali* (»Die am wenigsten fähig und geübt sind, abzuwägen und zu bedenken, sind am flinksten im Entschließen und am erfolgreichsten im Ausführen.« *Dialog zwischen der Natur und einer Seele,* in: Leopardi, *Gesänge; Dialoge und andere Lehrstücke* (Werke, Bd. 1), München 1978, dt. v. A. Vollenweider, S. 306].

gleiche Gesetzmäßigkeit gilt auch für die Gesellschaften und Staaten, die ihre Gründung, ihren Fortbestand und ihr Gedeihen einzig und allein dem fruchtbaren Antrieb durch Irrtum und Illusion, dieser segensreichen, von der Natur gewährten Verschleierung, verdanken, während sie durch die Ausbreitung der Aufklärung zu allen Zeiten gefährdet und zerstört werden: bedeutendstes Beispiel dafür ist der Zusammenbruch der Macht des römischen Imperiums.

Daß das Eindringen der griechischen Philosophie zusammen mit der Aushöhlung der Glaubenskraft »Ursache für den Untergang der Weltmacht Rom« gewesen sei, war eine gemeinsame Vorstellung von vielen, selbst so unterschiedlichen politischen Denkern des achtzehnten und frühen neunzehnten Jahrhunderts wie Lamennais, Bolingbroke und Montesquieu, die Leopardi allesamt in der Aufzeichnung im *Zibaldone* vom 16. November 1820 zitiert, wobei er freilich anmerkt, die Staaten würden nicht, wie es die Apologeten der Religion behaupteten, »durch die Wahrheit gefestigt und erhalten und durch den Irrtum zerstört«, sondern »durch den Irrtum stabilisiert und erhalten und durch die Wahrheit zerstört« (*Zib.*, 332).[1]

---

[1] Die Präzisierung verdient unbedingt hervorgehoben zu werden, schon deshalb, weil sie Leopardis allgemeine Haltung gegenüber der katholischen Apologetik der Restauration verdeutlicht, insbesondere gegenüber Lamennais, dessen *Essai sur l'indifférence en matière de religion* er zwischen November 1820 und April 1821 wiederholt reflektiert, zitiert und erörtert. Es ist offensichtlich, daß Leopardi grundsätzlich in diametralem Gegensatz zum traditionalistischen oder reaktionären Denken steht, und ein Vergleich hinsichtlich der einzelnen philosophischen Fragen, die damals aufgeworfen wurden, würde leicht zeigen, daß er Punkt für Punkt ein Anti-Lamennais und Anti-Maistre war; doch es sollte ebenso klar sein, daß er mit jenem Denken (das von der Kultur der Aufklärung, die es bekämpfte, nicht immer und nicht in allem so weit entfernt sein konnte, wenn es diese doch gelegentlich auch zur eigenen Hilfe und Unterstützung in Anspruch

In den gleichen Begründungszusammenhang gehörten auch der Sieg der Barbaren oder Halbbarbaren über die zivilisierten Völker und der ewige Wechsel, in dem sie bei der Herrschaft über die Welt gegenseitig ablösen: nur die erst wenig entwickelte, die »mäßig zivilisierte Kultur«, die sich noch ihre natürlichen Illusionen bewahrt hat und dadurch die »Nationen« und die »Vaterländer« möglich macht, sichert den Völkern Macht und Zukunft.[1]

Bekanntlich hat Tacitus als erster Historiker, wenn nicht gar als erster Mensch in der Antike, deutlich die Überlegenheit der Barbaren, insbesondere der naturnahen Germanen gegenüber dem geschwächten und gerade durch seine »Überzivilisiertheit« gefährdeten römischen Imperium festgestellt. Doch die Anprangerung von Kultur und Zivilisation, die als Gegensatz zur natürlichen Gesundheit des Lebens und der einfachen Sitten gesehen werden, geht ursprünglich auf das stoisch-kynische Denken zurück, wie es in einigen Texten Senecas[2] zum Ausdruck kommt und in der Renaissance von Montaigne[3] wieder aufgegriffen wird. Sie ist offenbar auch Machiavelli nicht fremd, wenn er im *Rapporto delle cose della Magna,* im *Discorso sopra le*

nahm) in *anderer Hinsicht* viele Themen und Voreingenommenheiten teilte: der Unterschied lag aber darin, daß Leopardi die von Lamennais und anderen verteidigte *Wahrheit* als nützlichen *Irrtum*, als lebensnotwendige *Illusion* verfocht, deren Verlust er beklagte. Ungewöhnlich und interessant ist Leopardis Position deshalb, weil er die Philosophie und den Fortschritt denunziert, ohne deshalb auch nur im geringsten der religiösen oder politischen Orthodoxie, der Theologie oder dem Ancien régime anzuhängen.

[1] Vgl. *Zib.,* 866-867, hier S. 66 f.; 2331-2335, hier S. 128-130. Zum Begriff »mäßig zivilisierte« oder »mittlere Kultur« s. Komm., Anm. 39.

[2] Zum Primitivismus bei den genannten Autoren vgl. A. O. Lovejoy u. G. Boas, *Primitivism and Related Ideas in Antiquity,* Baltimore 1935, New York 1980, S. 263-86, 362-67.

[3] *Essais,* I, xxv.

cose della Magna e sopra l'imperatore della Magna und in den *Discorsi sopra la prima deca di Tito Livio*¹ die von Tacitus inspirierte polemische Absicht durchblicken läßt, »ein hartes und rauhes, aber starkes Germanien der allzu verfeinerten Kultur der Renaissance in Italien gegenüberzustellen, die zwar prächtig und großartig, aber auch geeignet ist, den Mut zu schwächen«². Andererseits stellt er in den *Istorie fiorentine* im Rahmen einer zyklischen Geschichtsauffassung eine präzise Verbindung zwischen Verbreitung der Kultur und politisch-moralischer Dekadenz her und erinnert in diesem Zusammenhang an das berühmte Beispiel Catos des Älteren angesichts des gefährlichen Auftretens zweier athenischer Philosophen im republikanischen Rom.³ Im achtzehnten Jahrhundert kommt die Gleichsetzung von Barbarei (oder Unwissenheit), Tapferkeit und Freiheit einerseits und Kultur, Sittenverfall und politischer Knechtschaft andererseits in den *Considérations* von Montesquieu⁴ vor und wird zum Hauptthema im *Dis-*

---

¹ I, LV; II, XIX.
² F. Chabod, *Il segretario fiorentino*, in: *Scritti su Macchiavelli*, Turin 1964, S. 347. Vgl. dazu auch G. Costa, *Le antichità germaniche nella cultura italiana da Machiavelli a Vico*, Neapel 1977, S. 47-55 und *passim*.
³ »Denn wenn gut und tapfer geführte Waffen Sieg gebracht haben, der Sieg Ruhe, so kann der kriegerische Mut durch keine ehrenvollere Friedenskunst geschwächt werden als durch die Wissenschaften, noch kann die Entwöhnung vom Kriege mit größerer und gefahrvoller Täuschung bewirkt werden als durch diese. Dies sah Cato sehr wohl ein, als die Philosophen Diogenes und Carneades als athenische Abgesandte zum römischen Senat kamen. Da dieser bemerkte, wie die römischen Jünglinge ihnen voll Bewunderung folgten, und er den Nachteil erkannte, der seinem Vaterlande durch die Entwöhnung vom Kriegerleben zugefügt werden würde, so brachte er es dahin, daß in Zukunft kein Philosoph in Rom aufgenommen werden durfte.« (*Geschichte von Florenz*, V, 1, Zürich 1986, dt. v. A. v. Reumont, S. 285 f.).
⁴ Auf den Anfang des 10. Kap. der *Considérations sur les causes de la grandeur des Romains et de leur décadence* von Montesquieu (»Je crois que

cours sur les sciences et les arts von Rousseau[1], der auch Seneca, Tacitus und Montaigne anführt. Später wird diese Vorstellung auch durch andere Werke verbreitet, darunter die *Histoire philosophique et politique des établissements et du commerce des Européens dans les deux Indes* von Raynal[2]. In diese jahrhundertelange Tradition gehört auch Leopardi. Dennoch kann man nicht anders als überrascht sein, wenn er in die große Reflexion vom 24. März 1821 die Prophezeiung einfließen läßt, daß »das hochzivilisierte Europa ein Raub jener Halbbarbaren werden wird, die es aus dem höchsten Norden bedrohen« (*Zib.*, 867), und ein Jahr später, auf den Einzelfall Rußlands bezogen, die Situation der Russen

la secte d'Epicure qui s'introduisit à Rome sur la fin de la République, contribua beaucoup a gâter le cœur et l'esprit des Romains« [dt. s. Komm., Anm. 31]) verweist Leopardi in der Aufzeichnung im *Zib.*, 274-276, hier S. 22-24, in der es um den Zuwachs von Bildung und Philosophie als günstiger Bedingung für die Tyrannei geht.

[1] Daß der *Discours sur les sciences et les arts* in der väterlichen Bibliothek unter den Werken Rousseaus fehlt (vgl. *Catalogo della biblioteca Leopardi in Recanati*, in: »Atti e Memorie della R. Deputazione di Storia Patria per le province delle Marche«, Bd. IV, Ancona 1899), beweist natürlich nicht, daß Leopardi ihn nicht gekannt hat: zwischen 1760 und 1812 hatte es drei Übersetzungen des *Discours* ins Italienische gegeben (vgl. S. Rota Ghibaudi, *La fortuna di Rousseau in Italia (1750-1815)*, Turin 1961, S. 317).

Über die äußerst wichtige Beziehung Leopardi-Rousseau fehlt noch eine erschöpfende Untersuchung, obwohl alle davon sprechen und darauf hinweisen. Zur Einführung siehe S. Battaglia, *L'ideologia letteraria di Giacomo Leopardi*, Neapel 1968, S. 15-25.

[2] Aus dem Werk von Guillaume-Thomas Raynal (1713-1796), das 1770 heimlich veröffentlicht und bald ins Italienische übersetzt wurde, braucht nur der folgende Passus aus dem 13. Kap. des letzten Bandes zitiert zu werden: »Sie [die Philosophie] kommt langsam und ohne Getöse daher und zeigt das Alter der Reiche an, die sie vergeblich zu erhalten versucht. Sie prägte die letzten Jahrhunderte der schönen Republiken in Griechenland und Rom. Athen hatte Philosophen nur am Vorabend seines Untergangs, den sie vorherzusagen schienen. Cicero und Lukrez schrieben über die Götter und die Welt im Lärm der Bürgerkriege, die die Freiheit zu Grabe trugen.« (*Histoire...*, Genf 1783, Bd. 10, S. 268)

gegenüber Europa mit der der alten Germanen gegenüber dem römischen Imperium vergleicht[1]. Intuitive Erkenntnisse von ähnlich kühnem und sicherem Weitblick sind in jenen Jahren in Italien tatsächlich schwer vorstellbar.

Leopardi beobachtet und beurteilt das moderne Abendland durch ständiges Vergleichen mit der Welt der Antike, die er zum höchsten und unerreichbaren Vorbild erhebt, auch wegen des Verhältnisses von Kunst und politischem Leben, das im Mittelpunkt von Rousseaus *Discours sur les sciences et les arts* stand. Im Februar 1823 überträgt Leopardi aus *Voyage du jeune Anacharsis en Grèce* von Barthélemy eine Beschreibung, die sich schon bei Pausanias findet, in den *Zibaldone*, und zwar die des Basreliefs der Telesilla von Argos. Die Dichterin, die ihr Vaterland rettete, wird mit einigen vor ihr am Boden liegenden Büchern dargestellt, doch ihre wohlgefälligen Blicke sind ganz und gar auf den Helm in ihrer Hand gerichtet, den sie gerade aufsetzen will. »So«, kommentiert Leopardi, »könnten die römische Nation, auch die griechische, ja die gesamte zivilisierte Antike dargestellt werden: in den Wissenschaften und schönen Künsten unerreichbar und unerreicht, betrachtet sie dennoch die einen wie die anderen nur als Zeitvertreib und Nebenbeschäftigung; eine Kriegerin, aktiv und stark« (*Zib.*, 2676). Diese Äußerung ist reinster Ästhetizismus[2], bereits im Gusto Nietzsches und Benns, enthält allerdings auch – nach allem, was

---

[1] Vgl. *Zib.*, 2332-2333, hier S. 129.

[2] Die Lektüre des Werks von Barthélemy im Februar 1823 zeigte Leopardi die Existenz eines schon in der Antike verbreiteten radikalen Pessimismus (vgl. Sebastiano Timpanaro: *Leopardi e i filosofi antichi*, in: *Classicismo e illuminismo nell'Ottocento italiano*, Pisa 1965, 2. erw. Aufl. 1969,

wir heute über die klassische Antike wissen – ein historisch zutreffendes, richtiges Urteil. In ähnlicher Weise sind auch alle anderen Reflexionen über die politische und die Kulturgeschichte gewiß nicht unbegründet, wenn sie auch weiter zu differenzieren und zu nuancieren wären. Eine der interessantesten betrifft die neuzeitliche Trennung von Regierung (oder Staat) und Nation (oder Volk), die Leopardi, ungeachtet der Verschiedenartigkeit der einzelnen politischen Verfassungen, verabsolutiert. Es wäre keine Willkür, daraus zu folgern, daß jede Regierung und jeder moderne Staat, unabhängig von ihrer Form, ihm »illegitim« erscheinen: denn wo die Zivilisation voll und ganz gesiegt hat, gibt es keine »Bürger« mehr, sondern nur noch »Untertanen«, weil es keine »Nationen« oder »Vaterländer« mehr gibt, sondern nur noch »Regierungen«. Ausgerechnet in der Zeit, als sich der Begriff Nation und das Nationalgefühl durchsetzten, erklärt Leopardi, die Nation gehöre ausschließlich der antiken Welt an und das moderne Völkerrecht, das Recht der »Nationen«, sei erst mit dem tatsächlichen Verschwinden der Nation entstanden.[1] Dieser Auflösungsprozeß, der bereits im philanthropischen und kosmopolitischen Egalitarismus impliziert

S. 202 ff.); doch das hindert ihn keineswegs an seiner ästhetischen, wenn auch nicht ausschließlich ästhetischen Verehrung der Antike, die in der Bemerkung zu Pausanias zum Ausdruck kommt (hier S. 142) wie auch in zahllosen anderen Passagen im *Zibaldone* und im gesamten Werk, ohne zeitliche Begrenzung (vgl. meinen Aufsatz *Leopardi e l'estetizzazione dell' antico*, a. a. O., S. 28/53).

[1] Zum Verschwinden der Nationen in der Neuzeit vgl. *Zib.*, 890/892, hier S. 83 f.; 896/98, hier S. 89 f.; 924; hier S. 105. Quantitativ wie qualitativ unangemessen ist die Aufmerksamkeit, die F. Chabod Leopardi widmet in seiner Untersuchung *L'idea di nazione*, Bari 1962, 1974, S. 131/34. Erwähnenswert ist allerdings sein Hinweis auf das Alfieri/Thema vom »Haß zwischen den Nationen« (vgl. S. 130/31) wie auch die Darstellung von Rousseaus Theorie der Nation (vgl. S. 98 ff.).

und seinerseits Frucht des Christentums und der Vergeistigung im allgemeinen sei, erreiche sein volles Ausmaß vom siebzehnten Jahrhundert an, dem Jahrhundert Ludwigs XIV., dem ersten Beispiel der modernen »Perfektion des Despotismus« (*Zib.*, 905).[1] Selbstverständlich richtet sich Leopardis Reaktion weniger gegen das *ius gentium* an sich als gegen die historisch-politische Situation, als deren Folge und Symptom es entstanden ist; dagegen, daß mit der Vernichtung der Völker und der Nationen auch die Gesellschaft vernichtet wurde, denn »*ohne Vaterlandsliebe und Fremdenhaß kann die Gesellschaft nicht Bestand haben*« (*Zib.*, 892).

Leopardi bedient sich in seiner Analyse ausführlich des Freund-Feind-Gegensatzes, den Carl Schmitt als das Wesen des *Politischen* betrachtet. Er formuliert daraus keine explizite Theorie, die ihm offensichtlich kein Bedürfnis war und ihn nicht interessierte; statt dessen verfolgt er nicht nur wiederholt dessen historische Exemplifizierung und sogar lexikalische Erläuterung[2], sondern bedient sich dieses Gegensatzes geradezu als grundlegender Kategorie im Unterschied zu den Begriffen »Vaterland«, »Nation« und »Gesellschaft« allgemein.

---

[1] Zur Durchsetzung des internationalen europäischen Rechts im Lauf des siebzehnten Jahrhunderts und einer neuen politisch-rechtlichen Ordnung allgemein als typischer Hervorbringung des abendländischen Formalismus und Rationalismus vgl. die Ausführungen von Carl Schmitt, wenngleich er mit seiner Beurteilung dieses Phänomens im Gegensatz zu Leopardi steht: *Der Nomos der Erde im Völkerrecht des Jus Publicum Europaeum*, Köln 1950, S. 112ff., 123ff. und *passim*; *Der Begriff des Politischen*, Berlin 1963 (Text von 1932), ³1991, S. 10-12; *Hamlet oder Hekuba. Der Einbruch der Zeit in das Spiel* (1956), Stuttgart 1958, S. 64-66.

[2] Vgl. *Zib.*, 205-206 (10. August 1820), über die Identifikation des »Fremden« mit dem »Feind« in den alten Sprachen *Zib.*, 881-883, hier S. 76f.; *Zib.*, 1163 (13. Juni 1821); *Zib.*, 1711, hier S. 121. Zur Begrifflichkeit von politischer Freundschaft oder Feindschaft vgl. C. Schmitt, *Der Begriff des Politischen*, a.a.O., S. 28-29 und dort Anm. 5.

Eine besondere Form der Freund-Feind-Polarität, nämlich die Übertragung der Feindschaft unter den Völkern auf das Verhältnis zwischen bloßen Regierungen, erklärt auch den unnatürlichen Charakter der modernen Kriege.

War in der Antike der Feind tatsächlich immer ein echter, realer Feind, der unmittelbar das Leben und die Interessen einer bestimmten Nation bedrohte (die ununterschieden und ununterscheidbar von ihrer Regierung war), verliert in der Neuzeit, wo die Nationen in den Regierungen aufgehen, auch die Gestalt des Feindes ihre Identität und natürliche Rechtfertigung[1]: man kämpft gegen jemanden, den man nicht kennt und den

[1] Noch frisch war das Beispiel, wenn auch gewiß weder das erste noch das letzte in der Geschichte, daß ein Volk – wie das italienische im Feldzug gegen Rußland 1812 – gezwungen war, seine eigenen Soldaten nicht für das Vaterland, sondern für seinen fremden und tyrannischen Eroberer zu opfern. In dem Gesang *Sopra il monumento di Dante (Auf Dantes Denkmal)* hat Leopardi das paradoxe und tragische Geschick der italienischen Soldaten beklagt – wobei er sie den dreihundert Mannen des Leonidas parallel setzt, an die er im Gesang *All'Italia (An Italien)* erinnert. Auch bekundet er keine Zustimmung, wenn jemand freiwillig für das Vaterland anderer kämpft, nach seiner Reaktion auf den Tod des Conte Andrea Broglio d'Ajano zu urteilen, der 1828 bei der Belagerung Anatolikos im Kampf für die Unabhängigkeit Griechenlands fiel. Monaldo Leopardi hatte seinem Sohn in einem Brief vom 4. Juli 1828 die Nachricht übermittelt und Broglio als »freiwilligen Briganten« und »Verrückten« bezeichnet. Giacomo antwortete aus Florenz mit Datum vom 22. Juli: »Ich beklage die armen Broglios, Vater und Sohn, von Herzen. Hier haben wir aus den französischen Zeitungen vom Tod eines Conte Broglio erfahren, aber wer hätte gedacht, daß es sich um unseren Broglio aus Recanati handelt! Ich wußte nicht, daß sein Fanatismus ihn so weit getrieben hatte, sein Leben für die Sache und das Vaterland anderer aufs Spiel zu setzen.« (*Il Monarca delle Indie. Corrispondenza tra Giacomo e Monaldo Leopardi,* hg. v. G. Pulce, Mailand 1988, S. 208). Wenn es sich hierbei nicht um eine Gefälligkeit gegenüber dem Vater handelt, mag Giacomos Haltung verwundern. Die Erklärung scheint mir weitaus eher in seiner besonderen politischen Sicht der Nationen und der Vaterländer, also in seinem Antikosmopolitismus und Antieuropäismus zu liegen (vgl. *Zib.,* 896, hier

zu hassen man keinerlei Grund hat; statt dessen quält und entzweit der Haß die Angehörigen ein und derselben Familie oder Gemeinschaft.

In der Antike war Feind nur der Fremde: jetzt wird der Mitbürger, der Gefährte, der Verwandte zum Feind. Die Eigenliebe, konstitutives Prinzip des Menschen und allgemein jedes Lebewesens, verwandelte sich einst in nationalen Egoismus[1], dagegen wurde sie in den letzten Jahrhunderten zu einem zugleich individuellen wie universellen Egoismus[2], der jegliche Form von Lebendigkeit, Gerechtigkeit und Größe unmöglich macht: »Man haßt den Fremden nicht mehr? Dafür haßt man den Gefährten und den Mitbürger, den Freund, den Vater, den Sohn [...] Man hat keine nationalen Feinde mehr? Dafür hat man persönliche Feinde, so viele, wie es Menschen gibt [...] Die Nationen leben nach außen hin in Frieden? Dafür herrscht im Innern Krieg, ein Krieg ohne Pause, jeden Tag, jede Stunde, jeden Augenblick, ein Krieg aller gegen alle, ohne einen Schein von Gerechtigkeit, ohne eine Spur von Großmut oder wenigstens Tapferkeit« (*Zib.*, 890-891). Folglich liegt »viel mehr Barbarei in der Tötung eines einzelnen Feindes heutzutage als im Altertum in der Vernichtung eines ganzen Volkes« (*Zib.*, 901).

S. 117) als in einer allgemeinen »philosophischen und nahezu nihilistischen Ernüchterung« (R. Damiani, *La complicità di una comune origine. In margine al carteggio tra Giacomo e Monaldo Leopardi*, in: *Lettere italiane*, XL, 3, Juli bis September 1988, S. 410). Zu dieser Episode siehe auch G. Mestica, *Lo svolgimento del genio leopardiano* und *Giacomo Leopardi e i Conti Broglio d'Ajano*, in: *Studi leopardiani*, Florenz 1901, S. 499-501 bzw. 617-20; zum griechischen Aufstand, den Leopardi als Ausdruck der »nationalen Gesinnung der Griechen« sah und bewunderte, vgl. *Zib.*, 1593 (30. August 1821); zu der Solidarität mit den griechischen »Brüdern« siehe den Brief an Antonietta Tommasini vom 18. April 1827.

[1] Vgl. *Zib.*, 877-880, hier S. 73-76.   [2] Vgl. *Zib.*, 898-899, hier S. 90-92.

Radikal verändert hat sich auch das Wesen der Politik; war sie in den antiken Republiken offen und öffentlich, spielt sie sich in den modernen Staaten gänzlich im verborgenen ab, da diese durch eine derartige Konzentration der Macht in den Händen weniger oder eines einzigen gekennzeichnet sind, daß Leopardi im Vergleich dazu selbst dem verabscheuten Mittelalter eine relativ positive Seite abgewinnt, weil es mit seinen Teilungen und seinen Partikularismen immerhin noch eine gewisse Möglichkeit von Bewegung und Freiheit, von Eigenleben des Volkes und der Nation garantierte.[1] Ausgehend von einer Bemerkung Montesqieus[2] veranschaulicht Leopardi in einigen Zeilen, abgeklärt und visionär zugleich, die Regression der Menschheit auf den Zustand einer finsteren, undurchdringlichen physischen Erscheinung, die den Nutzen von Geschichte fast gänzlich zunichte macht: »Heutzutage, da die Macht auf wenige beschränkt ist, sieht man die Ereignisse, kennt aber die Gründe nicht, und die Welt gleicht jenen Maschinen, die sich mit Hilfe verborgener Federn bewegen, oder jenen Statuen, die durch in ihnen verborgene Menschen zum Gehen gebracht werden« (*Zib.*, 120).

Und schließlich ein merkwürdiges Paradox: Während zur Zeit der Antike die natürliche Unterschiedlichkeit der Individuen hinter ihrer unmittelbaren Zugehörigkeit zum einheitlichen, gemeinsamen Ganzen der Nation zurücktrat, ist ihre völlige Uniformität in der Neuzeit keineswegs Ausdruck der organischen Einheit der Nation, sondern spiegelt deren Atomisierung. Heute stellt das einzelne, egoistische Subjekt für sich

---

[1] Vgl. *Zib.*, 903-904, hier S. 95 f.
[2] Siehe Komm., Anm. 10.

allein das »Vaterland« dar; so viele einzelne es gibt, so viele »Vaterländer« gibt es, und alle gleichen einander.[1] Was in diesem Prozeß verschwindet, sind Wert, Reichtum und Kraft der Individualität, an deren Stelle die Masse tritt[2], eine traurige Parodie der Nation. Bereits in den allerersten Reflexionen im *Zibaldone,* wie auch in dem zeitgleich entstandenen Gesang *Ad Angelo Mai (An Angelo Mai),* prangert Leopardi in aller Deutlichkeit die nivellierte Gesellschaft, den Herdeninstinkt und die universelle Gleichmacherei an[3], die nur ein halbes Jahrhundert später zum zentralen Thema des europäischen Denkens wird. Seine Verurteilung der modernen »festgefügten Gesellschaft«[4], in der die natürliche Antisozialität des Menschen übermäßig zunimmt[5], ist zugleich ein Verdammungsurteil gegen jegliche Utopie, ein Abgesang auf den Traum, »eine Gesellschaftsform zu finden, die zwar nicht vollkommen, aber doch für sich genommen annehmbar ist« (*Zib.,* 3774).

Die Kritik der Aufklärung an den angeborenen Ideen und folglich an jedem absoluten Prinzip oder Wert hat nicht nur den doppelten Mythos vom »Naturgesetz« und von der »Vervollkommnungsfähig-

---

[1] Vgl. *Zib.,* 148-149, hier S. 13.
[2] Vgl. *Zib.,* 4368, hier S. 234 und außerdem den *Dialogo di Tristano e di un amico (Dialog zwischen Tristan und einem Freund,* in: *Werke,* Bd. I, a.a.O., S. 479-410).
[3] Zu den Einzelheiten dieser Kritik und zu den Problemen, die sie aufwirft, vgl. jedoch Komm., Anm. 14.
[4] Zum Unterschied zwischen den nur »lose verbundenen« primitiven Gesellschaften und den »festgefügten« zivilisierten Gesellschaften (ein Unterschied, der sowohl das Verhältnis zwischen den Individuen als auch das Verhältnis zwischen den Gesellschaften betrifft) vgl. *Zib.,* 874-877, hier S. 71-74; *Zib.,* 3773-3794, hier S. 153-175; *Zib.,* 3929-3930, hier S. 208-210.
[5] Vgl. *Zib.,* 3785-3787, hier S. 165-167.

keit des Menschen« zerstört[1], sondern hat auch gezeigt, daß es theoretisch und praktisch unmöglich ist, irgend≈ eine Grundlage für Macht, Gesetz und Gesellschaft zu finden.[2] Wie sich damit die Zivilisation und der Mensch selbst als reines Produkt des Zufalls erweisen[3], so ist auch das Zusammenleben einem Spiel blind destrukti≈ ver Kräfte und Impulse ausgesetzt, das Leopardi in der stummen Gewalt einiger naturwissenschaftlicher Bilder darstellt: dem der Luftsäulen, die aufeinanderdrücken, ohne das geringste Vakuum zu lassen[4], oder dem der Tiere, die wild werden, wenn sie ihr eigenes Bild im Spiegel erkennen[5]. Als unausweichliche Konsequenz ergibt sich daraus die Anwendung von Machiavellis Prinzipien auch auf den Bereich der privaten Beziehun≈ gen, also das, was man als »gesellschaftlichen Machia≈ vellismus« bezeichnet.[6] Doch wenn die Gesellschaft »heute mehr denn je zuvor Keime von Zerstörung in sich trägt«, so ist dies abermals »hauptsächlich der Er≈ kenntnis des Wahren und der Philosophie« geschuldet, schreibt Leopardi in einem wichtigen Notat vom April 1825.[7] Er wird immer behaupten, das moderne Denken könne nicht aufbauen, sondern nur zerstören, weil es

---

[1] Vgl. *Zib.*, 209≈210 (14. August 1820); *Zib.*, 1096≈1098, hier S. 109f.; *Zib.*, 1618≈1619 (3. September 1821); Komm., Anm. 118 und 162.

[2] Vgl. *Zib.*, 3349≈3350, hier S. 150.

[3] Vgl. *Zib.*, 835≈838 (21. März 1821); *Zib.*, 1570≈1572, hier S. 118f.; *Zib.*, 1737≈1740 (19. September 1821); *Zib.*, 2602≈2607 (7.≈10. August 1822); *La scommessa di Prometeo (Die Wette des Prometheus)*, in: *Werke*, Bd. I, a.a.O., S. 323. Eine ausgezeichnete Erläuterung des Begriffs der Geschichte als Zufall findet sich bei G. Rensi, *La filosofia dell'assurdo*, Mailand 1937 u. 1991, S. 167≈202, der sich im übrigen auch ausdrücklich auf Leopardi beruft.

[4] Vgl. *Zib.*, 2436≈2441, hier S. 130≈133.

[5] Vgl. *Zib.*, 4280 und 4419, hier S. 231 und S. 235.

[6] Vgl. Komm., Anm. 101.

[7] Vgl. *Zib.*, 4135≈4136, hier S. 217≈219.

die »positiven« Wahrheiten durch rein »negative« ersetze, das heißt, weil es die Irrtümer, die falschen Überzeugungen und unnatürlichen Vorurteile ausmerze, die sich im Laufe des Zivilisationsprozesses eingenistet haben.[1] In diesem Sinn übt die Philosophie eine nicht nur legitime, sondern auch notwendige Funktion aus, weil sie nach der Wiederherstellung jenes reinen und glücklichen ursprünglichen Zustands strebt, in dem jene noch nicht existierten und wirksam waren. Dennoch, so stellt Leopardi fest, erweist sich dieser Prozeß *in bezug auf die Gesellschaft* als schädlich, denn Naturzustand und gesellschaftlicher Zustand sind nicht miteinander vergleichbar und vereinbar, und die Irrtümer, die in dem einen nicht notwendig waren, sind es in dem andern sehr wohl. Die Gesellschaft sieht sich in einem unaufhebbaren Widerspruch gefangen: für ihren Fortbestand ist sie gerade auf all jene Irrtümer und Fiktionen angewiesen, deren Negation und Auflösung ihre gesamte Beschaffenheit und Entwicklung unabwendbar mit sich bringt. Doch bereits der ein Jahr zuvor verfaßte[2] *Discorso sopra lo stato presente dei costumi degl'italiani (Abhandlung über den gegenwärtigen Zustand der Sitten der Italiener)* weist auf eine grandiose Sackgasse des Denkens hin. Wie können die zivilisierten Gesellschaften jenes »Massaker der Illusionen«, die traditionellerweise das Leben der Individuen und der Gemeinwesen aufrechterhielten, überleben? Das ist das zentrale Thema des *Discorso*, eines wahren Meisterwerks

---

[1] Vgl. meinen Aufsatz *Leopardi e l'estetizzazione dell'antico*, a.a.O., S. 26/28.

[2] Zu den Problemen der Datierung des *Discorso* vgl. jedoch G. Savarese, *Il »Discorso« di Leopardi sui costumi degl'italiani: preliminari filologici*, in: *Rassegna della letteratura italiana*, 92, Januar/April 1988, S. 23/37, der dessen letzte Fassung hypothetisch auf das Jahr 1826 verschiebt.

philosophischer, moralischer und anthropologischer Erkenntnis, formuliert auf Grund des Vergleichs zwischen der Situation in Italien und der in Europa. Die anderen Länder, insbesondere Frankreich, Deutschland und England, finden noch ein Prinzip des Zusammenhalts und der Bewahrung im Gesellschaftsleben und in den letzten, wenn auch belanglosen Illusionen, mit denen dieses Schutz vor dem Abgrund gewährt und sich selber schützt: im Ehrgeiz, im Ehrgefühl, in der Konversation, in den guten Manieren, in der öffentlichen Meinung. Italien hingegen, das ein Volk ist, aber keine Nation, das Gebräuche hat, aber keine Sitten[1], das keine anderen Gelegenheiten gesellschaftlichen Lebens kennt als das Promenieren, das Schauspiel und die Kirche, entbehrt solcher Möglichkeiten gänzlich; zugleich fehlen ihm die ethischen Grundlagen, die entwickeltere Nationen aus sich heraus hervorbringen, und auch jene, die rückständigere Nationen zusammen mit ihren Vorurteilen noch bewahren, so daß es sich sowohl gegenüber Ländern wie Frankreich oder England als auch gegenüber Rußland oder Spanien im Nachteil befindet. Opfer eines absoluten Zynismus, der aus dem Gefühl der Bedeutungslosigkeit des Lebens entsteht und sich in der allgemein verbreiteten Praxis des Spotts – *raillerie* und *persiflage* – äußert, sind die Italiener paradoxerweise trotz der Unterlegenheit ihrer philosophischen Kultur »philosophischer« als jedes andere Volk und eben darum *verloren*. Geradezu undenkbar sind deshalb in Italien, wo man an nichts mehr glaubt, wo es »keinerlei echte Fanatiker«[2] mehr gibt, bestimmte Erscheinungen, die

---

[1] Vgl. auch *Zib.*, 2923, hier S. 117.

[2] Der mangelnde Glaube ist ein Zug, sogar der wesentliche Zug, den einige Jahre später auch Guizot in seinem berühmten Urteil über die Ita-

man im Norden findet, wie das Überleben der Gemeinde der Böhmischen Brüder oder das Quäkertum. Die Analyse des *Discorso* schließt mit einer Zukunftsaussicht für den Norden, die den Vorhersagen über den Norden und Rußland im *Zibaldone* 1821 bis 1822 entspricht.[1] Allerdings ist offensichtlich, daß Leopardi in seinem unvergleichlichen Essai, abgesehen von einigen historisch-anthropologischen Grundzügen Italiens, die heute noch lebendig und für uns sichtbar sind, den Typus einer zerstörten Gesellschaft beschreibt, zerstört durch die Entlarvung aller Fiktionen und die Aufhebung aller Tabus, die – genaue und visionäre – Präfiguration einer Menschheit ohne ein Morgen.[2]

liener hervorhebt (vgl. *Histoire de la civilisation en France, depuis la chute de l'Empire Romain jusqu'en 1789*, Paris 1840, Bd. I, S. 13-15) und den soziologische Studien im übrigen auch heute noch herausstellen.

[1] Auch in der italienischen Geschichtsschreibung der damaligen Zeit findet sich das Bild des »Nordens, der, angenähert an den asiatischen Osten, dem Süden gegenübergestellt wird« (L. Mascilli Migliorini, *La coscienza del Nord nella storiografia italiana del primo Ottocento: una lettura della »questione longobarda«*, in: *Antologia Vieusseux*, XIX, 70, April-Juni 1983, S. 43). Zur Verschiebung des geschichtlichen Gravitationszentrums wie des kulturellen Interesses von Süden nach Norden bereits seit Ende des siebzehnten Jahrhunderts vgl. Paul Hazard, *La crise de la conscience européenne: 1680-1715*, Paris 1934-1935 (*Die Krise des europäischen Geistes: 1680 bis 1715*, Hamburg 1939, dt. v. H. Wegener, S. 81-109); A. Lortholary, *Les »Philosophes« du XVIIIe siècle et la Russie. Le mirage russe en France au XVIIIe siècle*, Paris 1951, S. 7.

[2] Die gängigen Interpretationen des *Discorso* sind im wesentlichen immer noch irreführend. Völlig einverstanden mit meiner Bewertung (ohne jedoch zu sagen, ob auch mit meiner Interpretation des *Discorso*) erklärt sich Rolando Damiani in einem Artikel, in dem er selber leider Opfer seltsamer Verblendungen wird, wie der angeblichen Unvereinbarkeit von »Nihilismus« und »Ästhetizismus« in Leopardis Sicht der Antike (*Nichilismo e »Bon ton«*, in: *Miscellanea di studi in onore di Marco Pecoraro*, hg. v. B. M. Da Rif und C. Griggo, Florenz 1991: Bd. I, *Da Dante al Manzoni*, S. 346), wo doch hinlänglich bekannt ist, daß der eine Aspekt sich mit dem anderen durchaus verträgt, wenn er nicht sogar dessen Ursprung und Voraussetzung ist (s. auch oben, S. 243, Anm. 2). Dem gleichen sonder-

Leopardis Reflexionen über Politik kreisen um einen ursprünglichen und durchgängigen Kerngedanken, um die Vorstellung von der *Illusion als einer Kraft, die die Welt trägt und bewegt,* und um die unabsehbaren Konsequenzen, die ihre fortschreitende Vernichtung im Leben der Individuen wie der Völker ausgelöst hat. Im Konflikt zwischen der Notwendigkeit der Illusion und der zerstörerischen Entwicklung des Bewußtseins und der Zivilisation liegt jenes unüberwindliche Paradox, das wohl kein anderer in der Neuzeit so umfassend, kontinuierlich und tiefgründig dargestellt und durchlebt hat.

Der (vielleicht von 1820 stammende) Entwurf, den die Verleger unter dem Titel *Frammento sul suicidio (Fragment über die Selbsttötung)* veröffentlicht haben, ist eines von zahllosen Zeugnissen dafür, fällt aber durch seine verzweifelte Unmittelbarkeit auf:

»Wir können uns nichts mehr vormachen oder so tun, als ob. Die Philosophie hat uns so viel an Erkenntnis eingebracht, daß uns jenes Vergessen unser selbst, das einst leicht war, jetzt nicht mehr möglich ist. Entweder die Einbildungskraft blüht wieder auf, und die Illusionen gewinnen aufs neue Gehalt und Gestalt in einem regen, kraftvollen Leben [...] oder diese Welt wird zu einem Verlies von Verzweifelten, wenn nicht zur Wüste [...]

---

baren Irrtum erlag er bereits in einem vorangegangenen Aufsatz (*Teofrasto, Bruto e l'impero della ragione,* in: *Lettere italiane,* XLII, 2, April-Juni 1990, S. 262): »Die Zerrissenheit des Brutus angesichts des Nihilismus seiner Kultur [...] koinzidiert – auch in Leopardis Denken – mit dem Verblassen des ästhetischen Ideals der Antike«, wobei vor allem zu fragen ist, ob die Anwendung einer solchen Terminologie auf ein Zeitalter und eine Person wie die des Brutus zulässig ist. Korrekt finde ich allerdings seine Darstellung des *Discorso* in: *Poesie e prose,* hg. v. R. Damiani und M. A. Rigoni, mit einem Aufsatz von C. Galimberti, Mailand 1987-1988, Bd. II: *Prose,* hg. v. R. Damiani, 1988, S. 1413-17.

Nur sehr wenige pflichten dem bei, daß die Verhältnisse in der Antike wirklich glücklicher waren als in der Neuzeit, und diese wenigen meinen, man solle nicht mehr daran denken, denn die Umstände hätten sich geändert. Doch die Natur hat sich nicht geändert, und ein anderes Glück gibt es nicht, und die moderne Philosophie hat keinerlei Recht, sich zu rühmen, wenn sie uns nicht zu unserem Glück zu verhelfen vermag. Ob antike Verhältnisse oder nicht antike, fest steht: jene waren den Menschen gemäß, und die jetzigen sind es nicht; damals war man selbst im Sterben noch lebendig, heute ist man im Leben schon tot [...]«.[1]

Mittlerweile erübrigt es sich, auf den grotesken Versuch – vor allem in den letzten fünfzig Jahren – einzugehen, eine solche Sicht mit der Sache des politischen, wissenschaftlichen oder sonstigen Fortschrittsdenkens gleichzusetzen: dieser Versuch wurde offenbar selbst von seinen Verfechtern und Unterstützern aufgegeben, die sich durch die Evidenz entweder zum Schweigen oder zum Widerruf gezwungen sahen.[2] Es ist auch nicht der Mühe wert, die entgegengesetzte These zu bestreiten, Leopardi sei ein »großer Reaktionär«, denn er hat niemals auch nur eine einzige Äußerung zur Verteidigung des *status quo ante* in bezug auf die Französische Revolution gemacht; vielmehr richtete er seinen Sarkasmus

---

[1] Den vollständigen Text s. oben, S. 18/20.

[2] Exemplarisch ist der Fall von Cesare Luporini, dem Verfasser des Aufsatzes *Leopardi progressivo* (in: *Filosofi vecchi e nuovi*, Florenz 1947, Bd. I, S. 183/274, neu aufgelegt als eigenes Bändchen unter dem gleichen Titel, Rom 1981), dessen These er selber, nachdem sie vierzig Jahre lang die Leopardi-Kritik sehr stark beeinflußt hat, seit kurzem ablehnt. In einem Interview mit dem *Espresso* (*Leopardi moderno*, von F. Adornato, 1. März 1987, S. 108/16) sieht er das Wesentliche in Leopardis Denken nicht mehr in der politischen Fortschrittlichkeit, sondern in einem »aktiven Nihilismus« (S. 116).

gegen die Grundlagen des legitimistischen Prinzips[1] und brandmarkte die rückständigen *Dialoghetti* seines Vaters als »infames, absolut infames, verbrecherisches Buch«.[2] Angebracht ist eher die Feststellung, daß die Kritik bis auf seltene Ausnahmen außerstande ist, Leopardi losgelöst von der Alternative »Fortschritt« oder »Reaktion« zu betrachten, weil sie nicht begreift, daß sein Denken, in enger Abhängigkeit von seiner *antihistorischen* Sicht, unpolitisch oder antipolitisch ist. Das bedeutet selbstverständlich nicht, daß ihn Politik und Geschichte nicht reizten (sie nehmen im *Zibaldone* wie auch im übrigen Werk sogar erheblichen Raum ein), es bedeutet lediglich, daß er keinerlei Hoffnung in sie zu setzen vermochte, die nicht mit der Welt der Antike, seinem

---

[1] S. die Reflexion im *Zib.*, 4137, hier S. 219f., wie auch den Brief an seinen Vater vom 19. Februar 1836, in dem er, gegen die »Legitimisten« gerichtet, schreibt: »Sie mögen es nicht sonderlich, daß ihre Sache mit Worten verteidigt wird, insofern schon das Eingeständnis, daß es auf dem Erdball jemanden gibt, der den vollen Umfang ihrer Rechte in Zweifel zieht, weit über die den Federn der Sterblichen zugestandene Freiheit hinausgeht; überdies ziehen sie klugerweise den Vernunftargumenten, auf die man recht oder schlecht immer etwas erwidern kann, die Argumente der Kanone und des schweren Kerkers vor, auf die ihre Gegner bisher noch keine Antwort haben« (*Epistolario di Giacomo Leopardi*, Erw. Ausg. mit Briefen der Korrespondenzpartner und erl. Anm. hg. v. F. Moroncini und G. Ferretti, Florenz 1934-1947: Bd. VI, *1830-1837*, 1940, S. 312).

[2] Vgl. den Brief an Giuseppe Melchiorri vom 15. Mai 1832. *I Dialoghetti sulle materie correnti nell'anno 1831* von Monaldo Leopardi, deren Urheberschaft Giacomo, nachdem sie ihm von verschiedenen Seiten zugeschrieben worden war, mit einer gedruckten Erklärung zurückweisen mußte, wurden 1831 veröffentlicht und hatten großen Erfolg (drei Auflagen in einem Monat). Ein anderes Werk von Monaldo, nicht weniger reaktionär als die *Dialoghetti*, die *Considerazioni sulla Storia del Botta*, 1834 zum erstenmal als Buch erschienen, wurde ebenfalls Giacomo zugeschrieben. Auch in diesem Fall bereitete er 1835 eine Erklärung zur Ablehnung der Urheberschaft vor, aber es ist nicht bekannt, ob es ihm gelang, sie zu veröffentlichen (vgl. *Epistolario di Giacomo Leopardi*, a.a.O.: Bd. VI, *1830-1837*, 1940, S. 172, Anm. 2).

höchsten Ideal in diesem wie in jedem anderen Bereich, längst untergegangen wäre. In den Staaten, genauer gesagt, den Republiken der Antike sah Leopardi jenen unwiederholbaren Moment, in dem Individualität und Sozialität, Eigenwohl und Gemeinwohl, politische und ästhetische Kreativität einander nicht nur keineswegs ausschlossen, sondern sich in bewundernswerter Übereinstimmung befanden. Nachdem diese Realität, die eine mythische Färbung annimmt, geschwunden ist[1], kreist die Welt im Elend unsinniger Wirren und unlösbarer Widersprüche. Letztlich hat es nur zwei Ausnahmen oder Parenthesen im geschichtlichen Niedergang des Abendlands gegeben: die Renaissance mit ihrem Bestreben, Europa von der Barbarei des Mittelalters durch die Rückkehr zum klassischen Altertum zu befreien[2], und die Französische Revolution, die – wenn auch in schwacher und vergänglicher Form – einer erstickten und hinfälligen Welt wieder den Atem der Illusion und der Antike, das heißt der Jugend, eingehaucht hat.[3] In einem zweiten Ansatz sieht Leopardi später die Ursachen des menschlichen Unglücks klar und deutlich in der Natur selbst statt in den Staats- und Regierungsformen[4], während er andererseits proklamiert, daß die moralische, gesellschaftliche und politische Ungleichheit in der Welt den Charakter eines kosmischen Verhängnisses, einer immerwährenden und unabänder-

---

[1] Den Zeitangaben in *Zib.*, 567, hier S. 55, zufolge hat sie angeblich in Griechenland bis zu den Perserkriegen, in Rom bis zu den Punischen Kriegen gedauert.

[2] Vgl. *Discorso sopra lo stato presente costumi degl'italiani (Abhandlung über den gegenwärtigen Zustand der Sitten der Italiener*, in: *Schade um Italien! Zweihundert Jahre Selbstkritik*, Ausgew., eingel. u. dt. v. A. Jappe, Die Andere Bibliothek 149, Frankfurt a. M. 1997, S. 65-66).

[3] Vgl. *Zib.*, 1077-1078, hier S. 107f.; *Zib.*, 2334-2335, hier S. 130.

[4] Vgl. den Brief an Fanny Targioni Tozetti, hier S. 235f.

lichen universellen Gesetzmäßigkeit annimmt.[1] In den sehr extremen *Paralipomeni della Batracomiomachia (Paralipomena zum Froschmäusekrieg)* erscheint die historisch-politische Materie geradezu im Gewand der Aktualität, aber nur um einem Ansturm von Destruktivität ausgesetzt zu werden, einem Sarkasmus, der bis auf die Geister der Antike nichts und niemanden verschont.

Leopardis Ablehnung von Geschichte und Politik rührt nicht aus Innerlichkeit oder Unsensibilität, sondern aus einer derartig radikalen Kritik am Bestehenden, daß ihre subversive Potenz sich in keiner konkreten Form verwirklichen oder wiederfinden läßt. Wer wie Leopardi das Leben reformieren, das Universum verändern möchte – so weitgehend, daß er das Bild des Glücks außermenschlichen oder außerirdischen Wesen wie dem Tier, der Blume, dem Mond anvertraut –, dem erscheinen Bewahren und Fortschritt, Reaktion und Revolution, Despotismus und Demokratie nicht in erster Linie unwichtig, sondern unzureichend und vor allem als Komplizen einer Dialektik, die er gerade anprangert und ablehnt. Die einzigen politischen Anwei-

---

[1] Vgl. die *Palinodia al Marchese Gino Capponi,* V. 69-96: »Verdienst und Tugend, Treue und Bescheidung / Und Liebe zur Gerechtigkeit wird *immer,* / *In jedem Staat,* den Weltgeschäften fremd / Und ferne sein und wird vom Glück gemieden, / Betrübt, verachtet und verstoßen werden; / Denn die Natur hat sie *zu jeder Zeit* / Im Dunkel nur geduldet. Dreistigkeit, Betrug und Mittelmaß wird *stets* regieren / Und oben schwimmen. Herrschaft und Gewalt, / Ob man sie einem wünsche oder vielen, / *Jeder* mißbraucht sie, *unter welchem Namen* / *Es auch geschieht.* Dies ist Gesetz; Natur / Und Schicksal schrieben's einst in Diamant [...]« (Hervorh. M. A. Rigoni) (*Palinodie an den Marchese Gino Capponi,* in: Giacomo Leopardi, *Canti – Gesänge,* Zweisprachige Ausg., Nachwort, Anm. u. Übers. M. Engelhard, Berlin 1999, S. 235).

An diese unmißverständlichen Verse erinnert mit Recht Cesare Galimberti in seinem vorbildlichen Artikel »Leopardi« in: *Dizionario critico della letteratura italiana,* hg. v. V. Branca, Turin ²1986, Bd. II, S. 575.

sungen, die Leopardi gibt, kommen demgemäß aus dem Geist des Liberalismus (»soviel Gewährenlassen wie möglich, soviel Freiheit wie möglich«)[1], aber sie sind nicht nur flüchtiger und allgemeiner Natur, sondern auch rein pragmatisch und sozusagen negativ: die Leere ist allemal besser als die Unterdrückung, obwohl weder die eine noch die andere den Idealzustand darstellt. Aber ist nicht letztlich die Beobachtung eines luziden und unerbittlichen Symptomatologen vielleicht viel wichtiger und auch viel nützlicher für uns als alle Theorien, Glaubensüberzeugungen, Ideologien und trügerischen Systeme? Seine – wenn auch auf unterschiedliche Weise – radikal negative Konzeption der Geschichte hat ihn nicht am aufmerksamen, genauen, hartnäckigen Nachdenken über Politik, Gesellschaft und Kultur, über Völker, Nationen und Stämme gehindert. Seine Reflexionen überraschen heute durch ihre Tiefe ebenso wie durch ihre Breite, und es ist wirklich sonderbar, daß sie bislang nicht einmal als bloße Dokumente zur Kenntnis genommen worden sind. Wenn Leopardi nicht den geringsten Platz in den Annalen der politischen Philosophie einnimmt[2], so ist es das Ziel dieser

---

[1] *Zib.*, 4192, hier S. 224, noch einmal im Rahmen eines Vergleichs mit der Antike. Vgl. außerdem die im Kommentar zitierten Gedanken, Ende der Anm. 14.

[2] Die Behauptungen von Luigi Baldacci, Leopardi sei als politischer Philosoph einer »der größten im Italien des neunzehnten Jahrhunderts« und habe »gerade in der politischen Philosophie das Beste seines Denkens zum Ausdruck gebracht« (*Due utopie di Leopardi: la società dei castori e il mondo della »Ginestra«*, in: *Antologia Vieusseux*, XVIII, 67, Juli-September 1982, S. 22-23), bilden – nicht nur wegen der Übertreibung in der zweiten – eine echte Ausnahme. Selbst Luporini hält Leopardi für einen reinen »Moralisten«: »Er ist kein Fachmann für die Philosophie von Politik und Gesellschaft und nicht in dieser Hinsicht bedeutsam; Leopardi [...] ist ein *Moralist,* und nur als solcher zählt und interessiert er und hat er eine eigene Geschichte« (a.a.O., Anhang II, S. 105 der Neuauflage). Dieser

Anthologie, zu zeigen, daß er in mehr als einer Hinsicht auch auf diesem Gebiet als Klassiker gelesen und reflektiert zu werden verdient. Gefeit gegen den Aberglauben

Mangel an Bewußtsein erklärt sicher zum Teil die geringe Zahl und Qualität der Arbeiten zu diesem Thema. Die korrekteste und ausgewogenste Darstellung findet sich vielleicht immer noch, sieht man von der wunderlichen Konklusion ab, in dem alten Text von Luigi Salvatorelli, *Il pensiero politico italiano dal 1700 al 1870,* Turin ³1942, S. 170-86. Eine ausgezeichnete Gelegenheit, die politische Philosophie Leopardis mit dem notwendigen, bislang fehlenden Quellenstudium in den Mittelpunkt zu stellen, hätte der VI. Convegno internazionale in Recanati (9.-11. September 1984) sein können, der vom Centro Nazionale di Studi Leopardiani speziell zu dem Thema *Il pensiero storico e politico di Giacomo Leopardi* veranstaltet wurde. Doch die schwergewichtige Kongreßdokumentation (Florenz 1989) erweist sich insgesamt als sehr enttäuschend, sowohl, was die Sachkenntnis, als auch, was die Interpretation betrifft. Das einzig Neue in den vergangenen Jahren war die ein wenig zu Unrecht vernachlässigte Veröffentlichung des umfangreichen Buches von Antonio Negri, *Lenta ginestra,* Mailand 1987. Obwohl es ein bisweilen dunkles und konfuses oder auch rein phantastisches Buch ist (dessen Grundidee, die Bedeutung von Leopardis Denken liege in dem Bemühen um die »Konstruktion einer Ethik« und »Neubegründung einer Ontologie«, um damit die Krise der Dialektik der Aufklärung zu überwinden, ich nicht teile), sei es doch zumindest erwähnt wegen seines theoretischen Ansatzes, der »europäischen« Sichtweise der Probleme und der vollständigen bibliographischen Kenntnisse – Qualitäten, die in der gängigen Leopardi-Kritik heutzutage rar geworden sind.

Eine angebrachte und gelungene herausgeberische Initiative, um Leopardis politische Texte bekanntzumachen, war die kleine, von Francesco Biondolillo bei Kriegsende herausgegebene Anthologie mit dem Titel *Pensieri anarchici estratti e scelti dallo »Zibaldone«* (Rom 1945): ein kleiner Band von rund siebzig Seiten, der in kluger Weise fünfundfünfzig kurze Passagen aus dem *Zibaldone* zusammenstellt. Die Begrenztheit des Bändchens, das keinerlei Verbreitung und Echo gefunden hat, liegt, abgesehen vom Fehlen jedes Kommentars, in seinem geringen Umfang und in der ideologischen Parteilichkeit der Textauswahl, die von der Intention geleitet ist, Leopardi als »Anarchisten« darzustellen; das geht so weit, daß in der Anmerkung zum *Zib.,* 114-115 (»Soviel steht fest: Die Anarchie führt geradewegs zum Despotismus, und die Freiheit hängt von einer Harmonie der Parteien ab [...]«, hier S. 9f.) die Worte »die Anarchie führt geradewegs zum Despotismus« weggelassen wurden (vgl. a.a.O., S. 56). Erwähnung verdient außerdem die von Vitaliano Brancati herausgegebene Anthologie (*Società, lingua e letteratura d'Italia [1816-1832],* Mailand 1941 u. 1987), wenn auch die eigentliche politische Reflexion hier nur einen sehr geringen Platz einnimmt.

des Rationalismus wie gegen die Versuchungen der Theologie, der Wissenschaft oder der Moral, untersucht er mit hippokratischem Blick den monströsen Körper der Gesellschaft und der Geschichte. Seine Sicht ist extrem, zutiefst zerrissen und notwendigerweise ohne Lösung, aber kaum jemals willkürlich, weil er den Abstraktionen der Geschichtswissenschaft und der politischen Utopie eine unaufhörliche »physiologische« Beobachtung von Menschen und Dingen entgegensetzt. In diesem Sinn ist Leopardi Erbe der Tradition eines Machiavelli oder Guicciardini, einer Tradition, die in den grundsätzlichen Dilemmata der *Aufklärung* und der Neuzeit untergegangen ist.

Mario Andrea Rigoni

EDITORISCHE NOTIZ

Der vorliegende Band enthält eine chronologisch geordnete Auswahl von Leopardis Gedanken über Politik, Kultur und Gesellschaft. Die Texte stammen größtenteils aus dem *Zibaldone**. Nicht in die Anthologie aufgenommen habe ich das Werk in Versen oder in Prosa, auf das ich mich, soweit erforderlich und angebracht, im Nachwort, im Kommentar und in den Anmerkungen beziehe.

Ich muß präzisieren, daß diese Anthologie bei aller Breite und – wie ich hoffe – repräsentativen Vielfalt vom Umfang her nur einen Teil der zahlreichen Reflexionen und Notizen darstellt, die im *Zibaldone* dem Thema gewidmet sind. Außerdem habe ich von den Gedanken über »Kultur« nur solche von allgemeinerem sozialem und politischem Charakter ausgewählt.

Noch eine Bemerkung zu denjenigen Quellen des *Zibaldone,* die von Leopardi nicht genannt werden (die anderen hat Giuseppe Pacella in seiner kritischen, mit Anmerkungen versehenen Ausgabe bereits nachgewie-

---

* Der *Zibaldone (Sammelsurium)* erschien erstmals 1898 postum unter dem Titel *Pensieri di varia filosofia e di bella letteratura (Vermischte Gedanken zur Philosophie und Überlegungen zur schönen Literatur)* und enthält Aufzeichnungen Leopardis aus den Jahren 1817 bis 1832. In deutscher Übersetzung aus neuerer Zeit liegen zwei Bände mit ausgewählten Texten aus dem *Zibaldone* vor: *Das Gedankenbuch. Aufzeichnungen eines Skeptikers* (Werke Zweiter Band), Auswahl u. Übers. H. Helbling, Nachwort A. Vollenweider, München 1985; *Zibaldone: Gedanken zur Literatur,* in: *Giacomo Leopardi, Ich bin ein Seher,* Hg. u. übers. v. S. Siemund, Leipzig 1991. (Anm. d. Übers.)

sen). Wenn ich auch in einigen Fällen überzeugt bin, daß ich eine erschöpfende Recherche habe durchführen können, weiß ich doch, daß in anderen die Forschung fortgesetzt oder überhaupt erst begonnen werden muß. Erst recht gilt das für die gedanklichen Übereinstimmungen zwischen Leopardi und anderen Autoren vor ihm oder nach ihm. Ich wäre zufrieden, wenn ich in einem Bereich, in dem noch viel zu tun bleibt, einen Weg eröffnet, eine Richtung gewiesen hätte.

Der *Zibaldone di pensieri* (zitiert mit der Seitenzahl der Handschrift) ist nach der kritischen Ausgabe von G. Pacella, 3 Bände, Mailand 1991 wiedergegeben; die Briefe nach der Ausgabe des *Epistolario di Giacomo Leopardi*. Neue erweiterte Ausgabe mit Briefen der Korrespondenzpartner und erläuternden Anmerkungen, herausgegeben von F. Moroncini und G. Ferretti, und einem Index von A. Duro, 7 Bände, Florenz 1934-1941; die Texte *Frammento sul suicidio* und *Per la novella Senofonte e Machiavello* nach der Ausgabe *Tutte le opere di Giacomo Leopardi,* in: *Le poesie e le prose,* herausgegeben von F. Flora, 2 Bände, Mailand 1945, ^{10}1973. Leopardis Anmerkungen sind als Fußnoten gedruckt und mit einem kleinen Buchstaben gekennzeichnet. Alle Hervorhebungen in Leopardis Texten, sowohl in der Anthologie als auch im Nachwort und in den Anmerkungen, stammen, soweit nichts anderes erwähnt, von Leopardi selbst. Die eckigen Klammern markieren Eingriffe meinerseits (Auslassungen, Ergänzungen oder Erläuterungen zum Text), bis auf einen gekennzeichneten Fall.*

M. A. R.

* Die Übersetzungen der Zitate stammen, wenn nichts anderes angegeben, von S. V.

INHALT

Das Massaker der Illusionen
Seite 5 bis 236

Kommentar und Anmerkungen
Seite 237 bis 280

Nachwort
Seite 281 bis 305

Editorische Notiz
Seite 306 und 307

PREMIO FARNESINA
BIBLIOTECA EUROPEA
unter der Schirmherrschaft
des Ministero degli Affari Esteri
&
des Ministero per i Beni e le Attività Culturali.

*Die Übersetzerin dankt
für die Förderung ihrer Arbeit durch die Berliner
Senatsverwaltung für Wissenschaft,
Forschung und Kultur.*

DAS MASSAKER DER ILLUSIONEN, eine Auswahl aus den geschichtsphilosophischen und politischen Schriften von Giacomo Leopardi, ist im März 2002 als zweihundertundsiebenter Band der *Anderen Bibliothek* im Eichborn Verlag, Frankfurt/Main, erschienen.

Mario Andrea Rigoni hat die Texte, die größtenteils aus dem *Zibaldone* stammen, zusammengestellt, mit einem Kommentar versehen und ein Nachwort beigesteuert. Die italienische Vorlage trägt den Titel *La strage delle illusioni. Pensieri sulla politica e sulla civiltà.* Sie wurde 1992 bei Adelphi in Mailand verlegt.

Die deutsche Übersetzung ist Sigrid Vagt zu verdanken. Das Lektorat lag in den Händen von Rainer Wieland.

Dieses Buch wurde in der Korpus Poliphilus & *Van Dijck* von Wilfried Schmidberger in Nördlingen gesetzt und bei der Fuldaer Verlagsagentur auf 100 g/m² holz- und säurefreies mattgeglättetes Bücherpapier der Papierfabrik Schleipen gedruckt. Den Einband, nach einem Entwurf von Marie Claude Bugeaud, besorgte die Buchbinderei G. Lachenmaier, Reutlingen. Das Vor- und Nachsatzpapier photographierte Uta Kimling, Ausstattung & Typographie von Franz Greno.

1. bis 7. Tausend, März 2002. Von diesem Band der *Anderen Bibliothek* gibt es eine handgebundene Lederausgabe mit den Nummern 1 bis 999; die folgenden Exemplare der limitierten Erstausgabe werden ab 1001 numeriert. Dieses Buch trägt die Nummer:

2883 ✻